高职院校人文素质教育规划教材

演讲与口才

（第二版）

主　编　徐左平
副主编　陈蘅瑾　陈建萍　袁和平

浙江大学出版社

高职院校人文素质教育规划教材编委会

顾　问：徐　挺　孙沛然

主　编：陈　蓉

副主编：蔡袁强　陈　敏

编　委：（按姓氏笔画排列）

　　　　兰玉景　陈松源　何晓红　林丽萍

　　　　金仲秋　贾恭惠　徐左平　都建明

　　　　黄立鹏　黄宝忠　傅朱能

▶▶▶▶▶ 序 ◀◀◀◀◀

　　有学者批评现在的教育"没有人"或"失去了人",指的是教育过于功利,偏求专业能力的传承和个人利益的获得而忽视人文素养的培育,忽视人的思想、情感、精神世界的健康发展和个性发展。我以为这种批评是中肯的,切中了时弊。当今整个教育有此弊端,职业教育自然也不例外,有人认为职业教育更甚,这倒未必。

　　从"自然人"向"社会人"的过渡是每一个人成长的必由之路,也是教育的基本目标,谓之"育人"。育人的目标是使受教育者获得全面、自由、和谐、充分的发展以逐步融入社会,在贡献社会的同时实现自我价值。

　　职业技术教育的培养目标不仅是"职业人",而且是"社会人"。"职业人"是"社会人"的核心,因为从事一定的职业是任何人生存的前提。但是"职业人"不是"社会人"的全部,"职业人"的资格内涵是胜任某个职业所需要的素质,包括专业能力、社会能力和方法能力,固然是相当宽泛的,然而"社会人"的资格内涵不仅是人对某个职业的胜任,而是人融入社会所需要的更广泛、更丰富的素质要求。正如爱因斯坦所说:"学校的目的始终应当是:青年人离开学校时,是作为一个和谐的人,而不是作为一个专家。"一个人从"自然人"向"社会人"转化的过程是一个毕生的学习过程,是将社会的价值观念和行为规范"内化"为个人心理品质的过程,使之能够适应社会并掌握社会所赞许的行为方式。

　　人非机器,职业技术教育的目的同样是为了育人而不是制造机器,到目前为止,还没有一台机器具有情感或精神世界,而人,特别是一个成熟的社会人,应该注重对于真与善、健康情感和高尚精神的追求。培养这种具有较高人文素养的社会人,才是现代职业技术教育的题中之义,应该成为当今职教教学改革的指导思想之一。所谓人文素养,包括正确地认识自我和认识他人、必要的自我控制和强烈的社会责任心、崇尚正义、心地善良、意志坚韧、富有诚信、乐于合作等等内在的心理品质,它不仅是一个合格公民应该具有的基本品德,也极有益于学生学习自主性、能动性和创造性的培育和发挥。

　　在高等教育大众化形势下,高职教育工作者不得不面对大量学习准备不足的新生,其中一些学生曾经受到现行基础教育中不良现象的伤害,加之他们个人和其他原因,使他们进入高职学习后遇到许多困难。这种困难,首先不在智力因素方面而在非智力因素方面,在于不良的学习心理和学习习惯,在于对自己、对学习、对学校甚至对社会的不正确态度。纠正这些不够健康的心理、习惯和态度,是对他们实施专业教育的前提。如果仅仅专注专业教育而不顾及其他,不首先教他们做人然后教他们做事,不能让他们在学做事的过程中学做人,那么,对他们的教育几乎没有成功的可能。从这个意义上说,对高职学生加强人文知识、人文精神的教育,培育学生的人文素养,把专业教育同人文教育结合起来,是更具有现实意义并迫在眉睫的任务。

浙江省高职院校素质教育研究分会在省教育厅的指导下组织编著出版的"高职院校人文素质教育规划教材",为高职院校切实加强人文素质教育做了一件好事。由于该书作者们都从事高职教育第一线工作,熟悉高职教育教学特点和高职学生的情况,因此这套教材比较贴近高职院校教学的需要和学生的思想实际,便于学生自学或安排少学时课程的选修,也便于读者在现实生活中应用,不失为一套富有时代气息的适用教材。

形成一套成熟的教材往往需要多人多年的努力,何况形势发展很快,知识更新迅速,绝不可能一蹴而就。这套教材的某些内容和编撰形式尚有不足之处也在所难免,当在广大教师试用实践的基础上,通过改编逐步提高和完善。我希望有更多的专家、教师参与高职人文素质教育教材的编写工作,期盼着更多更好的人文素质教材出版。

杨金土[1]

2004 年 8 月 4 日于北京

---

[1]　杨金土,中国职业技术教育学会副会长、学术委员会主任,国家督学,教育部前职成司司长。

▶▶▶▶▶ 前　言 ◀◀◀◀◀

　　本书自 2004 年出版以来,得到了许多读者的垂青,并被不少高职院校选作为教材。在本书的使用过程中,从部分院校和使用教材的老师处,我们了解到还有较多需要改进完善的地方,诸如,如何体现口语的时代性,书中引用的材料比较陈旧;如何进一步突出应用性,使教材更加适合高职应用技术性人才提高口语表达能力的培养需要,适当增加一些实用性内容等。鉴于这些情况,我们对第一版作了一定修改。新版书在理论方面新增了体现口语时代性的的相关内容,并对原教材中的过时和陈旧的内容进行了更新,使其更贴近现实,更富时代感。作者还根据课堂教学的实践经验,提供了更为完善的口语训练方法。同时在章节的逻辑和语言等方面也作了相应的调整和润色。本书虽经修订,但限于我们的水平,难免还会有遗漏和不足之处,敬请读者批评指正。

　　此次修订,由绍兴越秀外国语职业学院徐左平副书记主编,副主编为绍兴越秀外国语职业学院陈薇瑾、陈建萍,咸宁职业技术学院袁和平副教授,参加修订的还有金华职业技术学院邢秀凤副教授,衢州学院(筹)郑红梅副教授,浙江纺织服装职业技术学院黄立鹏书记及彭泽民、胡杭杰两位老师也为本书的修订提供了不少建议,在此表示感谢!

　　原本书主编王黎云教授为本书的出版做了大量的工作,本书编辑朱玲对本书的再版提出了许多宝贵意见,在此特致谢意!

　　本书可作为高等职业学院、高等专科学校、本科院校二级学院和民办高校各类专业教育的教材,亦可供演讲爱好者参考使用。

编　者

2007 年 7 月

CONTENTS 目 录

第一章

口语交际基本技能训练(上)

第一节　口语交际

一、口语交际的概念

口语交际就是特定的人,在特定的语境里,为了特定的目的,运用语音手段,传递信息、交流思想和交流感情的一种言语活动。它研究人们如何在口头上使用好语言,以达到理想的交际效果。

由于口语诉诸听众的耳朵,信息稍纵即逝。如果表述不清或语言晦涩,"声音流"就会从耳边滑过去,达不到理想的信息传播效果。因而,使用口语交际时要有较强的"口语意识",在用词上要少用或不用深奥难懂的词语和专业术语;在句式上以短句为主,少用长句与复杂句。

在口语交际中,交谈者双方都应当从广大听众的接受能力和理解能力着眼,说明白每句话,讲清楚所要表达的原意,使语言整齐匀称,富有节奏,让听众感受到语言的音韵美。老舍先生就曾说过:"我自己写文章,总希望七八个字一句,或十几个字一句,不要太长的句子。每写一句时,我都想好了,这一句到底说明什么,表现什么感情,我希望每一句话都站得住。当我写了一个较长的句子,我就想法子将它分成几段。断开了就好念了,别人愿意念下去;断开了也好听了,别人也容易懂。"可见,短句在口语交际中的妙用。

二、口语交际的特征

(一)即时性

口语交际不同于书面表达,它主要靠口耳相传,语音是转瞬即逝的,传播得快,消逝得快,这就决定了口语交际即时性的特征。因此,口语交际中要求说者尽快将思维转换成言语,听者则快速地把对方的言语转换成认知。口语交际的即时性和现代社会的高效率,要求人们声音明亮,口语表达清晰,同时做到言简意赅,从而提高办事效率。

据报载,1981年春天,美国总统里根被刺的事件刚刚发生,即刺客暗杀里根的第一枪打响时,合众国际社的一名记者立即奔入希尔顿饭店,对服务员说了一声"用一下你的电话",随即向报社编辑口头作了报告,把事件发生的时间、地点、情况叙述得简单清晰。八分钟后,合众国际社就把消息播出去了。然而他们并没有抢上头家新闻,因为一分钟以前,美国哥伦比亚广播公司驻白宫记者就已经抢先播出了这条消息。当时哥伦比亚广播公司的记者看到枪击事件后,飞步跑过马路,跨进一家药铺,对售货员喊道:"我是哥伦比亚广播公司的,给你100元用一下你的电话。"他立即出口成章地向公司作了简要报道。然后,他转身对售货员说:"我离开一会儿,你可别把电话挂上。如果有人多出钱,那我就给你加倍的钱。"就这样,哥伦比亚广播公司的新闻早于合众国际社一分钟播出。

这个富有戏剧性的新闻竞争事例告诉我们,拥有出色的口才就会为成功赢得时间。

(二)情景性

口语交际是在特定的情景中发生的一种现象,其所谈的话题、交际的对象、交际的场合都是特定的,并受情景的控制。同样的话题在不同的情景下可以有不同的表达方式,如同样的"叫人吃饭",在正规的社交场合,可以说:"开宴了,请各位入席";而在非正规的社交场合,如同学聚会、家庭聚会等,则会说得很随便,可以说:"我们开始吃饭了。"说话时根据不同的情景采用不同的表达方式,这样才能收到良好的效果。

口语交际,不仅要适应大环境,而且可以利用交流的现场情景。现场情景是交谈者双方共处的环境,适应并利用它可以产生较大的反响和共鸣,具有特殊的效果。如:

电影《列宁在十月》中有一个情节,列宁在米赫利松工厂发表演说,其间有人递给他一张字条。列宁说:"同志们,我收到一张字条,请大家听一听,上面写了些什么?'你们的政权反正是维持不住的,你们的皮将被我们剥下来做鼓面!'请安静,同志们!我看这张字条决不是工人的手写的。恐怕写这张字条的人,未必有胆量敢站到这儿的!同志们!我想他是不敢站出来的!同志们,须加上三倍的警惕、小心和忍耐。你们要坚守岗位!对于人民认为是罪大恶极的叛徒,必须无情地加以消灭!不镇压剥削者的反抗,革命就不能胜利。"

这是对现场环境的利用。列宁抓住现场出现的问题,借题发挥,极富针对性与战斗色彩。

(三)多变性

在口语交际中,人们面对面的交际,有时对象明确,环境具体,话题确定,针对性较强,这种情况下容易实现一定的交际目的。但不同的场合、不同的听众、不同的问题,就使得具体的口语交际具有多变性,这令交际者双方都难以把握。因此,要想取得较好的交际效果,就需要交谈双方随时留意对方的言谈举止,做到随机应变,并及时调整谈话的内容。

口语的多变性还表现在表达者话语转向突破听众的预设期望,令人始料不及上。例如:

> 一位演讲家以"男人和女人"为话题进行演讲。他说道:"女士们,先生们,关于男人和女人,我这里有一个很好的比喻。男人,就像大拇指;女人,则像小拇指。"话音刚落,全场哗然,女性听众更是嘘声四起,尖声反对。演讲家抬手往下压了压,说:"大家不要激动,听我往下解释。女士们,人们的大拇指,粗壮有力;而小拇指却纤细、苗条,灵巧而可爱。不知诸位女士之中,哪一位愿意颠倒过来?"

在这个例子中,本以为演讲家用大拇指表示"顶呱呱"、用小拇指表示"差劲",以此来贬低女性,谁知演讲家的解释却出人意料,使得女士们浪费了一番"愤怒"的表情而顿生笑意,也使演讲增添了一层磁性,收到了较好的效果。

(四)时代性

口语交际具有时代性。随着科技的发展及社会的进步,各种新鲜事物层出不穷,在口语交际领域也就随之出现了许多体现时代性的新词,如"优盘"、"MP4"、"物流"、"耍大牌"、"大腕"、"超女"、"PK"、"恶搞"、"打包下载"等等。同时,口语交际的时代性特征还表现在同一语言在不同时代所传达出来的不同含义,也就是俗话说的"旧瓶装新酒",这在网络语言中可以说是司空见惯,如"潜水"指"只看贴不回帖的人"、"青蛙"指"丑男"、"恐龙"指"丑女"、"菜鸟"指"网络新手"、"酱紫"表示"这样子"、"偶"就是"我"、"稀饭"表示"喜欢",等等。因此,及时了解和掌握极具时代性的新词,在口语交际中往往能收到较好的交际效果。

三、口语交际的目的

口语交际的目的一般具有两种内容:一是对客体的行为的直接驱动,如"请你帮我拿一下《演讲与口才》这本杂志";二是对客体的思想与情感的征服,如"家乡的桥啊,是我梦中的桥",而这两种目的表现只不过是程度不同,实质都是口语主体利用语言去实现自身的某种需要的结果。

尽管口语交际的目的内容比较简单,但由于它产生于主体对复杂的社会交流的需要之中,所以表现形态还是多种多样的。它们分为以下几种类型。

(一)驱动式的目的

驱动式的目的是口语交际中最简单、最直接的目的形态。简单地说,它就是我要你(们)干什么。因此,为了达到这个目的,增强实现这个目的的保证性,说话者可以根据不同的语境采用不同的表达形式。当然,简单的行为驱动目的较容易实现,而复杂的、重大的行为驱动目的则较难实现;话语主体与客体意愿相一致的行为驱动目的容易实现,反之则较难实现。在这种形态的目的实现时,一般采用下列方式。

1. 单纯的语言形式来实现目的

当采用单纯的语言形式时,往往可以随着说话者语调的调节、节奏的变化和语言的变化来实现口语交际的目的。如"让对方吃饭"这个目的就可以采用不同的方式来表达:

(1)你快吃饭吧,饭都凉了。

(2)你快吃饭,你看,饭都凉了。

(3)我看你最好先把饭吃了,饭都凉了。

(4)把饭吃了,饭都凉了。

这些不同的语言表达形式,不仅显示了说话者实现目的的意愿,同时也表明了说话者之间的关系。

2. 以语境条件为基础来实现目的

在口语交际过程中,以语境的具体条件作为实现目的的重要因素,往往不失为一种高明的办法。当然,这种方式依赖于说话者对语言环境的观察和判断,这就需要话语主体有明确的目的和坚定的信念,这样才能在口语表达中做到得心应手、左右逢源,从而产生极强的感染力和征服力。如:

华盛顿应杰佛逊的邀请,一同共进早餐。进餐中杰佛逊问到 1778 年立宪者为何会同意在国会第二度召开秘密会议。华盛顿听后,便有意把目光注视着杰佛逊的餐具,并且问道:"你为什么把咖啡倒在小碟里啊?"杰佛逊回答:"要冷却它。"华盛顿说道:"这就对了,我们把立法机构倒入议会的碟子中来冷却它。"

这次目的的实现,从说话者来讲,是借助于对方的有关条件,善于把握时机,贯彻交际意图,完成自己的目的。

3. 情理结合实现目的

以这种方式所实现的驱动作用,往往从群体的接受者出发,说话者不仅要在情感上投入,而且也要以"理"来说服对方。所以,表达的要求非常高,需要高超的语言技巧。古希腊著名演说家德摩斯梯尼为号召人们抗击马其顿国王腓力二世所做的演说《反腓力辞》,情感充沛,说理精辟,就属于这类。这种方式表现的不只是简单的驱动,而是彻底的征服。据说腓力二世在读了《反腓力辞》后也深为叹服,说:"如果我自己听了他的演说,我也会投赞成票,选他做我的反对派领袖。"

(二)感召式的目的

感召式的目的,简单地说就是"以情动人",它的目的是通过情感因素的传递使交际对方获得与之相同的情感内容,从而最终实现行动上的驱动目的。

实现感召式的目的,其一是借助主体进行直接情感传递。说话者借助动人的事实、感人的语词和丰富的表情唤起听者的情感,从而实现感召的目的。在这种方式的目的实现过程中,说话者无论是绘声绘色,还是声泪俱下,都只是他个人情感表达的一种方式。虽然说不能完全同其内在的思想分开,但两者并不是完全表里如一的。

帕特里克·亨利在其《不自由,毋宁死》演讲的最后一段就是利用直接情感的传递来达到其交际的目的:

> 回避现实是毫无用处的。先生们会高喊:和平! 和平!! 但和平安在? 实际上,战争已经开始,从北方刮来的大风都会将武器的铿锵回响送进我们的耳鼓。我们的同胞已身在疆场了,我们为什么还要站在这袖手旁观呢? 先生们希望的是什么? 想要达到什么目的? 生命就那么可贵? 和平就那么甜美! 甚至不惜以戴锁链、受奴役的代价来换取吗? 全能的上帝啊,阻止这一切吧! 在这场斗争中,我不知道别人会如何行事,至于我,不自由,毋宁死!

其二是通过语言环境来实现对客体的情感征服,实现感召的目的。说话者通过语言与语言环境的联系,调动听众的情感,使之产生与目的要求相符合的情感内容:

> 相传,在遥远的年代,一个部落受到外族的侵略,是反抗,还是屈服,众人莫衷一是。最后部落首领把大家带到野外,指着天上飞的鸟儿和原野上奔跑的野兽对族人说:"看,这是没有失去自由的。"又指着部族中的关在栏中的牛羊和作为食品被屠杀的牲畜的尸骨说:"这是失去自由的。"他激动地对众人呼喊道:"如果我们不去反抗,就只能失去自由,任人宰割啊。"顿时,族人们群情激昂。

这个故事中,首领的话虽然简单,但借助社会条件和语境,取得了巨大的情感效力,达到了感召的目的。

(三)理念式的目的

理念式的目的不同于感召式的目的,它不是从情感的角度出发,而是从理智的角度入手,做到话由旨遣,有的放矢。这就要求说话者在表达时要做到从容不迫并机智应变。这种目的一经实现,便具有超乎情感的力量,对交际的效果往往是十分明显。如果感召式的目的是"以情动人"的话,那么理念式的目的就是"以理服人"。这就要求表达者在表述过程中,要条理清晰地说出自己的观点,使之强化正在形成的观点或改变对方正在形成的观点,从而实现自己的交际目的。如1936年"西安事变"发生后,周恩来面对群情激奋、要求杀掉蒋介石的东北军军官们时,他是这样说的:

"杀他还不容易,一句话就行了。可是,杀了以后怎么办?局势会怎么样呢?南京会怎么样呢?日本人会怎么样?国家民族的前途会怎么样?各位想过吗?这次抓了蒋介石,不同于十月革命逮住克伦斯基,不同于滑铁卢擒住了拿破仑。前者是革命胜利的结果,后者是拿破仑军事失败的悲剧。现在呢?虽然捉了蒋介石,可并没有消灭他的实力。在全国人民抗日高潮的推动下,加上英美也主张和平解决西安事变,所以,逼蒋介石抗日是可能的。我们要爱国,就要为国家和民族的利益考虑,不计较个人的私仇。"

四、口语交际的方法

在口语活动中,因为所使用的口语材料的特征多种多样,所以口语内容展示的方式在交流上呈现出多样化的趋势。

(一)单向陈述

单向陈述顾名思义就是指单向性的口语交流,表达者无论事先有无准备,都必须考虑话语内容的相对单一性和结构的基本完整性。它具有相对的主动性和单一性,其内容也就具有相对的独立性。多数情况下,在单向陈述中,由于对目的相对确定,环境相对熟知,所以在表达过程中内容容量就会相对比较大,而表达者也会具有较好的心理和精神状态。单向陈述主要指演讲、会议发言或作报告、学术讲座、导游解说和广播主持等言语活动。因此在交际过程中会取得较好的表达效果。

(二)单向提问

单向提问是指口语表达时,说话者与听者的联系是以提问来维系,以期对方作出适合自己目的的反应。

单向提问是口语表达的一种方式。因此它并非只有一个句子,即便是以只有一个问句的形式出现,也往往能显示鲜明的口才目的。它的问句形式,是说话者主观地提供给接受者一个行动的途径和思维方式,实际上也就等于在一定程度上限定了对方的行为和思维活动,表现了说话者的口才技巧。

一个推销员,向用户介绍了本厂产品的性能、优点之后,如果他只用陈述,那么口才的使命就已经完成;至于行为目的,只有用产品来决定。而一旦他使用了提问的方式,就可能因为提问而导致几种不同的效果。

美国一家饮品店就曾经做过这样一个试验,在三周的时间里,每周分别用不同的提问方式来接待顾客,取得了不同的营业额。

第一周:先生,您喝咖啡吗?

第二周:先生,您喝咖啡和牛奶吗?

第三周:先生,您是喝咖啡呢还是喝牛奶?

显而易见,第三种提问的方式,无疑会增强内容表现的驱动性,从而更好地实现其推销目的,实践也证明,第三种提问方式大大增加了其饮品店的销售额。

(三)反向陈述

反向陈述是相对于单向陈述和单向提问而言的,是一种较为复杂的口语交际活动。它要依据对方的话语条件,并时时围绕自身的话语目的来进行语言交际的过程。因此,在反向陈述中,要对对方的话语意图作出正确的理解和判断,同时,依据自己的目的和所掌握的材料作出相应的针对性回答,从而实现自己的交际目的。

在反向陈述过程中,双方互动性的增加使得言语活动具有更多的不确定性,使这一过程变得相对比较复杂。一般来说,在口语交际活动中,反向陈述会有以下几个步骤:

第一步,对提问作出情感判定。对方提问的意图包含什么情感? 认同、称赞,还是讽刺、嘲讽,或冷漠,或客观中性的。这种判定是人的口才活动中确定主、客体之间关系的重要一步,也是营造口才环境的重要条件。

第二步,对提问的内容进行考虑,确定与听者的距离,选择回答的方式,是正面回答、侧面回答,还是避而不答。同时对自己的情感反应也应有所准备。

第三步,依照提问的具体内容,作针对性回答。

> 周恩来是一位伟大的政治家和外交家,在外交生涯中,他谈话既庄重、又风趣,体现出一代伟人的风范。据说有一次他在同来华访问的美国国务卿基辛格闲谈时,对方忽然提出了一个奇怪的问题:"总理先生,我在贵国发现,大多数中国人都是弯腰躬背地走路,包括青年人;而在美国,大多数人都是抬头挺胸地走路,这是为什么呢?"对于这样的提问,总理马上机敏地回答:"这是因为,我们中国人都正在上坡,正在用力向前,所以要躬背弯腰地走路,而你们美国人走的是下坡路,自然抬头挺胸啦。"说完哈哈一笑,基辛格弄巧成拙,只好也一笑了之。

在反向陈述时,有时可以用一句话来表现说话者的思想和情感。这种简单的陈述并非只包含简单的意图,而是一种精练的语言,准确地包含了说话者对语境及对方反应的全部内容。我们常说的"反唇相讥",就是反向陈述中最典型的一种。当判定对方的提问含有蔑视、嘲弄、指责等贬斥内容时,说话者依据对方的前提,毫不留情地及时给予反击。有这样一则笑话:

> 一个药商到书店里买书,他问书商:"你的书店里卖这么多书,好像你很有学问,你把这儿的书都读了一遍吗?"书商反问道:"你的药店里卖那么多药,难道你都尝过吗?"虽然反问只有一句话,但针锋相对,使对方哑口无言。

五、口语交际的语言

1.口语化

话是说给别人听的。要别人听,首先要让人听懂,然后还要使人喜欢听,这就不得不考虑怎样说了。说话的内容主要靠有声语言来传达,而有声语言声过即逝,听话人不能像阅读文字那样反复咀嚼,只有当场听清楚了才有可能理解。所以说话者就应当根据口语有声性这个特点,采用通俗易懂的口语,努力使听者一听就明白。如闻一多的《最后一次讲演》:

> 这几天,大家晓得,在昆明出现了历史上最卑劣最无耻的事情!李先生究竟犯了什么罪,竟遭此毒手?他只不过用笔写写文章,用嘴说说话,而他所写的,所说的,都无非是一个没有失掉良心的中国人的话!大家都有一支笔,有一张嘴,有什么理由拿出来讲啊!有事实拿出来说啊!为什么要打要杀,而且又不敢光明正大地来打来杀,而偷偷摸摸地来暗杀!这成什么话?

此段文字就采用了通俗易懂的口语,听者一听就能了然于心。

2.个性化

所谓语言个性化,是指讲话者要用独到的语言表达自己的思想感情、意志和气质,而不是老调重弹,用那些陈词滥调。只有个性化的语言才能表现独到的见解,产生独特的魅力,给人留下深刻的印象。个性化的语言是一个人的思想、学识、阅历、才华、性格、气质以及语言修养的集中表现。如:

> 公安局的刘局长是任职多年的老局长,对下级要求非常严格,述职时他认真严肃地讲了一年来所做的工作和取得的成绩,之后,真诚地对大家说:"一年来咱公安工作取得了一个又一个胜利,可工作是大家做的,你们才是第一线为人民服务的人,流血流汗的人,勇于牺牲自己保一方平安的人,在这里我向大家致敬了!'有困难找民警'是我们警察的口号,可你们有了困难却默默地自己克服,这让我很感动。今后我对你们也提一个口号,那就是'民警有困难找局长'。"他的话获得了长时间的掌声。

所以讲话时不要因袭他人,要努力训练自己个性化的语言表达能力。

3.规范化

民族语言是全民族共同创造、约定俗成的,对整个民族的成员都有制约性,只有共同遵守它的规范,才能互相交流思想。语言的规范包括语音规范和语体规范两个方面。就语音规范而言,我国的语言表达要以汉语普通话为基本规范,即以北京语音为标准音,以北方话为基础方言,以典范的现代白话文著作为语法规范的汉民族共同语言。运用汉语交际的人,必须努力达到上述三项标准。

就语体规范而言,不同的分类标准有不同的语体类型,主要有日常口语、事务口语等,而根据职业的不同则可分为教师口语、商务口语、演播口语、外交口语等多种类型。但不管是何种类型的语体,它们都有一个共同特点,即它们都是以日常口语为基础,是在此基础发展起来的。因此,在日常口语交际中也应当熟悉并遵循这些规范,并在实践中学习、揣摩,掌握其规律,更好地达到口语交流的目的。

六、口语交际的风格

口语交际的风格就是适应特定对象和特定环境的讲话内容和言语技法等因素在口语表达中综合体现出来的具有个性特征的话语风范和言语格调。在口语交际中,不同的口语主体往往表现出不同的风格,而风格一旦形成,也将会随着个体语言习惯的形成而逐渐固定下来,如周恩来的典雅、闻一多的炽热等。下面将口语交际的风格分为以下几种相对应的类型。

(一)正与谐

这一组风格特征,是指人们在口才活动中采用严肃和非严肃的态度来处理时表现出来的特征。"正"的风格特征,常常基于人对生活和社会的正面认识和严肃思考形成的;而谐的风格特征,表明说话者以奇特、变异的思维方式对待现实,从幽默或是玩世不恭的角度去思考问题。具有"正"的风格特征的口才活动往往包含严肃的神情、庄重的语调和对事物一丝不苟的判断。有人在形容这种风格时,说他们说话"即使对待告诉别人诸如睡前是否需要洗脚之类的话题,也会像哲学家谈人生问题一样"。而"谐"则以调笑的神情、富于变化的语调展示内容,这种风格是"哈哈镜里看人生",在将眼前的生活与社会变形的同时,自己也在嘲笑与自嘲中建立了与听者的特殊关系。

据说在从前,有一位美国钢琴家到一个城市举办个人演奏会。他一登场,看到音乐厅的座位有一半是空的,无疑,这对他的表演是一种打击。在这种窘境面前,他幽默地对观众说:"我在来这座城市之前,不知道这儿的人这么有钱,因为你们一个人就买了两个座位的票。"在观众一阵大笑声里,他也为自己解了围。

应该说,正与谐的风格是相对的。由于人们主观意识的一致性,所以,每一个人在说话时都不能同时具有这两种风格。但这并不是说,说话者在口才活动中只能以一种面孔出现。出于口才环境对主体复杂的要求,在特定的条件下,正与谐两种不同的风格也会出现穿插,严肃的人会借助幽默达到目的,诙谐的人也可以庄重严肃地表达内容。每个人的谈话风格通常是固定的,但不妨碍他借用其他的方式解决问题。

(二)刚与柔

这一组风格特征,是指口才主体在内容展示中所表现出来的直露或曲折的说话习惯。在口才活动中,每个人对内容的理解是基本相同的,但是,由于秉性、脾气、性格等个人因素的差异所表现的影响也是非常之大的。有的人习惯以直接的表达方式、粗鲁的语气以及泼辣外露的神情来表达内容;而另一些人则相反,习惯于以间接的方式、婉转的语气以及含蓄内敛的神情实现目的。刚与柔的风格因人而异,不同性别、不同气质、不同社会地位都能对此产生影响。在生活中展示出不同的内涵。如豪迈地表达是刚,盛气凌人是刚,一针见血是刚,不拘小节也是刚,等等。刚的风格是粗朴明了的,如大自然的电闪雷鸣;而柔的风格则是细腻而含蓄,如绵绵春雨。例如:

> 亲爱的朋友们,一味地徘徊、彷徨,一味地哀叹、烦恼,并不等于思考、探索、前进,更不是成熟的标志。我们不能让生命在纸牌中消磨,不能让青春在酒精中溶化,不能让斗志在空想中瓦解,而应当在为祖国和人民的贡献中创造自己人生的价值。

再如:

> 回首百年,从红楼,从燕园,走出了一代代北大人,传下一代代北大魂。百年北大,谱写了壮丽的一面,在历史的坐标系上划下一道光辉的轨迹,这条北大函数线是处处连续的,纵然有起有伏,却终于保持了向上的趋势。我希望,在下一个百年,这条线能长有正的斜率,换句话就是:苟日新,日日新,又日新!

在日常生活的口才活动中,必须认识到,风格是刚、是柔应该适应客体和环境的要求。最高的境界是,无论采用哪一种风格,都要使说话者的个性和口才环境保持和谐完美的统一,从而对目的的实现有一种强有力的促进作用。对任何一种风格形式,如果只强调个人表达的需要或是只考虑口才环境的要求,其结果必然是失去个人的风格。

(三)雅与俗

"雅"即是典雅、庄重,它往往表现出文明优雅、词句稳妥和端庄持重的言语格调,其特点是态度稳重、格调高雅、语言文明优美、带有较强的书卷气。而"俗"就是人们通常所说的通俗,一听就懂,它具有语义通俗、深入浅出的特点。在语言交际中,往往表现出语句朴实、表述明白简洁的风格特征。

雅与俗的风格从语言层次上是有高低之分的,但这种差异不能完全决定口才水平的上下和口才作品质量的高低,应该说无论使用何种风格的语言,都能表达成功的内容从而实现目的,同时,风格的雅与俗也不能印证一个人的思想品位和道德水平的高下。谈吐风雅的人也许有较高的文化修养,但却不能说他人格高尚;而满口俗语、俚语的人也不一定人格低下。口才的风格只能表明一个人思维与现实的联系方式,并不能说明其他问题。

雅与俗的风格在审美价值上分别代表着两个不同的极端:前者只强调口才活动的美感,而后者则只注重口才目的的实用性。同时,雅与俗的使用是有一定环境条件的。如果只强调风格的特征而忽视其他因素,任何一种风格都没有实际价值。

(四)质与文

这一组的风格是指以朴实和华丽为特征的一组风格。孔子曰:"质胜文则野,文胜质则史,文质彬彬,然后君子。"孔子讲的是做人的风格。实际上也就是口语的风格,因为任何一种口语风格都与人的形象有极其密切的关系。在口语表达中,质朴的风格以准确而简明的语言和平和的神情去表达内容,而华丽的风格则是以丰富而形象的语言及夸张的神情来创造超出实际内容的效果。

在传统观念中,人们对于这两种风格的认识是存在着偏差的。说话质朴的人往往被称道,而言辞华丽的人则常常被轻慢。其原因就在于人们习惯于从说话者的风格联想到他的为人。一定风格的存在必然是为一定的目的服务的。华丽的风格也会在一定的环境之中展示出自己的魅力。只有在使用中,使某种风格的优势充分地表现出来,才能使不同的风格创造出相对完美的效果。如钟礼平在《时间赋》演讲中这样说道:

> 有人把时间比作金钱,无非是极言它的珍贵。可是,朋友,你想过没有:金钱虽然珍贵,它却可以储蓄起来,而世间却没有储蓄时间的金库;金钱花掉了可以再用劳动去挣来,可时间却如滚滚长江东逝水,奔流到海不复回;金钱的浪费可以用几十元,几百元,几万元来计算,可是时间却无形无影,无法估价!世界上的一切物质无不是在时间的魔掌中生存!时代的更替,人事的兴废,生命的萌动,青春的激情,无不在时间的注视下形成!时间催促沧桑的巨变,时间扬起未来的风帆;时间是青春的黄金海岸,时间是人类生命的航船!

这一段话就是运用了华丽的语言风格,通过多种修辞手法,以铺排表达实现口语表达的最佳效果。

第二节 思维与口语交际

一、思维与口语交际的关系

思维是人脑对客观事物的本质和事物内在的规律性联系的概括和间接的反映。语言和思维有着密切的联系,思维被认为是口才的灵魂,而口才对思维品质的要求,几乎涉及思维的一切种类和形式。口才对思维品质的要求无论怎样强调都不会过分。一个思维敏捷、缜密的人,可以用极简洁的言语表达极丰富的思想感情;而一个思维迟钝、混乱的人即使用许多语句,也说不清一个很简单的道理。思维的内容决定着言语的表述意义,思维的质量决定着言语表达的效果。具体地说,口语表达者的思维能力主要包括以下几方面内容。

(一)形象思维能力

它是以具体生动的形象或图像为思维内容,从而揭示事物的本质及其内在规律性的思维形态。形象思维不仅多用于叙事性的口语表达,在抽象论理性的口语交流中,用形象的类比取代抽象的说理、用生动的事例取代烦琐的论证,都可以使口语表达更为生动、感人、有说服力。形象思维在口才中的作用,主要体现在运用具体、生动、形象而又具有鲜明、强烈的感情色彩的事例、情节、形象、画面、场景来阐明事理,抒发感情,直观性、具象性、生动性、大众性的表述,将能极好地增强口才的形象感染力。如:

> 在与悉尼队辩论"艾滋病是社会问题,不是医学问题"的题目时,我方必然要指责对方把艾滋病这么大的问题局限在医学问题的小范围内,如何形象地表达我方的见解呢?我们采用了夸张地加以类比的表达手法,比如,"请对方辩友不要让大象在杯子里洗澡"、"花盆里是种不下参天大树的"等等,使听众和评委形象地感受到对方的理论错误。

(二)逻辑思维能力

逻辑思维能力又叫抽象思维能力,它是以概念、判断、推理来反映、揭示事物本质和规律的思维形式。在口语表达中,表达者常常要对说话的材料、所论对象进行梳理、分解、归纳、组合、概括、推导等一系列工作。这些,都可以运用逻辑思维来进行。具有较强的逻辑思维能力,就可以使言谈概念明确、判断准确、推导正确,论证严谨有力、清晰而准确地表述观点,以强大的逻辑力量征服听众。抽象思维是口才最基本的思维形式。它对口才的作用主要表现在对说话的材料、内容主题、论域进行分类组合、分析加工、抽象概括,从而使言谈概念明确,判断准确、推导正确、论证严密、内容完整而又富有条理,能极好地增强口语的逻辑说服力。如:

> "温饱是谈道德的必要条件"这一辩题中的"必要条件"在逻辑上的含义是"无之必不然,有之不必然"。所以,正方在这一辩题中的逻辑困境是要证明:没有温饱就绝对不能谈道德。也就是说,反方只要举出一个例子,说明人们在不温饱的状态下也能谈道德,正方在逻辑上就已被打倒了。明白双方在辩题上的逻辑关系是确定对方立论之要害的前提之一。

(三)灵感思维能力

灵感思维,也称"顿悟思维"。它是在思想高度集中、情绪高涨之时,由于有关事物的偶然触发,促使思路顿开,思如泉涌,从而对所探索所关注的问题获得突然明确的领悟和认识。灵感思维是一种具有突发性、意外性的创造性思维,它是大脑显意识和潜意识相互作用的结果。它的产生一般要经历一个"显意识—潜意识—显意识"的过程,即当显意识对某问题百思不得其解、思维通道突然阻塞、思维渐进过程中断时,问题即进入潜意识的思维过程;在潜意识思维过程中,问题一旦孕育成熟,偶遇相似诱因,便会与显意识沟通,导致灵感迸发。灵感思维具有瞬时性、偶然性、模糊性和独创性,是一种非逻辑思维,但同样是理性认识中不可缺少的一种高级思维形式。灵感思维的获得,需要以严谨勤奋的探索、丰富的经验和知识以及长期的积累为前提。正所谓"灵感绝不会降临到一个没有准备的头脑"。言语交际过程中,无论是构思、表达,还是语言提炼、技巧运用,都需要灵感思维。要想获得较高的灵感思维能力,就必须努力探索口语艺术的技巧,积累丰富的知识和实践经验,并善于保持临场时思维的敏捷,抓住触动灵感的契机。如:

美国代表团访华时,曾有一名官员当着周总理的面说:"中国人很喜欢低着头走路,而我们美国人却总是抬着头走路。"此语一出,话惊四座。周总理不慌不忙,脸带微笑地说:"这并不奇怪。因为我们中国人喜欢走上坡路,而你们美国人喜欢走下坡路。"

(四)直觉思维能力

直觉思维是人脑对于突然出现在面前的新事物、新现象、新问题及其本质联系的一种迅速果断的捕捉,敏锐而深刻的洞察,直接的本质理解和综合的整体识别。简言之,即直接的领悟和认识。直觉思维产生于行为主体对逻辑思维、形象思维的规律、过程的高度熟练,它与灵感思维一样同属于创造性思维。直觉思维具有快速性、直接性、跳跃性和洞察性等特点。口语表达中,直觉思维对口才具有特殊的作用。直觉思维往往可以对环境、场面、气氛,听众对象的个性特征及情绪反应,迅速作出整体识别和综合判断,从而适时灵活地调整自己的口语表达;同时,它还可以通过创造性的直觉判断、直觉想象来"未卜先知",获得"出人意料"的信息,从而掌握言语的主动权,提高口语表达效果。如:

英国作家狄更斯十分爱好钓鱼。一次,他正坐在江边垂钓,一个陌生人走到他跟前问他:

"怎么,您在钓鱼?"

"是啊,"狄更斯信口回答,"今天真倒霉透了,到这时候还未见一条呢。可是昨天也是在这里,却钓了十五条!"

"是吗?"陌生人说,"可是您知道我是谁吗?我是专门负责这段江面的。这儿禁止钓鱼!"说着,他从口袋里掏出发票簿,就要记名罚款。

狄更斯连忙反问,"您知道我是谁吗?我是专门负责虚构故事的,您怎么能罚我的款呢?"

面对突如其来的变故,狄更斯急中生智,连忙以小说家可以虚构的有利因素来"掩盖"刚才的炫耀,从而得以蒙混过关。

(五)发散思维能力

发散思维,又称"扩散思维"、"求异思维"。与"辐合思维"相对,是由美国心理学家吉尔福德提出的思维类型。它要求个人的思维从给定的课题中,沿着很多不同的道路扩展,观念发散到各个有关方面,要求产生多种可能的答案而不是单一正确的答案。发散思维主要是通过联想、想象、猜想和推想,多角度、多层次寻找多种可能的解决问题的答案。这是一个举一反三、触类旁通、尽量争取一题多解的思维过程。发散思维具有多端性、灵活性、精细性和新颖性特点。由于它常常得出新颖的观念与解答,所以被认为是最富创造性的思维。

如何多角度地思考问题呢?发散思维还包含一套多角度思考问题的方法。这些方法主要有以下几种。

1.顺向思维

即循着问题的直接指向去思考。这是最常用而且比较稳健的一种方法。如:

一位 1936 年"西安事变"爆发,张学良、杨虎城手下的军官情绪冲动,坚决要把蒋介石杀掉。而国民党内部矛盾日益明显,大有全面内战的紧张气氛。周恩来同志受党中央委托,亲赴西安,力求和平解决。

面对那些愤怒异常、言词激烈的军官,周恩来同志劈头反问一句:

"杀他还不容易,一句话就行了!"

此话一出,立刻使愤激的人们平静了下来。

"可是,杀了他以后怎么办呢?局势会怎样呢?日本人会怎样?国家和民族的前途会怎样?各位想过吗?"

周恩来先用顺向思维,单刀直入,再用 5 个问题,步步紧逼,从而达到让大家冷静思考的目的。

2.逆向思维

逆向思维就是不采用人们通常思考问题的思路,而是从与问题相反的角度对原意提出质疑的一种思维方法。通俗地讲就是"背道而驰"。以逆向思维立论,常常会得出新意。如:

一位病人进入医院,对护士说:"请给我安排在三等病房,因为我很穷。"

护士问:"没有人能帮助你吗?"

病人回答:"没有,我只有一个姐姐,她是修女,也很穷。"

护士揶揄道:"修女富得很,因为她和上帝结婚。"

病人听了,十分生气,他回敬道:"好吧,你就把我安排在一等病房吧,以后你就把账单寄给我的姐夫好了。"

3.纵向思维

即在原材料已知内容基础上,对原材料作合理的推想和引申,从而得出新意。如:

在 20 世纪 30 年代的美国,有个政界人物叫凯升。他首次在众议院里发表演讲时,打扮得土里土气,因为他刚从西部乡间赶来。一个不怀好意的议员在他演讲时插嘴挖苦说:"这个伊利诺斯州来的人,口袋里一定装满了麦子呢。"这句话引起了全场哄笑。

但是,凯升并没有因此动怒,他十分坦然地回答说:"是的,我不仅口袋里装满了麦子,而且头发上还藏着许多菜籽呢。我们住在西部的人,多数是土里土气的。不过,我们虽然藏的是麦子和菜籽,却能够长出很好的苗子来!"

4.横向思维

也称侧向思维,即通过联想把材料内的已知内容要素同材料外的其他内容要素联系起来思考。这两种内容要素之间的关系常常是相似、相关或相反的。这种联想既可以由此及彼,也可以由彼及此。如:

"九·一三"事件之后,在联合国安理会的一次辩论会上,某国代表妄图藉此事诋毁中国,他说:"中国那么好,为什么林彪还往苏联跑?"中国代表镇静地说:"尊敬的先生,你怎么连这个道理都不懂? 鲜花虽香,苍蝇不照样往厕所飞吗?"

发散思维对于口才的价值是不言而喻的。它有助于增强口才思维的开阔性和广度,提高口才的创造性、灵活性和应变性。

(六)辐合思维能力

辐合思维,也称"集中思维"、"求同思维"。与"发散思维"相对,是由吉尔福德提出的思维类型。我们知道,当思维达到一定的发散程度后,便需要及时改变思维策略,由发散思维过渡到辐合思维。辐合思维主要是通过分析、比较、加工、选择、综合、整理,逐步缩小解答范围,最终获得一个最佳的解决途径或方案。这是一个由多到一或众里挑一的与发散思维恰恰相反的聚合思维过程。传统思维方式被认为主要就是这种思维类型,因为凡事都要去寻找唯一限定的正确答案。如:

在 20 世纪 80 年代的一次外贸谈判中,当中方贸易代表拒绝了一位红头发的西方外商的无理要求时,恼羞成怒的外商竟出言不逊:"代表先生,我看你皮肤发黄,大概是营养不良给你造成思维紊乱吧?"中方代表立即给予反击道:"经理先生,我既不会因你皮肤是白色的,就说你严重失血,造成你思维紊乱;也不会因你头发是红色的,就说你吸干了他人的血,造成头脑发昏。"

辐合思维和发散思维,构成一个完整的思维过程。如果离开发散思维,就不可能得到可供比较、分析、选择的多种答案,思维就只能沿着一个方向进行,最终因思路狭窄而答案缺乏创造性;如果离开辐合思维,思维便会漫无边际地发散,尽管其中含有正确、新颖的答案,也会因为不能集中从而寻找不到最佳解决方案。所以,发散思维与辐合思维是一个完整思维过程的两个方面,它们相互促进、互为前提。

辐合思维对于口才的作用,在于增强口才思维的综合性、概括性和抽象性,提高口才的简约性、明了性和深刻性。

(七)辩证思维能力

辩证思维,是在逻辑思维基础上发展而来的,是思维的高级形态。它主要是运用辩证分析与综合的方法,揭示事物的内在规律,即普遍的对立统一规律。辩证分析,把事物的整体分解为各个部分、各个方面、各个环节、各种因素加以考察,以便深入事物的内部各个层次,揭示事物的本质。辩证综合,则是把整体的各个部分或各个方面有机地联系起来,把整体的个别特征和个别部分结合起来,并把事物的本质贯穿到全部现象中去,从而揭示出事物在分解状态下不曾显现的特征。运用辩证分析和综合的方法,有助于加深人类的认识,尤其是对于事物内在的矛盾性认识。如:

> 复旦大学在为《人性本善》这一辩题准备正方辩词中,关于"人"这一概念的辩证特性便表露得最为淋漓尽致。辩词中这样写道:
>
> "人是由人性和兽性组成的。正如费尔巴哈所说:'人半是天使,半是野兽',人具有食色、劳动、思维等各种机能,当这些机能处于人性的支配下时,人的行为是善的;相反,处在兽性的支配下时,人的行为是恶的。就某个人而言,当人性在身上占主导地位时,他的本质是好的;反之,当兽性占主导地位时,他的本质则是坏的。当我们说某个人的本质是坏的时候,只表明他的人性处于兽性的压抑下,而非人性本恶。就如同太阳是明亮的,但当发生日蚀时,我们不能一叶障目,不见泰山,得出太阳本暗的结论。"

辩证思维对于口才的作用,在于提高口才的科学性、严密性、灵活性和深刻性。

(八)创造性思维能力

创造思维是指有创见的思维,是个人在已有经验的基础上,从某些事物中寻求新关系、找出新答案的思维过程,是人类智力高度发达的表现。创造思维活动很复杂,它既寓于形象思维和抽象思维之中,又是逻辑思维和非逻辑思维(如直觉和灵感)、发散思维和辐合思维的辩证统一。创造思维往往与创造活动联系在一起,它最突出的标志是它所产生的新的首创的成果,具有较高的社会价值和独特性。创造性思维是人脑的机能,每一个正常的人都具有这种特殊的功能,只是水平不同而已。如:

> 一位教师曾经在课堂上出过这样一道智力测验题:"教室前面的水池共有几杯水?"
>
> 学生们听后面面相觑。稍后,一个男孩站起来回答:
>
> "老师,要看是怎样的杯子,"男孩的语调非常干脆,"如果杯子和水池一样大,那就是一杯;如果杯子只有水池的一半,那就是两杯;如果杯子只有水池的三分之一大,那就是三杯;如果……"
>
> "完全对。"老师说着,对男孩投以赞赏的目光。

创造性思维的运用,有助于增强口才的灵活性、应变性、独特性和新颖性。

二、思维技能训练

思维训练就是通过有意识的设计相关训练模式有计划、有步骤地对人的思维能力进行训练的活动,其目的是在原有思维的基础上进一步拓展,使思维有所提高与发展。当然,在持之以恒、循序渐进的思维训练中还需要大胆的设想和知识的深度拓展作为必备条件,才能使思维训练取得较好的效果。下面就几种思维训练模式介绍如下。

(一)逻辑思维训练

每个人或多或少都具逻辑思维能力,然而,在实际的语言交际中,逻辑思维强的人往往能以最清晰的思维说清一个较为复杂的问题,而逻辑思维能力弱的人却往往东拉西扯天南海北却仍抓不住其说话要领。因此,在原有的逻辑思维能力的基础上对学生进行一定的逻辑思维训练可以提高学生推理的能力、思辨的能力和学习的能力,从而提高其工作能力。训练方法如下:

1.教师可选定一组数字,让学生推导出各数字之间的联系。

2.给出众多表示动作或事件的句子,让学生在有限的时间内按逻辑顺序重新排列。

3.给出一个辩题,让学生以逻辑思维来分析、推导和概括,使其达到论辩上的严密性。

4.以故事的形式展开,让学生推导出最后的结局。

(二)逆向思维训练

逆向思维训练就是通过"背道而驰"的思路,提出不同于传统的观点,达到对常规思维的克服与挑战。训练方法如下:

1.以简单的游戏来训练逆向思维,如教师说一个动作,让学生的实际动作与教师说的相反。

2.可选择若干成语,通过对其传统意义的反向思考来进行逆向思维训练。如"明珠暗投"、"愚公移山"、"贻笑大方"等。

3.教师可选用历史中已成定论的事件,结合当前的实际,用逆向思维的方法引导学生对其提出新的观点和看法。

(三)发散思维训练

吉尔福德认为,人在解决问题时,思维常常"从同一的来源中产生各式各样为数众多的输出",即在一段时期内朝多种方向去探寻各种不同的方法、途径及答案,这种呈散射型或分叉型的思维模式就叫做发散思维。因此,其训练目标是培养对同一问题的多向思考,从而使在实际工作中能更灵活、更机动地分析和解决问题。训练方法如下:

1.教师可借用数学题对学生进行一题多解式的发散思维训练。

2.用趣味性题如"脑筋急转弯"等没有固定答案之题来引导学生的发散性思维。

3.教师可给出实际生活、工作中所遇到的问题,引导学生针对这一问题阐述各自不同的解决方案。

(四)联想思维训练

联想是由某人或某事而想起其他相关概念的思维过程和思维方法。其训练目标是努力重组头脑中已有的各种表象,从而培养由表及里分析和解决问题的能力。训练方法如下:

1.辐射型联想训练:教师可给出一个事物(包括字、词、概念、实物等),尽可能让学生在有限的时间里联想出与该事物有联系的众多其他事物。

2.直线型联想训练:教师给定一事物为起点联想出另一事物,再以第二个事物为起点联想出第三个事物,如此不断延伸下去。

3.强制型联想:教师可给定两个或多个完全不相关的事物,要求学生利用联想把这些不相关的事物有机联系在一起。

在这三种联想思维的训练方法中,强制型联想的难度最大,它要求学生对问题进行纵深的思考并正确找出不同事物间的联系点,因此在具体操作过程中,教师可把这作为训练的侧重点来进行。

第三节　听话与口语交际

一、听话的特征

听力,是指听话的能力。听话和说话是言语交流中密不可分的部分,如果我们把说话看做是言语生成和语言信息编码的过程的话,那么听话便是言语理会和语言解码的过程。

这两个过程共同构成言语交流这一大过程,完成了信息传递的任务。听话和说话这两种能力中任何一种有所欠缺,都会妨碍言语交流,影响信息沟通。听话的特点主要有以下几点。

1.受制性

接收者在口语交际中不居于主动地位,只有对方说了什么,才接收到什么,再去理解。受制性的具体表现为:(1)受制于表达者的说话特点;(2)受制于特定语境;(3)受制于双方的交际地位。

2.选择性

虽然有受制的一面,但听解并非单纯是消极被动的,也可以是积极能动的认知与合作的活动,这就是接收者对话语信息吸取时有选择的权利。这是听解活动中一个十分重要的特征。其表现为:(1)选择性的接收;(2)选择性的理解;(3)选择性的记忆。

3.补正性

口语表达时总是会有省略,不可能任何事都交代得一清二楚。听话时依靠接收者利用自己的理解、经验和知识来补充填足,使听话得以延伸,从而周密完整地接收信息、处理信息。有时表达者因各种原因有疏漏、失误,接收者以自身的学识、思维可以即刻察觉,在反馈时将自己的见解说出,纠正交际中的偏差和谬误。

二、听话的方法

在口语交际中,说固然很重要,但听懂对方的话,正确理解对方话中的含义甚至话外之音在交际过程中也是十分重要的。研究表明,在人的各种交往方式中,大多数人花在听上的时间所占的比率约为40%,花在说上的约为35%,花在读上的约为16%,写占9%。因此,训练和提高大家"耳才"也就显得十分必要。下面就介绍几种常见的听话的方法。

(一)推断法

推断法是指根据对方的话推断出有价值的信息或从对方谈话的表情中推断其真实意思和想法。在人际交往中,有些意思可以直接表达出来,而有些不便直接表达的内容则需要听者通过推断来进行理解。我们常说有些人说话说一半,留一半。意思就是说他的表达既有表层的意思,也有深层的意思。我们在聆听时,不仅要理解对方的表层意思,还要认真揣摩对方的深层意思。在听的过程中,我们可以通过对方重复率很高的词语来进行推断,如谈话过程中经常以某个人为例来展开,就能推测此人在其心中的地位;我们还可通过对方的语态来进行推测,如一个人经常感慨万千地提起自己的过去,可能就表示他对现状并不是十分满意,等等。当然,推断也要根据具体的语境,否则就会出现差错。如:

> 《三国演义》第4回中,曹操逃亡到其父好友吕伯奢家。吕叫家人杀猪款待,自己出门去打酒。曹操步入后堂,听见有人在说:"缚而杀之,何如?"他不去识别所说是个什么样的语言环境,只凭自己的推断竟理解为是要将自己灌醉后捆起来杀掉,便冲进去,不问男女,皆杀之。搜至厨下,才见是缚一猪欲杀。

(二)反馈法

反馈法是指对对方的话及时有效地作出反应的一种听话方法。在听对方说话的过程中,嘴里可以自然发出"是的"、"嗯"、"好的"这样的声音,不仅显示你已听明白了对方的话,而且还能很好地启示对方继续下面的讲话。在听的过程中,对对方谈话要点的及时归纳也是十分必要的,如"我明白了,你的意思是……"这类的话能有效地表达自己的专心,同时更可以对自己在听的过程中出现的理解偏误及时作出纠正。

(三)抓要点法

在听的过程中,往往会收到许多有用的和没用的信息。这时,就需要听者学会抓住要点来仔细辨别。与一些性格直率的人交谈,谈话一开头往往就是其主要内容,而与一些性格较内向的人交谈,在听的过程中,则要注意其谈话的侧重点所在,如停顿处、提高或降低音量处,等等。这样,我们就可以在对方的话语、语气以及他们的体态语中把握其说话的要点。如:

约翰·卡尔文·柯立芝(1923—1929年任美国总统)的女秘书长得非常漂亮,但工作经常出现差错。一天早晨,柯立芝对她说:"今天你穿的这身衣服真漂亮,正适合你这样年轻漂亮的小姐。"女秘书受宠若惊,柯立芝接着说:"但你不要骄傲,我相信你处理的公文也能和你一样漂亮。"从那以后,女秘书处理公文就很少出错。

三、听话的训练

(一)听力训练的要求

1. 抓住中心,把握重点

理解力训练是听力训练的核心。因为学生听老师讲话,理解是目的,理解力的强弱直接关系到学生对信息的把握,进而影响到学生对老师整体讲话内容所作出的反应。

2. 理清思路,掌握线索

听力训练中,必须以听话注意力为前提,以记忆力为载体,以理解力训练为核心,要求学生既要弄清老师讲话的词面意义,把听到的言语连为一个整体,又要能对言语作较深层次的理解,找出"潜台词",理清思路,掌握线索,把握住老师谈话的中心和主旨。

3. 明察意图,品味情感

在听话过程中,学生要能够品味出老师的思想感情、目的意图,分辨出语音、语句、语意、语调,准确判断其内容正误,为全面理解老师的言语打下良好基础。

4. 聚精会神,全面观察

学生在听老师讲话时,一方面应聚精会神,并随时作出积极反应,形成信息反馈;另一方面要求学生在听的同时合理分配注意力,同步完成相关的其他各项任务。既要聚精会神,又要全面观察。

(二)听力训练的内容

1. 注意力训练

(1)全神贯注地听

①听读一段小说,然后复述。对照原文,看你复述的内容与原文有多大差距,有无

实质性的错误。

②听读一段市场信息资料,然后复述其中提到的各组数据,看有无"张冠李戴"现象。

(2)既有选择又有分配地听

①同时用录音机播放一篇小说和一篇散文的朗读录音,要求选听其中一篇,听完复述。

②一边听歌,一边记录歌词,反复练习,核对原歌词直到全部正确为止。

(3)耐心地听

①找一段你最不感兴趣的材料让人读给你听,看你能记住多少,能否理解。

②听读一篇小学生作文,然后整理归纳自己听到的内容,分辨这名小学生想写什么,哪些地方写得比较好。

2.理解力训练

(1)寻找"潜台词"

看电视剧、电视小品、话剧表演时,注意领会人物的"潜台词",看起到了什么效果。

(2)把握言语的背景

①观看电影电视,分析在同一问题上正、反两面人物不同的立场观点。

②针对班里发生的一件事情,分别听取几名同学的意见,然后结合学生个人情况,仔细分析他们为什么这样说,哪些话是客观的,哪些话是主观的,哪些话是根本不负责任的。

3.记忆力训练

(1)要把握住老师说话的中心

谈话总有一个中心,而一切言语都是为这个中心服务的。如果学生能在听话不久便把握了老师讲话的中心,那么就可以充分发挥自己的定向思维能力,来理解老师的话语,以防止误听,并使记忆变得顺理成章,轻而易举。

①听读一篇1500字左右的小说,然后写出故事梗概。

②听一位同学陈述一件事情,力求及早把握住其谈话中心。

(2)长期听与间断听相结合

做一名学生,坚持长期听无疑能强化听话的记忆力,而有目的的间断听也有助于提高听话时前后衔接和追忆过去信息的能力,对提高学生的听力水平也有较大的促进作用。

①坚持收听广播电台的小说连播节目,力求听完一部小说之后能记住其大体内容。

②收听广播电台的新闻节目,有意识地记忆,看能记住几条,力求越记越多。

③同学之间互相讲一篇故事或见闻,互相检验记住多少内容。

4.辨别力训练

(1)注意声调与语调的区别

声调有区别词义的作用,语调则有区别句义的作用。声母、韵母完全相同的两个词,如果声调不同,其意义往往也就不同;而由同样一组词语按同样顺序排列而成的一组句子,如果说话时语调不同,即重音位置不同、音节长短不同、语间停顿不同,表达的意思也就可能不同。学生在听老师讲话时如果准确把握了声调和语调,就很容易进一步把握其言语的中心和重点,而不致误解。

①根据重音不同位置体会句子的不同含义。

②根据句子的不同句式体会其含义。

(2)注意方言和方言的区别

目前,普通话尚处于推广阶段,不用普通话进行交际的现象还普遍存在。为此,学生一方面要身体力行,积极推广普通话;另一方面,又必须了解当地方言的和方音特点,从中找出规律,以利于提高普通话水平。

①注意倾听当地群众谈话,了解当地方言词语与方音特点。

②仔细研读当地方言志等。

③辨别话语的意图。

【实践与训练】

1.一家饮品店,主要经营咖啡和牛奶,试用单向提问的方式与顾客打招呼,比较各种不同提问方式的效果。

2.阅读下面的内容,分析其口语的方法。

英国大作家萧伯纳身体瘦长。在某次晚宴上,一个肥胖的富翁嘲笑他说:"萧伯纳先生!一见到你,我就知道目前世界上正闹饥荒。"

萧伯纳说:"先生,我一见到你,就知道世界上闹饥荒的原因。"

3.丘吉尔以65岁高龄,在危难之际受命,就任英国首相和三军统帅,领导英国人民对纳粹德国作战,"他所能依仗的只有他的辩才",这是许多熟悉和了解他的人的共识。下面是他在议会上发表的简短的就职演说,思考其口语目的的形态类型。

我没有别的,只有热血、辛劳、眼泪和汗水贡献给你们。……你们要问,我们的政策是什么?我的回答是,竭尽一切可能和投入全部力量,在海上、陆地上和空中进行战争……你们要问,我们的目标是什么?我可以用一个词来答复:胜利!不惜一切代价去争取胜利,无论道路多么遥远和艰难也要去争取胜利。

4.假如你当选为班长,请为自己设计一个个性化的就职开场白。

5.有人说工作成绩靠的是实干,与口才没有多大关系,你怎么看待这个问题?

6.你获知有一部新出版的书对你很有用,并极具收藏价值,那么有哪些方法可使你如愿以偿?(不少于5种方法)

7.利用"送、大、岸"三个字造出多个句子。(不少于5个)

8.玻璃杯破碎了,你认为可能是什么原因造成的?

9.说出关于"百"的成语。

以非常规性思维,回答下列问题。

(1)用什么擦地最干净?

(2)一只狗总也不洗澡,为什么不生虱子?

(3)中国的内地生产什么?

(4)什么东西愈生气,它便愈大?

(5)进动物园,最先看到的关在笼里的是什么动物?

11.请用联想思维将"月亮"和"香烟"联系起来。

12.看到"断发文身"这个词你想到了什么?

13.在两分钟内列出红砖的所有可能的用途。

14.教师慢速朗读5~10行文字,连读两遍后,请学生复述该部分文字的几个要点。

15.教师读一段有表达错误的文字,让学生听后指正。

16.听教师读三条简明新闻,学生边听边记内容要点,看谁记得准确。

17.听下面这则故事,边听边记,听后复述,并讲述此故事的寓意。

　　有个人一心一意想升官发财,可是从年轻熬到白发,却还只是个小公务员。这个人为此极不快乐,每次想起来就掉泪,有一天竟然号啕大哭了。办公室有个新来的年轻人觉得很奇怪,便问他到底因为什么难过。他说:"我怎么不难过? 年轻的时候,我的上司爱好文学,我便学做诗、写文章,想不到刚觉得有点小成绩了,却又换了一位爱好科学的上司。我赶紧又改学数学、研究物理,不料上司嫌我学历太浅,不够老成,还是不重用我。后来换了现在这位上司,我自认文武兼备,人也老成了,谁知上司喜欢青年才俊,我……我眼看年龄渐高,就要退休了,一事无成,怎么不难过?"

18.听故事推测结局。

　　侦探蒙哥马利在破案中,对死者的妻兄赖利进行调查。

　　"赖利先生,我是苏格兰的蒙哥马利上校。我要告诉你一个坏消息,你妹夫给人谋杀了。"

　　"什么?"赖利在电话另一头说,"我昨天晚上才见过米基。我不相信他真的被人杀了。你们肯定是他?"

　　"验尸报告已证实了,赖利先生。我想现在到府上跟你谈谈,看谁有杀你妹夫的嫌疑。"

半小时以后,蒙哥马利上校到了赖利的寓所。

"谁都知道米基有很多仇家,"赖利说,"他的生意伙伴史密斯有一回说他盗用公款,还跟他大吵了几场。我二妹的丈夫琼斯也骂过米基,说他勾引我二妹。说来惭愧,琼斯跟黑帮是有往来的,不过我们已经几个月没有他的消息了。另一个可能杀米基的人是我三妹的丈夫比利。我知道他憎恨米基。我可以把他的住址告诉你。但你得答应不告诉他是我说的。"

"不必了,赖利先生。根据你刚才说的,米基显然是你杀的。"

蒙哥马利是怎样推理作出这个结论的?

第二章

口语交际基本技能训练(下)

第一节　口语表达基本技巧

一、语音辨正

语音准确是口语表达的最起码的要求,音准的标准是普通话语音,要念准普通话的声母、韵母和声调,不读方音,不读错字,从而准确传递信息,使听众听清、听懂。

普通话共有声母 21 个(包括零声母共 22 个),韵母 39 个,4 种声调。汉语中一般一个汉字一个音节(儿化除外)。

1. 声母发音训练

声母是音节开头的辅音,是气流在口腔或喉头受阻而形成的音。声母发音时有成阻、持阻和除阻三个阶段。成阻时的部位、姿势要准确;持阻时要持续到音色响亮、清晰为止;除阻时要干净利落;发音部位要准确。

(1)zh　z 辨正

| zh | 主力 | 中止 | 招了 |
| z | 阻力 | 宗旨 | 糟了 |

(2)ch　c 辨正

| ch | 一成 | 姓陈 | 有翅 |
| c | 一层 | 姓岑 | 有刺 |

(3)sh　s 辨正

| sh | 商业 | 不少 | 诗人 |
| s | 桑叶 | 不扫 | 私人 |

(4)r　n　l 辨正

| r | 仍然 | 柔软 | 软弱 |

n	恼怒	女客	无奈
l	老路	旅客	无赖

(5)f h w 辨正

f	翻腾	放荡	防风
h	欢腾	晃荡	黄蜂
w	忘怀	文化	维护

(6)j q x 辨正

j	举例	短剑	焦了
q	一擎	姓秦	有气
x	虚心	学习	相信

绕口令练习：

红饭碗,黄饭碗,红饭碗盛满碗饭,黄饭碗盛半碗饭,黄饭碗添半碗饭,像红饭碗一样满碗饭。

四是四,十是十,十四是十四,四十是四十,十不能说成四,四也不能说成十,若是说错了,就要误大事。

三哥三嫂子,借我三斗三升酸枣子。秋天收了酸枣子,就还三哥三嫂子三斗三升酸枣子。

真叫热,晒人肉,晒得心里好难受。晒人肉,好难受,晒得头皮直发皱。

西巷一个漆匠,七巷一个锡匠;西巷的漆匠偷了七巷的锡匠的锡,七巷的锡匠偷了西巷漆匠的漆;西巷的漆匠为七巷的锡匠偷漆而生气,七巷的锡匠因西巷的漆匠偷锡受刺激。一个生气,一个受刺激,岂不知他俩都目无法纪。

2.韵母发音训练

普通话韵母是由元音或元音为主要成分构成的,共有 39 个,按其结构特点分成单韵母、复韵母和鼻韵母三类。下面就最不易分辨的韵母作一纠正。

ai	来电	分派	开外
ei	雷电	分配	开胃
ao	考试	少数	早到
ou	口试	手术	走到
an	反问	寒露	水潭
ang	访问	航路	水塘
en	申明	诊治	出身
eng	声明	整治	出生
in	水滨	新近	贫民
ing	水兵	清静	平民

绕口令练习：

梅大妹卖梅子，卖了梅子买麦子；梅小妹，卖麦子，卖了麦子买梅子。大妹和小妹，互相做买卖，大妹卖，小妹买，小妹卖，大妹买。不知谁卖了梅子买麦子，又是谁卖了麦子买梅子。

老猫毛短戴毛帽，小猫毛长戴草帽。老猫毛帽戴不牢，毛帽换成老礼帽。小猫草帽戴不好，老猫帮它来戴牢。老猫礼帽，小猫草帽。老猫、小猫哈哈笑。

小金到北京看风景，小京到天津买纱巾。看风景，用眼睛，还带一个望远镜；买纱巾，带现金，到了天津把商店进。买纱巾，用现金，看风景，用眼睛，巾、金、睛、景要分清。

3. 声调训练

在普通话的阴平、阳平、上声、去声中，上声是四个声调中最不易学好的一种。它的调值是 214，在发音过程中，有的人要么起音太高，要么尾调太低，要么曲折生硬。因此，上声的训练可作为四声中的重点来进行。同时，江淮方言区和吴方言区同学注意入声的影响，如：吃、急、铁、雪等，不要将这种声调带入普通话中。

4. 音变训练

(1)"一"、"不"、上声变调

"一"、"不"在单用或在句末时读本调，而在去声音节前，一律变阳平，如：一半、一定、不必、不测。在非去声音节前"一"要变去声，"不"不变，如：一般、一些、一连、一群、一起、一体。"一"、"不"夹在词语中间读轻声。

(2)上声的变调规律是

两个上声相连，前一个上声变得像阳平。在原为上声改读轻声的字音前，则有两种不同的变调，有的变阳平，有的变半上声。

上声＋上声	海岛	旅馆	（变阳平）
上声＋轻声	想起	讲讲	（变阳平）
	耳朵	姐姐	（变半上）

在非上声的前面变半上声，如：

上声＋阴平	百般	保温	（变半上）
上声＋阳平	祖国	导游	（变半上）
上声＋去声	广大	挑战	（变半上）

(3)语气词"啊"的音变

在 u(包括 ao iao)后面，读 wa	好啊　快来瞧啊
在 n 后面，读 na	怎么办啊　真险啊
在 ng 后面，读 nga	唱啊　真静啊
在－i(后) r (儿尾)er 后面，读 ra	吃啊　多带劲儿啊

在－i(前)后面,读－ia　　　　　别撕啊　写字啊

在 a o e i ü 后读 ya　　　　　他啊　真绿啊

5.轻声训练

助词、语气词、方位词、趋向动词、叠音词,等等。

红色的	欢快地
屋里	出来
哥哥	娃娃
箱子	木头
玻璃	西瓜

6.儿化训练

(1)香瓜儿　水波儿　山歌儿　台阶儿　水珠儿　风车儿

(2)锅盖儿　一块儿　心眼儿　冒烟儿

(3)玩艺儿　小曲儿　毛驴儿　豆粒儿

(4)棋子儿　树枝儿

(5)板凳儿　电影儿

二、发声技巧

1.声带练习

人类言语的声源是喉头的声带。声带的振动情况直接影响着发音的音响、音高和音色。个人除了先天声带条件之外,在后天进行正确的声带训练和保护,能够有效地改变声带条件,提高语音质量。

发音的基本要求是喉部放松。喉部放松,声带振动自如,发音效率高,较小的气流就能使声带振动,省力、轻松,发出的声音自然、悦耳。喉部发音切忌提嗓子,也不要挤压嗓子,更不要拔直了嗓子喊。

发音时,声带犹如赛跑前腿的韧带一样,需要做准备活动。方法是:声带放松,用匀缓的气流轻轻地拂动它,发出细小的抖动声,像小孩撒娇生气时喉咙里发出的那种声音。这些声音像气泡一样,是一个一个颤抖出来的。

声带练习的方法很多。最基本的方法是:吸足一口气,身体放松,张开或者闭合嘴,由自己的最低音向最高音发出"啊"或"咿"的连续声响,可以作高低音连续变化起伏。这种练习最好在早晨空气清新时进行。

在演讲等大场合的口语表达中,发音需要自然轻松,处理好停顿,控制好音量,使声带松紧有节。尤其不可有意使用过高的嗓音,以免声带负担过重,声音嘶哑。在整个口语表达过程中,不宜喝过量、过烫、过冷的水。用点茶水润润喉咙,有利于保护声带。

2.共鸣练习

声带发出的声音是很微弱的,通过共鸣才能得到扩大和美化。人的声道共鸣器官主要有胸腔、口腔、鼻腔、咽腔等。胸腔共鸣能使声音浑厚、洪亮;口腔共鸣能使声音结实、明亮;鼻腔共鸣能使声音明亮、高亢。共鸣器官的合理运用,可以使声音变得圆润、优美动听,大大提高发音的质量。

(1)胸腔共鸣:颈根部扩张,喉头下沉,在上胸部蓄满一口气,振动声带。此时用手捂住上胸部,可感觉到胸腔的振动。

(2)口腔共鸣:软腭上升堵住鼻腔通道气流冲击声带到达口腔,在口腔形成共鸣。练习时可用手捏住鼻子学鸭子"嘎嘎嘎"的叫声。

(3)鼻腔共鸣:软腭下降堵住口腔通路,气流冲击声带后上升到鼻腔,在鼻腔形成共鸣。练习时可用手捂住嘴,模仿打电话中"嗯?"(什么?)和"嗯"(明白了)的声音,还可用"嗯"或"哼"音哼歌。

(4)咽腔共鸣:咽部尽量放松,使口腔后部的气流下沉蓄积在咽部,振动声带。此时用手放在颈部,可感觉到咽部的振动。

3.吐字练习

汉语的字是意义与感情的载体。与其说语言是一种理论,不如说是一种技巧。理论的学习并非难事,奏效靠"学";技巧的掌握并非易事,获得凭"磨"。学习汉语会话须经三个台阶:苦练元、辅音,巧练音节(字),勤用语段句。三方面综合训练方可使声音的运用圆润集中、灵活自如。而要持久地发出优美的声音,则须灵活掌握气息与喉部肌肉的联合作用,必须解放喉头,给声带以宽松的活动余地,同时又要注意对咬字器官的灵活掌握(其中包括提颧肌、打牙关、挺软腭、松下巴等四个动作的实现)。

"字正腔圆",这是人们衡量吐字发声的最基本的标准。所谓"字正"应当包括字准、字真、字纯三个方面;"腔圆"指的是声音运用的集中、圆润、灵活、自如。具体可以概括为准确、清晰、集中、圆润、流畅。

(1)准确——字音要准确、规范,即声母、韵母、声调必须准确,发音部位、发音方法必须准确。

(2)清晰——字音要清晰,即声、韵、调都不得含糊,唇、齿、舌、喉的活动必须协调,不可"吃字",也不可含糊,要咬紧字头,发响字腹,收全字尾。

(3)集中——字音要有气息,有共鸣,要充实、响亮。

(4)圆润——字音要明亮、饱满、优美、动听。

(5)流畅——字音轻快连贯,切勿"绷"字,将字音咬得过死。

吐字清晰,这是对讲话者的起码要求。吐字清晰有两个技巧:一是前音稍后,后音稍前;另一个是咬住字头,自然归音。

吐字归音是指对字头、字腹、字尾的完整处理过程。"吐字有力,归音到位"是吐字

归音的基本要求,训练时要掌握以下要领:

(1)咬准字头。字头,包括声母和韵头(介音)。发音时要注意字头咬字的准确、清晰、有力度,利用开始阶段的爆发力量,带动字腹和字尾的发音,要有"叼住"与"弹出"的感觉。如:白菜、非得、报告、口授。

(2)发响字腹。字腹主要指韵腹,是整个音节中最清晰、最响亮的部分。发音时气息要足,共鸣要强,立音舒展丰满,坚实稳定。如:巧妙、小鸟、优秀、牛油。

(3)收全字尾。字尾主要指韵尾。韵尾的音质多含混不固定,有时容易读"丢"了。发音时一定要注意归音到位,发音器官必须有一个向韵尾发音部位滑动、并最后到位的过程,应做到声音虽止,余味无穷。如:安然、贯穿、吵闹、绣球。

4.音色练习

音色是指人的嗓音质量。嗓音质量的优劣,直接影响口语表达效果。嗓音表情达意的潜力和魅力是巨大的。好的嗓音的标志是:响亮悦耳,圆润柔和,富有情感。而现在不少人嗓音欠佳,如声音微弱、沙哑、刺耳和不稳定等。无疑,嗓音与天赋有很大的关系,天生的"金嗓子"常令人羡慕不已;然而嗓音通过后天的努力也是可以改进的,只要方法正确,持之以恒地练嗓,就可以使嗓音在原有的基础上大大得到提高。

要练好嗓音,必须克服以下几种不良的声音。第一,弱音。就是声音太微弱,这主要靠高声发音练习来加以改正。第二,喉音。声音中带有喉音,就显得生硬、沉重,这会导致缺乏音色变化而削弱声音的表现力。纠正的方法是将舌尖轻触下齿根,使喉头自然放松,让腹部去控制呼吸和发声。第三,鼻音。鼻音使声音犹如被物体盖住,显得含混朦胧。为了克服不合适的鼻音,要求发声时呼气要有节制,注意适当控制声波流入鼻腔。第四,刺音。这是声音颤动得厉害所造成的。主要原因是呼吸冲击强烈,致使发音器官失去应有的弹性,声音摇晃不定,给听众造成极不安宁的烦躁感觉。纠正方法是呼气有节制,避免气息对声带的强烈冲击,在声音延长时力求平稳。第五,沙音。就是声音沙哑低沉。这有两种原因:一种是疾病造成的,这就要及时医治声带与喉头疾病;另一种是发音方法不当造成的,那就要改正呼吸与发音,减少喉头负担,使声音响亮悦耳。

三、节奏技巧

口语节奏是有声语言运动的一种形式。口语表达中的节奏,是由一定的思想感情的波澜起伏,造成抑扬顿挫、轻重缓急的声音,从而形成的回环往复。

节奏不能和语气混淆起来。语气是以语句为单位,而节奏要以语段(句解)乃至全篇为单位。打个比方说,敲钟有各种敲法,一声钟响,我们是听不出"节奏"的,只能判断出它的轻重、长短。这就如同"语气"。如果是好多声钟响,我们不但能听出每一声的轻重长短,还能听出是紧张的,还是舒缓的,那就属于节奏了。节奏是整体性和全局性的表现,它被言语目的和话语主题所统率。因此,把握节奏必须立足于整体和全篇,这样,表达中的高低、强弱、快慢、顿挫等,便能够处于相互映照、前后对比的整体配置之中,构成和谐的运动。

节奏的核心是声音形成的"回环往复"。节奏犹如群山的绵延起伏、江河的浪涌波翻,没有峰谷的循环、交替,没有波涛的序列、呼应,就谈不上节奏。语言节奏的这种回环往复主要表现在相似语气、相似转换的不断显露上。这种显露包括三个环节,即前后的转换、语气的色彩和分量、语调的变化。这三个环节上相似、相近的声音形式,每显露一次,就是节奏的一个回环,不断呈现就造成了回环往复的节奏。

富于变化的节奏,不仅可以避免口语表达的单调呆板,而且能够吸引听者的注意,激发听者的兴趣。优美的语言节奏,既可以使思想感情表达得更充分,又能给听者以美感享受。

(一)节奏的类型

根据节奏的基本特点和基本表现形式,可以把口语节奏分为六种类型。

1.轻快型

这种类型的特点是:语调上多扬少抑,力度上多轻少重,顿挫较少、语言流畅。基本语气、基本转换都偏于轻快,重点句、段更为明显。如朱自清的《春》:

盼望着,盼望着,东风来了,春天的脚步近了。

一切都像刚睡醒的样子,欣欣然张开了眼。山朗润起来了,水涨起来了,太阳的脸红起来了。

小草偷偷地从土里钻出来,嫩嫩的,绿绿的。园子里,田野里,瞧,一大片一大片满是的。坐着,躺着,打两个滚,踢几脚球,赛几趟跑,捉几回迷藏。风轻悄悄的,草软绵绵的。

2.凝重型

这种类型的特点是:语词上多抑少扬,声音力度强而且着力。顿挫较多,语流态势比较平稳,基本语气和基本转换显得凝重,重点句、段更为突出。如鲁迅的《记念刘和珍君》:

真的猛士,敢于直面惨淡的人生,敢于正视淋漓的鲜血。这是怎样的哀痛者和幸福者?然而造化又常常为庸人设计,以时间的流逝,来洗涤旧迹,仅使留下淡红的血色和微漠的悲哀。在这淡红的血色和微漠的悲哀中,又给人暂得偷生,维持着这似人非人的世界。我不知道这样的世界何时是一个尽头!

3.低沉型

语调多为"下山"类,句尾落点多显得沉重,音节多、长,音色偏暗,基本语气、基本转换都带有沉缓的感受,重点句、段更甚。如安徒生的《卖火柴的小女孩》:

已经中午了,她一根火柴也没卖掉。她又饿又冻地向前走,雪花落在金黄的长发上。她走到一幢楼房的窗前,朝里张望。啊!屋里那棵圣诞树多漂亮啊,一位母亲正和两个孩子在玩耍,那孩子该多幸福啊,桌子上还点着许多彩色的蜡烛,有红的、黄的、绿的、白的,她最喜欢那些红色的蜡烛,在桌上格外显眼。

看到这里,小女孩想起了她的祖母和妈妈,她们最疼爱她,可是,她们都去世了。想着想着,小女孩哭了。

4.高亢型

语调多为"上山"类,一峰紧连一峰,一浪高过一浪,奔腾倾泻,势不可遏。基本语气、基本转换都趋于高昂或爽朗,重点句、段更为突出。如高尔基的《海燕》:

看吧,它飞舞着,像个精灵,——高傲的、黑色的暴风雨的精灵,——它在大笑,它又在高叫……它笑那些乌云,它因为欢乐而高叫!

这个敏感的精灵,——它从雷声的震怒里,早就听出了困乏,它深信,乌云遮不住太阳——是的,遮不住的!

5.舒缓型

语调多扬而少坠,声音清朗而柔和,气息长缓,语流连贯,基本语气、基本转换都较为舒展,重点句、段更为明显。如峻青的《海滨仲夏夜》:

夕阳落山不久,西方的天空,还燃烧着一片橘红色的晚霞。大海,也被这霞光染成了红色,而且比天空的景色更要壮观。因为它是活动的,每当一排排波浪涌起的时候,那映照在浪峰上的霞光,又红又亮,简直就像一片片霍霍燃烧着的火焰,闪烁着,消失了。而后面的一排,又闪烁着,滚动着,涌了过来。

6.紧张型

语调多扬少抑,力度上多重少轻,气促音短,语速较快。基本语气、基本转换都较为急促、紧张,重点句、段更为突出。如闻一多的《最后一次讲演》:

今天,这里有没有特务?你站出来!是好汉的站出来!你出来讲!凭什么要杀死李先生?杀死了人,又不敢承认,还要诬蔑人,说什么"桃色事件",说什么共产党杀共产党,无耻啊!无耻啊!这是某集团的无耻,恰是李先生的光荣!李先生在昆明被暗杀,是李先生留给昆明的光荣!也是昆明人的光荣!

这六种节奏类型,在不同的作品中有不同的结合,但这种结合也不是并列的,而是以某种类型为主,其他类型渗入其中。不同节奏类型的结合,恰恰表现了节奏的具体性和丰富性。

在节奏的类型上,我们应尽力避免两种情况。一种情况是把节奏看作单一性的东西,一说是凝重型,从第一句开始到最后一句结束,句句都向凝重型靠拢,唯恐有一句脱离了凝重型。初学者很容易犯这个毛病。这种单一性的认识,必然使口语表达单调呆板、语气僵化,特别是由于拘泥于声音形式上的某种定型,造成思想感情运动状态的沉闷,失去活力。另一种情况是,把节奏看作拼凑起来的东西,东一榔头西一棒槌,句、段、篇无逻辑联系,色彩搭配和起伏变化貌似活泼,但没有主线,没有回环往复,像是个大杂烩。这就会使目的模糊,基调紊乱,语气含混,思想感情的运动状态或失去控制,或变得虚假。所以,我们既要避免节奏的单一,又要防止节奏的杂乱。

(二)驾驭口语节奏的方法

口语节奏必须变化,但这种变化又要以节奏类型为基础。节奏变化的方法,不外四个角度,即快与慢、抑与扬、轻与重、虚与实。每个角度又有两个方面,表达中往往以一方面为主而求另一方面的变化。由此,又引申为以下几种方法,它们互相交叉、互相作用,形成具体作品的各具特色的节奏转换。

1. 欲扬先抑,欲抑先扬

"扬"一般指声音的趋势向高发展;"抑"一般指声音的趋势向低发展。内容上有主次之分,有突出与削弱之别。如果重点部分、突出部分以较高的声音形式表达,这一部分就是"扬";而为了使这部分真正突出出来,它前面的部分、非重点部分就要以较低的声音形式表达,使这部分有所削弱,这就叫"抑"。不过有的时候,与上面的情况相反,重点部分、突出部分应该以"抑"的声音形式表达,那么非重点部分当然就要"扬"了。《荔枝蜜》在节奏的变化上欲扬先抑;而《卖火柴的小女孩》的节奏,则是以抑的回环往复为主,但抑中有扬,对比深刻。例如下面这个片断:

> "哧!"火柴燃烧了,像一朵温暖、光明的火焰,小女孩觉得像坐在火炉旁一样。火烧得那么欢,那么暖,那么美! 这是怎么回事呢? 当小女孩刚刚伸出她一双脚,打算暖和一下时,火焰忽然熄灭了。火炉也不见了。她坐在那儿,手中只有烧过的火柴。
>
> 她又划了一根火柴,火柴燃烧起来,发出了光。
>
> 墙上有亮光照着的那块地方突然变得透明,像一片薄纱,她可以看到房间里的东西,有馅饼,有烤鹅,更有趣的是,这只烤鹅从盘子里跳出来了,它的背上插着刀叉,正在地上走着呢,一直向小女孩走过来。她伸出手去,火柴又熄灭了,她摸到的是冰冷的墙壁。
>
> 她又划了一根火柴,火柴燃烧起来,变成一朵粉红色的光焰。
>
> 她发现自己坐在一棵美丽的圣诞树下,比中午见到的那棵圣诞树还要大,还要美丽。它的树枝上有几千只蜡烛。小女孩把双手伸过去,火柴又熄灭了。几千只蜡烛都变成了明亮的星星。这些星星中有一颗落下来,在天空中划出一条长长的亮光。

2.欲快先慢，欲慢先快

快慢是节奏的一个方面。"慢"是指字音稍长、停顿多而时间长；"快"是指字音短促、停顿少而时间短，连接较多。口语表达中，有时抑扬变化不太大，而快慢变化较为明显，甚至以快慢变化为主。如巴金的《海上的日出》，描写细腻而生动，但它主要不是从高低变化中表现的，而主要是从时快时慢的运动中来描述的，全篇的节奏属轻快型。

　　果然，过了一会儿，在那里就出现了太阳的一小半，红是红得很，却没有光亮。这太阳像负着什么重担似的，慢慢儿，一步一步地，努力向上面升起来，到了最后，终于冲破了云霞，完全跳出了海面。那颜色真红得可爱。一刹那间，这深红的东西，忽然发出夺目的光亮，射得人眼睛发痛，同时附近的云也添了光彩。

3.欲轻先重，欲重先轻

轻重的变化，实际上也就包括了虚实的变化。轻重相间、虚实相间，轻弹重敲、虚托实落，自成一种回环往复。我们必须学会轻中有重、重中有轻，虚中有实、实中有虚。欲重先轻的方法最常用。如朱自清的《匆匆》：

　　燕子去了，有再来的时候；杨柳枯了，有再青的时候；桃花谢了，有再开的时候。但是，聪明的，你告诉我，我们的日子为什么一去不复返呢？——是有人偷了他们罢：那是谁？又藏在何处呢？是他们自己逃走了罢：现在又到了哪里呢？

4.加强对比，控纵自如

加强对比，使那些该突出的部分和该削弱的部分，该高、慢、重的部分和该低、快、轻的部分在声音上加以区别，是造成节奏变化的一个法宝。语气行进中，刚说出的那句话和正在说的这句话之间，对比的作用是很大的。我们必须在联系中找区别、抓特点，造成与上句不同的色彩、分量和语调，才能显出不同。如果不是整体不同，也应有部分不同。有了这种对比的意识，久而久之，语言的节奏就会丰富起来。

"控制"，是说该平淡处不添色彩、该削弱处清楚带过；"纵放"，是指导思想浓烈处不可冷漠，该突出处大胆抒发，不论控纵，都显得自如，毫无拘泥做作之感。

四、变音技巧

在美国都兰博士的"魅力调查"的回答中，有高达 90％的人都认为，声音是一个人魅力的最重要的构成因素之一。为什么音色有好听、不好听之别？这个问题与发音器官的运动有什么关系？我们首先来了解发音器官的构造和它的作用。发音器官主要由三部分构成，即呼吸器官、发音体、共鸣腔。从嘴里发出的声音必须经过呼气、成声、构音三个步骤。呼气是肺起作用，成声是声带起作用，构音主要是咽喉、口腔和鼻腔起作用。声音的控制，是指演讲者通过对气息、声带、共鸣等进行有效控制而获得响亮动听声音的一种技巧。由胸、腹、横膈等几组肌肉群,将吸入肺的气息控制并转变为发声的动力。接着,使这股气息逆流而上,吹动喉室内的两条声带,在唇、齿、舌、软腭等发音器官的参与下,经过口腔、鼻腔、胸腔等共鸣体的共鸣,产生经过扩大和美化的、符合演讲需要的音量和音色。想要有效地控制声音,做到纯正、响亮、圆润、悦耳,需要掌握科学的发声方法,学会控制气息。

(一)正确的呼吸

说话时需用口腔呼吸,有经验的讲话者说话之前,腹部就会自然地隆起,一开口说话,腹部就收缩凹陷,像弹簧一样一起一伏,随时为声音提供支撑力量。

1.三种呼吸方法

胸式呼吸法:胸式呼吸法重点放在胸腔,主要依靠胸肌的内外运动改变胸肌的大小来呼吸,只有胸部的前后扩张,没有上下扩张,这是人们日常生活中的本能呼吸,称作浅呼吸。用这种呼吸方法气流不充足,发出的声音浅而浮,会因气息不足而把力量集中在喉头,使声带负担过重,憋得脸红脖子粗,变成叫喊,造成嗓子经常嘶哑,这对于演讲十分不利。

腹式呼吸法:腹式呼吸法只使用横膈膜运动,主要依靠膈肌的上下运动改变胸腔的大小来呼吸。只有腹肌起作用,肋间肌不起作用,胸上下前后都得不到扩张。这种方法要求腰前后都扩大,力量往往向后坐,使前面力量消失。

胸膈式呼吸法:这是最好的呼吸法。胸膈式呼吸法是靠肋骨和横膈膜共同的运动来实现的。这种呼吸法,调动胸部肋间肌、横膈肌和腹肌共同参与呼吸,既便于使胸腔全面扩大,肺的容积随之全面扩大,又便于对呼气的气势进行控制和调节。戏曲演员所说的"气沉丹田"、"挺胸收腹"就是这种呼吸法。

此呼吸法的要领是:吸气时全身放松,舌尖微翘抵上齿背,扩展两肋,向上向外提起,感到腰带渐紧,后腰有一种胀开的感觉。呼气时要控制两肋,使腹部有一种压力,舌尖抵下齿背,由翘变平,将气均匀地往外吐。呼气时要用嘴,做到匀、缓、稳,为了不至于将气一下泄出,呼气时可保持吸气的状态。

呼吸时要注意:吸气时,要尽量吸得足,吸得深,以便获得巨大的原动力;呼是整个发音的过程,呼时气从胸腔向外运行,要走一条线,把气归拢在一起。采用这些方法呼吸进气快、到位深、运气长、好控制。

2.寻找呼吸动力中心

在椅子上坐端正,脊椎骨下端靠紧椅子背,把手掌平压在胸部下方、肚脐以上1寸的地方,然后起立、坐下,每一次你都会感觉到手掌下的肌肉在收紧,医生把这块动力中心叫做"腹内斜肌",歌唱家称之为"丹田"。

3.呼吸练习

(1)正确的姿势:挺胸、收腹、直腰。如是坐着,再加上两条,即双脚平放、双腿不能交叉,以免影响血液循环;用背椎骨的下部使劲靠住椅背,以帮助位于上腹部的动力紧张起来。

(2)练习

说明:最好能做到每天4～5次,每次5分钟。一开始练时,如果觉得腹部肌肉使不上劲,可以站着做一些运动,同时挺胸、收腹。

练习1:蒸汽壶:浅浅地吸一口气后徐徐地呼出,嘴唇发出蒸汽般的"嘘、嘘"声,同时心中暗记数目,看清这口气持续多久。不要一下子把气呼出,而是徐缓地吐气。首次应能坚持到30次,以后渐渐可以达到70次,你会感觉到辅助呼吸的肌肉在这个过程中不断地收缩、拉紧。

练习2:数葫芦抬米:站立,将口中余气吐尽,再吸足一口气,然后做数词组练习。一个葫芦、两个葫芦、三个葫芦……再用数短语练习,一只蚂蚁抬一粒米,两只蚂蚁抬两粒米……

从自然音高数起,注意要让字音清晰有力,速度平稳均匀,富有节奏感。

练习3:压腹数数:平躺在床上,在腹部压上几本书,吸足一口气,开始从1往后数。这是对气息输出作强控制的训练,目的是增强腹肌和横膈膜的控气力度。

开始阶段压的书可少些,以后适当增加,可利用睡前做这个练习。

练习4:跑步背诗:在平时进行体育锻炼或劳动时出现轻微气喘时,背一首短小的古诗,要尽量控制不出现喘息声;一首诗背完后,要调节呼吸,然后再继续进行。激烈运动时不要进行这个训练。

练习5:数"枣儿":"出东门,过大桥,大桥下面一树枣,红的多,青的少,拿起竹竿打红枣。一个枣,两个枣,三个枣,四个枣,……"要求一口气能数20到30个枣儿。

练习6:喊人训练:假设远处有个熟人,用发音响亮的音节组成该人的名字,如:"老张——"、"小兰——"、"阿毛——"等,力图喊住他。站在山顶,面对空寂的山谷做这种练习,回声可帮你找到这种感觉。

(二)良好的共鸣

声带发出的声音是单调乏力的,只有经过头腔、鼻腔、咽腔、胸腔等共鸣器的控制才能产生洪亮悦耳的声音。生理学家证明,声带产生的音量只占讲话音量的5%,其他95%的音量,则要通过胸腔、头腔、口腔、鼻腔所组成的共鸣器放大产生。

共鸣训练法:

1.半打"哈欠",即闭口打"哈欠",喉咙呈打开状态,软腭提起,伴发"啊"音,体会软腭升起和下垂的不同状态。

2.夸张四声练习,练共鸣时要善于寻找感觉,持之以恒。

山明水秀	风调雨顺	胸怀广阔	妙手回春
鲲鹏展翅	英明果断	大好河山	万古流芳

(三)改善音色

音色指一个声音区别于其他声音的本质特征。

基本音色指的是以实为主、虚实结合的音色。虚实变化时,要求喉头部位虚不松懈、实不捏紧;气息流量虚不多、实不少;吐字力量虚不松、实不紧。

练习:

1.虚与实的训练:(五言、七言诗句练习)

日照香炉生紫烟,遥看瀑布挂前川。飞流直下三千尺,疑是银河落九天。

2.轻与重的训练:

看吧,它飞舞着,像个精灵——高傲的、黑色的暴风雨的精灵——它一边大笑,它一边高叫——它笑那些乌云,它为欢乐而高叫。

3.高与低的训练:(1)上绕练习:从自然音高开始(即张口就能发出来的音)发 a 或 e,层层上绕,气息拉住,小腹逐渐收紧;下绕练习:从自然音高练习开始,发 a 或 e 音,层层下绕,气息托起,小腹逐渐放松。(2)古诗练习:白日依山尽,黄河入海流;欲穷千里目,更上一层楼。

先用低音练起,一句句地升高,然后再一句句地降下来;一句高、一句低,高低交替;小音量练习,音量小、声带振动、吐字清晰;中音量练习;大音量练习,仿佛对 40 个人讲话一样,要求气息强大,音色高亢响亮。

第二节 口语交际分层次训练

一、诵读

诵读包括朗读、朗诵两类。朗读是把书面的文字作品转化为口头的,更能表情达意的有声语言,以期产生强烈感染力的再创造。朗诵同朗读相比,在将文字作品转化为有声语言方面是相同的,但材料不同。朗诵的材料都是文学作品,而朗读还包括实用文章。朗诵要求朗诵者的语言更具有强烈的艺术感染力,并要求运用感情、动作和形体配合进行。

1.朗读和朗诵的特点

(1)声音性。运用的都是有声语言,以自己的口说作者的话。

(2)规范性。朗读、朗诵必须选用规范的文字作品,必须体现有声语言的规范性。规范的语言——以北京语音为标准音,规范的词汇——以北方方言为基础方言,规范的语法——以典范的现代白话文著作为语言规范。

(3)创造性。将原来书面语言进行再创造,转化为口头语言,并展现出书面语言所无法表达的语气、语调、语势、语感、抑扬顿挫、轻重缓急和情感上的细微巧妙。

(4)表演性。是朗诵所特有的。因为朗诵是一种表演艺术,是供欣赏的,所以,除有声语言外,还需态势语言配合。

2.朗读和朗诵的要求

(1)准确。从内容上要正确地理解原作的思想情趣,语言上要用普通话,做到发音清楚,忠于原作,不改字,不丢字,不添字,不吃字。

(2)流利。朗读时必须适当调整速度,使语言通畅,不破句,不破词,不重复,不打顿。

(3)有感情。只有发自内心的朗读,才能引起听众想象,激发听众的情感,获得听众的共鸣。

朗诵除上述要求外,对文学作品的内容还要有自己的体验、自己的理解,将理解的、消化了的、深入领会了的东西给予听众。

朗读、朗诵既可以提高学生的素养、情操和理解能力,又可以提高学生的表达能力,对演讲训练有巨大的作用。

(一)朗读、朗诵的准备

朗读、朗诵的准备有广义和狭义两种。广义的准备是多方面的,有思想气质的准备,社会阅历、文化素养的准备,审美情趣乃至普通话语音的准备,等等;狭义的准备是指对材料进行的具体准备。

朗读、朗诵是变无声的文字语言为有声的口头语言,是一种再创造。单是分析理解作品还不够,还需要有为这种再创造服务的特殊准备。这就是在分析领会材料的基础上,念准字音,把握思路,感受情思,再现情景。

1.念准字音

理解字词句是分析作品的前提。朗读是以看不见、摸不着的声音形式将文字作品所描写的事物、阐发的事理、蕴含的情思再现出来的,如果字音念得不准,听的人将莫名其妙,不知所云。

2.把握思路

不但要对作品结构层次进行分析,而且要有步骤地对作品内容、形式、结构、主旨进行剖析、理解,进而确定朗读的基调和重点。

(1)把握内容。作品内容是作者用以表达写作意图的材料,包括人物、事情、景物、事例、数据、道理等。要把作者的感受、观点、态度,用有声语言再现出来,就必须深入研究这些材料,领会并且体验这些材料的内涵,熟悉它,把握它。只有这样朗读才能"言之有物"。

(2)把握形式。一切文字作品的内容,又是借助一定形式来表达的。各种不同的表达形式又有其各自的特点。我们的朗读不得不在受到内容制约的同时,又受到形式的制约。

(3)把握结构。如果说,内容是血肉,形式是外貌的话,那么结构就该是骨架。骨架对于血肉和外貌起着支撑的作用。在把握内容和形式的基础上,再把握结构,那么对整个文字作品就不只是从内部质料到外部形态的横向把握,而是纵横结合的立体把握了。好像一个人,作品在朗读者的观念中站起来了。这才是整体的把握。

作品结构包括段落层次,开头和结尾,过渡和照应等方面。结构层次总的来说有纵向——层进的,有横向——并列的。而这两种结构形式很少单独使用,往往是纵横交错,变化出许多样式。

(4)把握主旨。主旨是指作品的基本思想和作者的写作意图,即中心思想。它表达了作者的观点、态度、情感,是文字作品的灵魂、统帅,支配着文字作品的一切。只有把握主旨,朗读才有灵魂,才能活起来,才能成功。

作品的主旨是通过内容体现的,所以需要从内容中概括。概括主旨要具体、确切,不可笼统空泛,也不可偏颇或过窄,更不能强加。在把握主旨前提下的朗读才是有生命的朗读,情感的运动才是灵魂的运动。

(5)把握重点。文字作品的重点,是那些最集中、最典型地表现中心思想的部分,是那些最有力、最生动地体现写作意图的地方,是那些最强烈、最浓重地抒发情感的地方,也就是最能打动人、感染人的地方。这些地方,作者往往花力气最大,用笔墨最多。当然,有些地方虽花笔墨不多,却是匠心所在、精华所在的点睛之笔,自然不应放过。

(6)把握基调。基调是指作品的基本情调,即作品总的感情色彩和分量。它包括作品的总的态度和感情。

基调有各种类型:有昂扬有力的,有深沉坚定的,有悲愤凝重的,有喜悦明快的,有豪放舒展的,有细腻清新的,有热情颂扬的,有愤然控诉的……一篇作品的基调由其思想内容决定。因而,应在对作品思想内容的理解感受过程中去把握,然后再在朗读过程中以声音形式体现。

3.感受情思

感受是指朗读者接受文字作品所反映的客观事物的刺激而产生内心反映的活动过程。可以说,它是感之于文而受之于心的活动。

(1)形象感受。文学作品是用记写语言的符号系统来反映客观事物,表达作者主观感情的。朗读者从文字作品所反映的客观事物得到的刺激是一种间接的刺激,它有一个过程:"符号系统——客观事物——接受刺激"。这就是"感"。感是"受"——产生内心反映的前提。"受"来之于"感",有"感"才有"受"。可见"感"是关键。

(2)逻辑感受。作品的情思蕴含在内容、语言、结构之中。内容的各部分之间,句子的各组成部分(单句的各成分,复句的各成分)之间,结构的段落层次之间,都有其内在的联系,都反映着作者的思维活动,都存在着逻辑关系。对这些逻辑关系缺乏体验,那朗读还是有形无神的。只有对这些内在联系感之于心、动之于情,才能赋情于声,以声传情,朗读好作品。

(3)感受的深化。感受需要不断深化。形象感受和逻辑感受都是具体的感受,都还是在一个个局部进行的,停留在这一步,会造成支离破碎、顾此失彼的后果。所以,还必须进行总体感受。形象感受和逻辑感受不可截然分割。形象感受中有逻辑感受,如记叙文;逻辑感受中有形象感受,如议论文。它们二者紧密结合,相辅相成。

随着感受的不断演化,不仅感之于心,而且动之于情,内心具有更积极、更强烈的反应,这就产生了主动抒发的愿望。如果说感受有"接受—反应—外射"过程的话,那么态度就是反应阶段,而感情便是外射的高级阶段了。"感人心者,莫先于情。"有了感情,就能声由情发,以情动人,感染听者。

4.再现情景

再现情景是朗读前和朗读中的一种心理活动。它是借助联想和想象,把文字符号所反映的客观事物展现在眼前,处于如见其人、如闻其声、身临其境的虚幻境界之中的内心活动。

在这个活动过程中所见的"人",是有血有肉、有灵性的人;所闻的"声",是有情有感的声;所临的"境",是画面与情感交融的境。

所以,朗读的再现情景,要求展现活动的画面,以求得具体形象之感。画面的纵向发展,横向联系;画面的全景、近景、特写镜头,镜头的大笔勾勒、工笔细描,都必须清晰有序、毫不含糊。朗读者置身其中,获得现场实感。文字作品所写的一切,都是朗读者亲眼所见、亲耳所闻、亲身经历的,读出来的就不是旁观者的客观欣赏,也不是忘乎所以的拙劣表演。

朗读的再现情景还要求朗读者因景动情,这是再现情景的核心。形象、活动的画面、身置其境的实感,加上真实动人的感情,三者有机地结合起来,融为一体,那么,朗读的准备就可谓完成了。

(二)朗读、朗诵的技巧

朗读、朗诵时,为了表情达意的需要而运用的方法叫朗读、朗诵技巧。它表现在语流的停连和轻重、抑扬和明暗、快慢和松紧上,表现在它们之间的鲜明对比中。

1.语音准确、语言流利

朗读、朗诵时,要以普通话为标准音,用语吐字要流畅明快、连贯自然。

2.停连和轻重

(1)停连。词语和语句之间短暂的间歇和延续。

朗读、朗诵是以音节连缀的声音形式展现语意的。停,是停顿,指朗读、朗诵中语流的中断;连,是连接,指朗读、朗诵中语流的声音延续。

美国作家马克·吐温说过:"恰如其分的停顿能产生非凡的效果,这是语言本身难以达到的。"停连处理得恰当,可以把语言的层次表现清楚,可以增强语言的表现力、感染力,可以引起听者对内在含义的深思。

停连有语法停连、逻辑停连和感情停连三种。

语法停连是由语言的结构形式决定的语流声音的中断和延续。语法停连表现在书面上是标点符号,但在书面上没有标点符号,讲时也可出现停顿。如:

过去/我们没有被困难吓倒,现在/我们也不会在困难面前畏缩不前!

逻辑停连是为准确表达语意,揭示语言内在联系而形成的语流声音的中断和延续。另外还有大量表现在复句内部各个分句之间内在联系上的逻辑停连。如:

中国队打败了美国队/获得了冠军。

感情停连是某种强烈情感在运动状态所形成的语流声音的中断和延续。这种停连似乎不符合语法停连和逻辑停连的规则,但在具体的语言环境中,却又合情合理。处理得好,则具有强烈的感染力。如:

他说:"我/我/我根本就没有进这间办公室。"

(2)轻重。随着表达内容的不同,词和句子的轻重变化。

朗读时用声音的轻重变化强调那些集中体现作品思想内容和作者感情态度的词或短语,使之更突出、更清晰,这就叫重音。

轻重,在朗读中非常重要。朗读一句话,不可能每个词、每个字都读得一般重,总是随着表达内容不同而有轻重变化的。

第一,词的轻重:词的轻重表现在音节上。为了便于说明问题,我们把轻重分为"重"、"中"、"轻"三种。

双音节词轻重变化的基本格式有两种:一是重音在前的"重轻"格式,一是重音在后的"中重"格式。

"重轻"格式是说前一音节重读,后一音节轻读。如:爸爸、猴子、萝卜、花儿。

"中重"格式是说前一音节中读,后一音节重读。如:彩电、白纸、红旗、花瓶。

三音节的基本格式是"中轻重"式。如:人民币、展览品、起重机。

第二,句子的轻重:句子的轻重变化是建立在词的轻重变化基础上的。句子的重音具体有以下三种:语法重音、逻辑重音和感情重音。

语法重音是由语句的结构自然表现出来的重音。有如下几种:

①短句的谓语部分读重音。如:

窗帘,低垂着。

我爱石。

②句子的修饰限制成分读重音。如:

宽广的胸怀,孕育着无尽的宝藏。

古往今来,有多少巨笔赞美过石头。

③疑问代词和指示词读重音。如:

可爱的,我将什么来比拟你呢?

我怎么比拟得出呢?

逻辑重音是文字作品中集中体现作者创作意图和思想感情的,在朗读时需要特别强调,使之鲜明突出。同一句话,逻辑重音不同,所强调的语意重点就不同。如下面这则《答非所问》的故事:

赵大妈家的电视机出毛病了。她想起隔壁的高敏是个电工,就去敲他家的门:

"高敏呀,你会不会修电视机?"

"我不会修电视机。"(重音放在"修"字)

"不会修,敢情是装配过电视机……"

"我不会修电视机!"(重音放在"电视机")

"我家收录机也坏了,帮我……"

"我不会修电视机!"(重音放在"我"字)

"你们玩电的哥儿们多,你帮我找一个……"

高敏把门打开,急得直抓头,说:"大妈,你怎么总是听不懂我的话呢?"

赵大妈说:"我说,你怎么老是把话答岔了呢?"

高敏对一句简单的问话回答得令人啼笑皆非,原因就在于没有把握准确性说话的重音。如果他强调的是"不会",就明确回答了赵大妈提出的"会不会"修电视机的问题了。

可见,是否能选准重音,是准确表达语意的关键。

感情重音是为表达特定情绪而需要着重强调的部分。如:

"我们不能高枕无忧、盲目乐观了!我们的工厂可能面临破产!我有责任啊!"表达了作者对工厂即将破产的自责。

再如:

"别了,我爱的中国,我全心爱着的中国。"表现了作者在离别祖国之际对祖国的深深眷恋之情。

很多情况下,语法重音、逻辑重音和感情重音又是重合的。如上例中的"别了"、"我爱的"、"我全心爱着的",既是语法重音,谓语、定语重读,又是感情重音,抒发了某种强烈的感情。

需要指出的是,有的句子中有些词语是重点,却要轻声强调。因为有些话表现轻柔的动作、深沉的情思、含蓄幽静的意味,只有用轻声才能更好地表情达意。例如:

敬爱的周总理呵,一生休息得最少,最少。

在这里,只有用深沉凝重的轻声来说,才能恰当地表现出对周总理无限敬仰与热爱之情。如果用一般的放声重读,就会破坏其感情气氛。

在朗读中运用轻重的表达技巧,应该注意的是声音的轻或重是相对而言的,没有轻声也就没有重音。语流过程的重音、次重音和非重音只有通过比较才能显示出来。因此,表现重音要顾及整句,乃至整段、整篇的思想感情和由此而引起的声音变化。

3.抑扬和明暗

文字作品的思想内容、感情态度,不仅表现在语言的轻重停连上,还表现在语气语调上,表现在声音的抑扬顿挫的变化和明暗刚柔等色彩上。

人的感情态度是丰富而复杂的。这丰富而复杂的感情态度所形成的千变万化的语气,又表现在语流声音的高低强弱、明暗虚实和刚柔粗细上。

(1)高低强弱。语调的起伏,变化万千,很难找到完全相同的形式。但为了说明问题,进行训练,这里把基本相似或大体相同的语调归纳为几类:

①平调

语流的运行状态基本平直,句尾和句首差不多在同一高度。如表白、叙述、平淡、沉着、庄重、冷漠等语气就用这种语调。如:

多年前,中国共产党以她那屈指可数的几个人在矛盾重重的华夏土地上,找了一块立足之地。　　　　　　　　　　——表示庄重

我家的后面有一个很大的花园,相传叫百草园。——表示叙述

②升调

语流的运行状态是由低向高升起,句尾音强而且向上扬起。一般表现号召或鼓励、惊恐或意外、紧张或激动、决断或命令、设问或反问等语气多用这种语调。

兄弟姐妹们,醒来吧! 让求仙、算命、烧香、叩头之类,统统死亡、绝迹吧!
　　　　　　　　　　　——表示号召

在座的朋友们,我想提一个问题,谁能够回答:"命运之神"究竟在哪里?
　　　　　　　　　　　——表示设问

③降调

语流运行状态由高向低坠落,一般在表现肯定或感叹、同情或恳求、坚定或果断、痛苦或愤怒、讨好或屈从等语气时多用这种语调,如:

我们的党不愧是伟大的党。——表示坚信

他们的心里只装着民族和祖国,这是多么崇高的思想啊! ——表示赞叹

④曲调

语流的运行状态呈起伏曲折型,或由高而低再扬起,或由低向高再降下,或更多曲折,起落部分声音强度较大,表现反语、讽刺、暗示、否定等语气一般多用这种语调。如:

几年前,种种奇谈怪论纷纷出笼,什么"一不怕苦,二不怕死"的提法值得研究;什么"毫不利己,专门利人"的提法值得商榷。——表示否定

我们写文章,做演说,只要像洗脸这样负责,就差不多了。——表示幽默

(2)明暗虚实。语气不仅通过语调的高低强弱得以表现,还借助语言的明暗虚实来表现。

朗读和朗诵那些思想感情溢于言表、明快爽朗、轻松活泼的作品,多用圆润饱满的明声朗读;朗诵思想感情悲凉哀怨、沉郁凝重的作品,多用实中带虚的暗声。

如:朗诵朱自清先生的《春》,应用明声;朗读恩格斯的《在马克思墓前的讲话》,应用暗声。如:

3月14日下午两点三刻,当代最伟大的思想家停止思想了。让他一个人留在房里还不到两分钟,等我们再进去的时候,便发现他在安乐椅上安静地睡着了——但已经是永远地睡着了。

(3)刚柔粗细。语流声音的刚柔粗细也是表达语气的重要方面。刚声适合表达豪迈、激昂的感情;柔声适合表达委婉、细腻的感情。声粗则粗犷,声细则细腻。

4.快慢和松紧

快慢是指速度,即随着作品内容的发展、思想感情的运动而出现的朗读语流的快慢变化。松紧是指节奏,即作品的思想内容、感情态度驱使朗读语流在抑扬顿挫、轻重缓急的运动中出现的时紧时松的声音形式。

纷繁的思想内容和感情色彩,导致语流的不同节奏和速度。通常情况下,内心节奏强烈的时候,语速就会快些;内心节奏缓弱,语速就要慢些。但不论怎样,诵读的速度和节奏,必须同作品的内容和思想感情的节奏、速度一致。

二、复述

所谓复述,就是把自己看过的书、电影或听过的消息、报告等重新进行表达。在社交活动中,它是一种很常见的口语表达方式。如会议精神的传达、客户信息的汇报等。当然,要想把所了解或掌握的内容很好地表达出来,并不是一件很容易的事。我们经常会碰到这样的人,虽然对事情的全过程知道得一清二楚,复述起来却是结结巴巴,甚至前后颠倒,主次不分。因此,更好地了解复述,掌握复述的一些要求和技巧就显得很是必要。

(一)复述的种类

常见的复述种类有四种,即详细复述、概括复述、扩展复述和变式复述。

1.详细复述

详细复述就是指用接近原材料的语言,按照原材料的顺序,详细、清楚、连贯地讲述出材料的内容。当然,详细复述不是对原材料的背诵,它要求用自己的语言把原材料的内容完整地表达出来。因此,详细复述的训练不仅有助于提高大家的记忆力,更重要的是有助于提高对客观事物的分析和综合能力以及想象能力和口头表达能力。

2.概括复述

概括复述又叫简要复述。它是指抓住原材料的主要内容对其进行简明扼要、提纲挈领式的复述。这是比详细复述稍高一级的复述,它不仅要求复述者对复述的内容有全面了解,更重要的它要求复述者把材料的主要意思和重要内容用自己的语言组织起来,并大胆删去次要的、描述性的内容。因此,在概括复述过程中,要防止主次不分、轻重倒置。概括复述能很好地训练我们的概括能力和口语表达能力。

3.扩展复述

扩展复述是指在原材料的基础上,根据不同需要不同情境对内容做一些扩充和丰富的叙述。在扩展复述中,对不同形式的材料扩展点往往会有所不同。如对说明性材料的扩展复述,可把侧重点放在某些细节上,使其更具体更鲜明;对议论性材料的扩展复述,则可把侧重点放在论据的补充和对论据的深入分析上等。当然,在扩展复述中,我们应注意不能改变材料原来的意义及其原先的框架结构;对扩展点的要有所选择,不是材料中所有的点都可以作为扩展复述的切入点,一定要选择那些与主题密切相关的点去切入,否则舍本逐末式的扩展复述,无论在什么场合都起不到应有的作用。

4.变式复述

变式复述是指以原材料为基础,或改变其体裁、或改变其人称、或改变其结构的复述形式。这有点类似于写作中的"改写"。在四种类型的复述中,变式复述是难度最大的一种复述形式,不仅要求复述者综合运用以上三种复述的技巧,而且在复述中更多地增加了创造性的因素。因此,这种复述形式能很好地锻炼我们的想象力,提高思维的敏捷性和语言的流利程度。

从改变体裁的角度来讲,我们可以将古诗词改用现代散文的形式进行复述,可以将记叙类的文字改用说明类文字进行复述;从改变人称的角度讲,我们可以把原材料中的第一人称改用第三人称来复述,也可将第三人称改用第一人称来复述。当然,这种复述要根据人称的变化厘清人物之间的关系,根据表达的需要灵活使用人名或人称代词;从改变结构的角度讲,可以将材料中的顺叙改为倒叙,或者将倒叙改为顺叙来复述。这些都可以在原材料的基础上,根据需要灵活机动地进行。

(二)复述练习的步骤

复述是口语中一种基本的表达方式,而复述能力也是一种综合运作各种表达方式的基础能力,因此,复述能力的训练也就显得很是必要。那么如何有效地训练我们的复述能力呢? 我们不妨采用以下的步骤:

1.听清内容,理清思路,把握材料的中心内容。在日常生活中,我们经常会遇到这样的情况,第一个人的说法经过复述传到第三、第四个人耳中,再经过他们表达出来,结果会和第一个人的意思很不一致,有时甚至是大相径庭。因此,复述训练的第一步就得在认真听的基础上,让学生把材料的主要内容表述出来。

2.听记结合,列出要点。复述训练中,在认真听的同时,记住一些重点和要点的内容也是非常关键的。我们不可能把对方的内容全部记住,但一些重要的内容,如主要观点、重要的数据、关键人物的姓名等等都应作重点记忆。同时,对内容的思路也应作提纲式的记录或记忆,这样,就会让你在复述过程中,既有了大的骨架,又有一点血肉,从而使复述完整而清晰。

3.由易到难,逐步提高。任何事都不能一步登天,所以提高复述能力的训练就是一个由易到难的过程。从复述的类型训练上,我们可以选择从详细复述到概括复述到扩展复述最后再进行变式复述这一步骤;从复述的具体形式训练上,我们也可以先训练其对长句的复述,再是段落的复述,然后是文章的复述这一步骤;从复述的具体内容的选择上,我们也可以由易到难,如先复述一些故事性较强的文章,然后是记叙性的文章,最后是说明性和议论性的文章。这样循序渐进,持之以恒,肯定会收到较好的训练效果。

(三)复述训练

1.老师可先读一则小小说,然后请同学作详细复述。

2.以最近正上映的电影为材料,要求学生对影片内容作简要复述。

3.以五至六人为一组,由第一人向第二人复述,第二人再向第三人复述,以此类推到最后一人,训练学生听记和概括的能力。

4.选一段用第三人称叙述的材料,要求学生用第一人称来复述。

三、解说

解说是对客观事物或事理所作的说明和解释。这是一种非常常见、用途极为广泛的口语表达方式。在日常生活中,图片的讲解、影视的介绍、产品的推销、赛事的讲解、景点的介绍、教师课堂上的分析等都是解说。经常进行针对性的解说训练,不仅有利于开拓我们的视野、增长我们的见识并培养我们观察问题和分析问题的能力,还能让我们形成适合自己性格特征的口语风格。

(一)解说的种类

解说从不同的角度可分为不同的类型。从详略角度来分,可分为详细性解说和简约性解说;从语言特点来分,可分为平实性解说、形象性解说和谐趣性解说;从功能来分,可分为阐明性解说和纲目性解说;从内容来分,可分为实物解说、程序解说和事理解说。下面就按解说的语言风格对几种常见的解说作简单的介绍。

1.平实性解说

平实性解说就是运用准确平实的语言,客观地阐释说明事实,语言严谨朴实,不需要修饰和描写,直接了地当把事情或道理讲清楚,这是最容易接受的解说方式。一般的阐释性说明、述说性说明和实用性说明基本会以平实的笔调来解说的。例如:

全球有水储量 139 亿立方米,其中 97.3% 是咸水。2.7% 的淡水中又有 69% 以冰雪形式存在或作为冰块集中在南北极的高山上难以开发利用。只有少数水可供人们使用,有直接经济效益。水的数量虽在一定时期内是保持平衡的,但在一定的时间、一定的空间范围内又是非常有限的。目前,世界上早有出现了水危机的国家,如埃塞俄比亚。联合国已发出警告:"水将成为一种严重的社会危机。"水资源已成了一个国家、一个地区持续发展的非常稀缺的资源。现在世界上 2/3 的国家都不同程度地反映出水的危机。

2. 形象性解说

形象性解说是指抓住事物特征,突出事物特点,运用多种修辞手法,对事物进行逼真的描述,使本来较为抽象的事物或道理变得生动感人明白易懂。如:

地球内部的构造很像鸡蛋,它是由三部分构成的:表面是地壳,相当于鸡蛋壳;中间是地幔,相当于鸡蛋清;最里面是地核,相当于鸡蛋黄。

3. 谐趣性解说

谐趣性解说就是运用风趣幽默的语言对事物或事理作生动活泼的解说,从而引起别人的注意。如下面一段解说词:

各位团友,欢迎大家来到东莞旅游。到我们东莞来第一件需要注意的就是我们这个市名的发音,好多以前来的朋友都念成"东碗",只因为有个成语叫"莞尔一笑"。您倒是笑得开心了,咱东莞人民可不答应了,怎么变成一只碗了? 东莞这里只因为盛产一种水草叫莞草,它的发音是"管",这里又在广州的东边,所以慢慢地就有了东莞这个名字。

(二)解说的要求

无论是哪一种类型的解说,都有其最基本的要求。在解说过程中,要求做到以下三点。

1. 语言简明生动

解说必须简明扼要地揭示事物的本质属性。解说语言应准确精当、简洁明快。使人一听就明白其主要特征。同时,要想取得好的信息传播效果,解说语言还必须生动、形象,深入浅出,使人一听就明白,并喜闻乐见,如介绍人文景观、风土人情、世界奥秘等,要绘声绘色地进行描述和评议。

2. 内容真实准确

解说是向人们阐明事理、说清情况,因此,在解说过程中,对其实质性的内容一定要遵循实事求是的原则,切不可因盲目追求外在形象性与生动性而放弃内容的真实性。

3. 感情真挚饱满

好的解说,不仅要让对方了解和掌握所解说的内容,更重要的是要积极调动听众的感情,引发他们的联想,使他们产生感情共鸣,在获取知识和信息的同时,得到美的享受。因此,在解说过程中,解说者应积极投入感情,声情并茂,从而达到较好的解说效果。

(三)解说训练

1.你是一个推销员,要向用户推销一种产品,你如何介绍产品的特点、功能和使用方法?

2.展示一幅旅游景点画面或电影中的精彩镜头,让学生对其作形象性解说。

3.剪辑一段较为经典的体育赛事,先以静音的方式让学生尝试讲解,然后与原声讲解员的讲解做一对比,通过分析讲解中的优劣来提高学生的解说能力。

第三节　社交口语训练

一、招呼与介绍

招呼与介绍是社交中人们互相认识、建立联系必不可少的手段。掌握一些必要的招呼与介绍用语,往往能使交际活动一开始就出现一种礼貌、和谐的气氛。

(一)招呼

1.称呼式。在日常社交场合,我们碰到的第一个问题就是怎样得体地称呼别人,来表现出尊重他人的态度、方式。称呼的用语在我国主要有敬称、谦称和泛称。

敬称,指对人尊敬的称呼。常用的敬称有"您",如您好、请您等;"贵",如贵姓、贵公司;"大",如大名、大姐;"老",如您老、李老。

谦称,是抑己式称呼,目的在于表示对他人的尊重。谦称自己的有"鄙人"、"在下"、"愚"等;谦称自己亲属的有"家父"、"愚弟"、"小女"、"贱内"等;还有从儿辈的称谓,即从说话人的子女或孙辈的角度出发称呼听话的人。

泛称,指对人的一般称呼。以正式场合与非正式场合来划分,正式场合的称呼表达方式有姓+职称/职务/职业,如陈教授、张老师、王院长;还有职务称+泛尊称,如服务员同志、大使夫人等。非正式场合的常用称呼有老/小+姓,如老陈、小李等;有姓+辈分称呼,辈分称呼,如张叔叔、李伯伯等。

2.寒暄式。寒暄是社会交往中双方见面时以天气冷暖、生活琐事及相互问候为内容的应酬话。目的在于沟通感情、创造和谐气氛,一般有问候型、攀认型和敬慕型。当然无论哪类寒暄,使用时都要掌握分寸,只有得体的寒暄才能满足人类的亲和愿望,产生情绪认同感。

3.体语式。这是指单独使用面部表情和身体姿势等作招呼的方式。常见的体语有微笑、点头、招手、按车铃、鸣笛等,它们在使用时往往因人的社会角色和交际双方间关系的不同而不同。

对不同身份的人要采用不同的打招呼方式,还要根据不同的时间和场合采取不同的打招呼方式。打招呼反映一个人的道德修养,应做到俗而不陋、雅而不迂、适时得体。

(二)介绍

1. 自我介绍

自我介绍是交际场合中常用的一种介绍方式,主要用来表明自己的身份。自我介绍的内容包括:姓名、职务、工作单位、毕业学校、特长与兴趣爱好以及工作经历,等等。当然,自我介绍时包含哪些内容,则须根据交际场合而定,如自我推荐类的介绍则可详细些,而礼节性的自我介绍则可简单些。但不管是何种场合,自我介绍时都必须有以下三项内容,即姓名、工作(学习)单位及职务。

自我介绍的目的是让对方了解自己并尽可能记住自己。因此,适当使用一些自我介绍的语言技巧容易收到较好的交际效果。

(1)巧报姓名。姓名是一个人的代号,它是社交中非常重要的中介体。因此,如何让对方很好地记住你的名字,这就得在介绍自己姓名时花一些功夫。同时,富有个性的姓名介绍也能体现出一个人的修养及其语言风格。例如:

> 有位青年叫聂品,他是这样巧报姓名的:"我叫聂品,三只耳朵,三张口,就是没有三个头。"有位青年叫单知愚,他是这样注释自己的姓名的:"我叫单知愚,就是善于知道自己的愚笨的意思。"这样一说,他的名字就会深深印在对方的记忆里。

(2)富有创意

在绝大多数社交场合,当人们介绍自己时,往往是四平八稳型的,即"姓名＋工作单位＋职务",这种简洁的介绍虽然清晰,却很难给对方留下特别深刻的印象。因此,富有创意和个性的自我介绍往往会取得意想不到的效果。如:

> 一位曾经当过代课老师的人去应聘某报业集团新推出报纸的编辑,他递上了求职函,不久,他接到了面试的通知。面试时,同来的有好几位是县市新闻单位的强手。相比之下,他就逊色几分了。面试时,评委问:"你认为应聘这个职位有何优势?"其他人都介绍自己与专业相关的特长和爱好。轮到他时,他说道:"尊敬的评委先生,我以前是名教师,缺乏报刊的相关知识,但我走访过很多家庭,我看见了他们富裕的背后,正缺乏一种不应该缺乏的东西:'生活观念'。这是我的优势。"然后,他话锋一转:"假如有一天,我荣幸地加入贵报的行列,我会积极主动地建议:向贵族时尚说不! 向浮华喧嚣说不!"最后,他脱颖而出。

(3)幽默风趣

在社交场合,幽默风趣的语言不仅能打破较为沉闷的气氛,最主要的是能引起对

方对你更多的关注,从而加深对你的印象,达到较好的社交效果。例如:

台湾著名艺人凌峰在中央电视台举办的春节联欢会上是这样介绍自己的:"我就是光头凌峰,我是以丑出名的,中华五千年的沧桑和苦难都写在我的脸上。"话音刚落,台下掌声、欢呼声响成一片。

凌峰的自我介绍之所以产生这样好的效果,是因为他抓住自己的形象特征,并把它加以夸大,既风趣幽默,又出人意料,给人留下深刻的第一印象。

2.居间介绍

居间介绍是介绍者站在第三者的立场,使被介绍双方相互认识的一种交际活动。因此,作为第三者的立场,要特别注意介绍时的先后顺序。在社交礼仪中介绍顺序是:把男士介绍给女士,如"陈小姐,这位是我的好友张先生";把年轻者介绍给年长者;把地位低的介绍给地位高的;把未婚者介绍给已婚者。当然,在实际的交际过程中,会遇到交叉两难的情况,则必须掌握一个总的原则并灵活运用,即受尊敬的一方有了解对方的优先权的原则。

在居间介绍中,要选择双方都感兴趣的内容进行介绍,才能引起双方的注意,从而促使双方的结识。例如,你把一位老师这样介绍给一位生意人:"她,是学校的老师。"这位生意人一定会不以为然。但是,你换上另一种说法:"她,是位老师。她丈夫是贸易公司的经理。"这样介绍,选择双方都感兴趣的内容,促进产生相识的愿望,就搭起了双方结识的桥梁。

介绍的内容,还应根据被介绍双方的情况,有所侧重地介绍双方的爱好和特长,尤其是双方有共同爱好的更应如此。例如:"他(她)也很喜欢钓鱼,有机会你俩可以切磋切磋。"这种介绍对促进双方了解、建立友谊是非常有益的。

居间介绍时在礼节上应注意以下几点:

(1)介绍时,应先向双方打招呼,使双方互有思想准备;

(2)介绍时语言应清晰明了,不含糊其辞;

(3)介绍某人优点时要恰到好处,不宜过分称颂而导致难堪局面;

(4)介绍后应略停片刻,引导双方交谈,再借故离开。

无论是自我介绍,还是居间介绍,都应注意:一是介绍时应镇定自若,落落大方;二是音量适中,口齿清晰,语速不可太快;三是不要以做怪相来掩饰慌乱,更不能扭捏作态。

二、拜访与接待

现代社会,人们的社会分工越来越细,交往也随之日趋密切。人们礼尚往来,除了要掌握相应的礼仪规范外,还要掌握一定的交际手段。口语表达是极为重要和经常使用的交际手段之一,口语交际能力也已经成为现代人才必备的重要能力之一。

在社交活动中,拜访与接待是两种常见的形式。借助这种交际活动,人们可以达到相互了解、沟通信息、加深感情、增进友谊的目的。而要充分实现这个目的,则须掌握拜访与接待中的语言技巧。

(一)拜访

拜访是指为了礼仪或某种特定目的而进行的访问、会晤活动。一般是去别人的工作地点或家庭住处与人见面。若选择去别人单位拜访,则不能在别人快下班的时候去,若去对方家里拜访,那么清晨、吃饭、午休和深夜都不宜去。同时,不同形式、不同目的的拜访,语言形式就会有所不同。就日常拜访语而言,有进门语、寒暄语、晤谈语和辞别语四个部分。

1. 进门语

敲门或按门铃是进门前应有的最基本的礼节,即使对方家里开着门,也不能擅自闯入,应很有礼貌地问:"请问,家里有人吗?"或"请问,××在家吗?"并在看到主人后进入。

如果是第一次拜访,那么在语言运用上则应稍稍慎重些,刚见面可这样说:"一直想着来拜访您,今天终于如愿以偿了"或"实在对不起,给你添麻烦来了"。而等到关系比较好了之后,在语言上则不需要如此谨慎,一般可以这样表达:"很久没有来看你了,来你们家叙叙旧来了",或可开玩笑地说:"我又来你们家了,不讨你烦吧!"

当然,具有明确目的的礼节性拜访,如唁慰、祝贺等,进门时的语言则应直接与主题相关,如唁慰,则一般说"节哀顺变",祝贺一般是"事由＋特来道喜"的语言模式。

2. 寒暄语

寒暄是进门之后但未进入正式主题前的交流,通过寒暄,往往能拉近晤谈双方的距离,增加亲切感。因此这种叙家常式的寒暄语在社交活动中也显得非常重要。不同国家、不同民族的寒暄语往往有所差别,如西方国家的寒暄语往往以天气引入,而中国以吃饭引入的较多。但总的来说,寒暄的内容比较多,如对方家里老人的身体健康状况、小孩的健康状况和学习状况以及天气的冷暖变化等等都是常用的寒暄语。当然,走进对方的空间中,就对方家里的装修、摆设等如对方家中挂着的字画、书桌上放的书籍以及家里在播放的音乐等作为话题引入,都是很好地拉近双方距离的寒暄话题。请看下面一段话:

客:这副对联是你自己写的吗? 写得真不错!

主:你过奖了。我不过是跟×老师学过一段时间。

客:你也是×老师的学生,我也曾跟他学过。

主:太好了。看来我们应该称师兄弟了。

这段寒暄语,话虽不多,贵在求同,一下子缩短了双方的心理距离,使双方在感情上靠拢,为进一步交谈营造了一个和谐的气氛。当然,在寒暄中,应做到真诚,不可随心所欲、信口开河,同时还应注意寒暄内容要符合一定的情境和习惯。西方的许多社交礼仪也逐渐被我们所接受,在西方人交往中有"七不问"的习惯,即不问年龄、不问婚姻、不问收入、不问住址、不问经历、不问工作、不问信仰,在中国虽没有如此规定,但在社交场合也可作一定的借鉴。

3. 晤谈语

晤谈即是交谈的主题,这个则根据交谈目的的变化而变化。当然,在晤谈过程中应注意以下几个方面:

晤谈的内容:在简短的寒暄之后应自然引入晤谈的主题,说明本次来访的目的,要做到条理清晰,不能空洞无物、夸夸其谈。一般情况下,拜访的时间以半小时为宜,因此,及时引入正题并作真诚晤谈,不仅能避免因话语过多而耽误主人时间的问题,同时也能防止出现自己言多必失的情况,从而影响拜访目的的实现。

晤谈体态语:首先要学会使用微笑语,在交谈中,亲切的微笑往往能给人以愉快之感;其次,要注意晤谈过程中的自身的形象,如坐姿、手势等等;另外,晤谈时不可时不时看表,也不可做一些多余且不雅观的动作,如搔头发、挖耳鼻、摆弄手指、打呵欠,等等。

晤谈声音:晤谈时应尽量保持适度的音量,不可放开声音说话,这样会搅乱主人及其家人的安静生活,而且更严重的是可能会引起他们的反感。

4. 辞别语

辞别语即拜访结束后的告别语。辞别语的使用有以下几种:

同进门语相呼应。譬如礼仪性拜访,进门语:"上次托您办事,一定给您添了不少麻烦,今天特地前来拜谢。"在辞别时可这样说:"再见,再次感谢您的帮忙。"又如进门语:"初次登门,就劳驾您久等,真不好意思。"辞别语:"今天初次拜访,十分感谢您为我花了这么多时间。"

表示感谢,请主人留步。客人在辞别时,应对主人的热情款待表示谢意,并请主人留步。如:"十分感谢您的盛情款待,再见!""就送到这里,请回吧。""这件事就拜托您了,谢谢!"

邀请对方来自己家做客。客人告辞时,除对主人表示感谢外,还可邀请主人及其家属来自己家做客。如:"老同学,告辞了。您什么时候也到我家坐坐!"或"也请你们一家人来寒舍聊聊。"注意,邀请对方不可勉强。

5. 电话拜访

电话拜访中刚开始的话语很重要,是对方对你第一印象的切入点。因此在拨通电话后,应先礼貌地说:"您好,我是×××,请问×××在家吗?"如电话打到对方单位,则可以说"您好,请问您是×××吗?"或"您好,麻烦您找一下×××"。应注意的是在电话接打过程中,始终不能离开基本的礼貌用语。

6.拜访的注意事项

第一,拜访时间的选择对于实现拜访目的有很大影响。一般说来,清晨、吃饭、午休、深夜均不宜登门拜访。

第二,万不得已作了不速之客,一见面就要说:"真抱歉,没打招呼就这么跑来了。"

第三,拜访时交谈的用语和口气,要顾及对方的辈分、地位等,还要看相互间的关系。

第四,拜访者应注意适当同主人的家属交谈。

第五,如果是多人拜访,不要一个人抢着说话,要让大家都有机会说话。

第六,对主人的敬茶、敬烟应表示感谢。如果自己要抽烟,应征得主人的同意说:"对不起,我可以抽烟吗?"

第七,遇到另有来客,应前客让后客,说:"对不起,我有点事。你们谈吧,我先走一步了。"或"对不起,我有点事,失陪了。"

7.客套话与敬辞举例

对初次见面的人说"久仰";对长时间未见面的人说"久违";宾客到来时说"光临";向别人祝贺时用"恭贺";看望别人用"拜访"、"拜望";等候别人说"恭候";中途先行一步说"失陪";请人勿送时说"留步";麻烦别人时说"打扰"、"有劳"、"烦请";央人帮助时说"劳驾"、"请费心";求人给予方便时说"借光";求人原谅说"包涵"、"海涵"、"谅解";请人指点指教时用"赐教"、"请教";求人解答用"请问";赞人见解高明用"高见";归还原物时用"奉还";自己的作品请人看用"斧正";询问别人年龄用"贵庚"、"高寿"、"高龄";询问别人姓名时用"贵姓"、"大名"。

(二)接待

与拜访相对的则是接待,接待中一言一行往往能体现出主人的好客与否。好的接待能使来访者很快消除紧张心理,从而使谈话变得轻松而愉快,反之则可能出现诸多尴尬局面。那么做一位热情好客的主人应在言谈上注意些什么呢?

1.注重礼节,塑造接待方良好的形象

作为接待方,首先应对来访者的进门语及时做出热情礼貌的应答,如果在家中接待,则可以说"早想请你来我家坐坐了"。或"欢迎欢迎,今天可有时间好好聊聊了";如果是单位的商务接待,那么在礼节上则特别重要。接待人员一定要举止大方,口齿清楚,如客人要找的人不在时,则应及时告知,如接待方由于种种原因不能马上接见时,则应向来访者说明等待理由及时间,并及时提供客人茶水或杂志等。如"真不好意思,×××刚好在开会,您先喝杯茶"。同时,在公务接待中,接待人员应有礼节地引导来访者到达目的地,在长走廊中要不时回头引导客人,在转弯处及时提醒并等待客人,如"请跟我来"、"请您往这边走",等等。

2.谈话要因人而异

在接待中,谈话的内容和方式都要因人而异。如果来访者是单位的重要客户或领导的朋友,则应热情请进会客室就座或亲自引领客人到达目的地;来访者如果是推销员,则最好打电话给相关部门,询问有无事先预约,如没有预约则可委婉地让他们把材料留下;如是不速之客,则应请对方报上姓名、单位和来访目的等基本资料,请示领导,由领导决定是否会见。同时,在接待过程中,谈话的方式也应随着来访者的年龄、性别、文化层次、职业等的不同而有所不同,如与老人交谈,声音则可适当放大;与小朋友交谈,声音则应相对柔和些;与普通的老百姓交谈,语言上尽量浅显一些;与文化层次较高的人谈,则应尽量使用文雅的语言。

3.电话接待

电话接待在信息时代的今天是人际交往中的一个重要组成部分。

电话交谈应注意的问题:

第一,用普通声音对准话筒说话,声音太大、太小、太粗、太细,都会影响谈话效果。

第二,讲话时不宜用平淡而单调的声音,语调应热情,声音悦耳,因为平淡而单调的声音会拉开与听者的距离。讲话时要机灵活跃,但也不要使人听不清楚。

第三,说话要清晰。在电话中有许多字的发音是相同或相近的,为不使听者产生误解,一定要注意吐字清晰。

第四,交谈要自然。与对方谈话要像在一个房间里一样,要用那种最能表达你的个性的语句和音调。

第五,要聚精会神、热情、愉快、有耐心。这样就比较容易使对方对你产生好感。

第六,常说"请"和"谢谢您"。哪怕只有少许的不便也要说"对不起"。

接电话的技巧:

人们对于如何接电话非常敏感,所以,我们在接电话时要做到礼貌、热情、诚恳和亲切。

第一,接电话要迅速及时。尽可能在铃响第二遍就能拿起话筒立即打招呼。

第二,让对方知道你是谁。如接外线电话,可讲"您好,我是××(人名)。"或"您好,这里是××(单位)。"如果振铃多次才接电话,应立即表示歉意,"对不起,让你久等了。"主动拨号时,如果对方没主动介绍,应礼貌地询问对方:"请问,您是××先生吗?""请问,您是××单位吗?"待对方肯定答复后,马上作自我介绍。

第三,替别人接电话要有礼貌。有时受话人不在,你可向对方做充分的解释。例如:"很抱歉,小张刚走出办公室。"或者说:"您愿意等一会儿呢,还是让我告诉他给您去电话?"除非你得到允许,最好不要说"他在开会,不能打扰他"或"他不在办公室(家),我不知道他现在在哪儿"。应尽量使用以下回话方式,对方比较容易接受:"现在不在办公室(家)","他正在办公室(家里)和人谈话","他在开会,可能要开到×点",

"他出去办点事,一会儿就会回来","我帮您留句话,好吗","我告诉他给您去电话,好吗"。

第四,不要让来电话的人老等着。如果受话人正忙着,应告诉来电话的人留言或以后再打电话来。

第五,留言要准确。如果来电话的人要留言,就要准确地记下日期、来电话人的单位、姓名及电话号码。为了准确无误,要将这些内容在电话里复述一遍。

第六,愉快而谨慎地回答问题。如果你不敢确定来电话的人是什么身份,有什么意图,他所需要的信息是否可以提供,那你可以这样回答:"让我查一查再给您回电话,怎么样?""我得跟先生商量一下才能决定下来。"

第七,对对方所讲的话要作出反应。在通话过程中要仔细倾听对方讲话,为了表示已经听懂,应及时地用"嗯"、"对"、"是"等语给对方以积极的反馈。如果聆听对方谈话,没听清楚,应礼貌地打断对方,请他再讲一遍:"对不起,我刚才未听清楚,麻烦您再讲一遍,行吗?"

第八,通话完毕不要急于放下电话。通话完毕后要说"再见"、"谢谢",要让对方自己结束通话,然后轻轻地放回电话,切不可不耐烦地把话筒扔回原处或随便挂断电话。

三、赞美与批评

在人的一生中,取得成绩时需要有真诚的赞美,犯了错误时需要有善意的批评。赞美是鼓励,批评是督促,两者缺一不可。

(一)赞美

赞美是别人乐于听见的语言,别人也会因为你的赞美获得鼓励以及感到满足和喜悦,也因此使对方对你产生好感,可见赞美他人在人际关系中是促进双方友谊一种很好的语言。因此,当别人有好的表现值得你去赞美他的时候,应该马上表现出你的真诚去赞美他。同时,赞美也是人都喜欢听到的,他往往使我们心灵上产生某种满足感,当别人真诚地赞美你的时候,代表他接受了你的某种表现及优点,这也可以作为自己前进的一个动力。因此,在社交中,适时地给予别人以真诚的赞美,别人会感到喜悦,与你的关系也会更加亲近。

1. 赞美别人

赞美别人首先应做到情真意切,赞美之词应发自内心,符合事实,否则不仅会让对方感到莫名其妙,而且还会让人觉得你是个油腔滑调的人,更严重的是把你的赞美当作讽刺挖苦而对你产生反感,例如:当你见到一位相貌一般的先生,却偏要对他说:"你真是太帅了。"对方就会认为你说的是违心话。但如果从他的服饰、谈吐、举止等方面的出众之处谈起并真诚地赞美,他就会高兴地接受,并马上对你产生好感。

赞美别人也要因人而异。有特点的赞美往往比泛泛的赞美之词更能收到好的效果。如对年轻人则可赞美他的吃苦耐劳、创造才能和开拓精神,而赞美老年人则可多提及他们年轻时的种种事迹;对于经商的人,可以称赞他头脑灵活,生财有道;对于知识分子,可称赞他知识渊博、见解独到有深度。

赞美别人时应尽可能做到翔实具体。交往中应从具体的事件入手,善于发现别人哪怕是微小的长处,并不失时机地予以赞美。赞美用语越具体,越说明你对他了解,对他的长处越看重。让对方感受到你的真挚、亲切和可信,你们之间的距离就会越来越近。如果你只是含糊其辞地赞美对方,说一些"你工作得非常出色"或者"你是一位卓越的领导"等空泛飘浮的话语,就会让对方认为你是个溜须拍马、别有用心的人,由此产生不必要的信任危机。

赞美别人还应合乎时宜。赞美的效果在于相机行事、适可而止。比如当别人计划做一件有意义的事情时,开头的赞扬能激励他下决心作出成绩,中间的赞扬有益于对方再接再厉,结尾的赞扬则可以肯定成绩,指出进一步努力的方向,从而达到"赞扬一个,激励一批"的效果。

同时,值得注意的是最有效的赞美之词不是锦上添花,而是雪中送炭。俗话说:"患难见真情。"最需要赞美的不是那些早已功成名就的人,而是那些因被埋没而产生自卑感或身处逆境的人。他们平时很难听到一声赞美的话语,一旦被你当众真诚地赞美,便有可能振作精神,大展宏图。

当然,赞美并不一定总用一些固定的词语,见人就说好。有时候,可以借助于身体语言,比如投以赞许的目光、做一个夸奖的手势、送一个友好的微笑都能收到很好的效果。

2. 自赞

自夸自赞首先要符合实际,实事求是,符合自身的成长规律。如夸大其词达到违反生活常规的地步,反而事与愿违,只会降低信任度。

自夸自赞应目的明确、有的放矢。当今社会,无论是招聘人才、工程招标,还是购买商品,都有一定规格、要求。如果你的优点、长处非对方所需,那么自夸自赞犹如隔靴搔痒。要使自夸自赞为对方所接受,就必须事先对人才市场、商品市场做深入细致的调查研究,做到知己知彼,心中有数,才能使自赞自夸有的放矢,获得成效。

自夸自赞既可直接出自当事人之口,也可转借他人之口,最好还辅以奖状、奖品、名人评价、新闻传播媒介的表彰等旁证,以增强可信度、说服力,避免直接自夸自赞过多,引起听者的逆反心理。

自夸自赞,要避免给人留下自吹自擂、狂妄自大的嫌疑。因此,在自夸自赞的同时,应承认有待改进之处。这种小贬大褒、轻贬重褒,体现了实事求是的态度,给人以谦虚的印象,无损于自己美好的形象。

(二)批评

"忠言逆耳利于行"这句话经常被用来告诫人们要虚心接受批评,不应计较批评的方法。作为批评者,要使自己的批评被批评者所接受,做到忠言不逆耳,是需要讲究批评的语言艺术和方式、方法的。

1.先赞扬后批评

美国著名的演讲家戴尔·卡耐基说:"矫正对方错误的第一个方法——批评前先赞美对方。"如果在批评前,先抓住对方的长处给以真诚的赞美而后批评,就能化解被批评者的对立情绪,使批评在和谐的气氛中进行,达到预想的效果。这种方法尤其适用于个性倔强的人。例如:

> 有一次,卡耐基在纽约租下一家饭店的大厅,准备在那里搞一次为期一个月的短期培训。就在他将所有的票都印好送出、所有的通知都发下去的时候,他接到了饭店的通知,那就是必须付出比平常多3倍的价钱。卡耐基当然不愿增加费用,两天后,他直接去见饭店经理,"接到你的来信,我感到十分震惊,但我不责怪你们,换了我,或许也会这样做。你是经理,当然要为饭店着想。现在让我写下这件事对你们的利与弊"。于是卡耐基就列出了三方面的利和三方面的弊,"请你们仔细考虑一下,尽快通知我"。第二天,卡耐基便收到了回信,租金只涨50%,而不是多3倍。

2.选择恰当的时机和场合进行批评

批评是一门艺术,只有掌握了"火候",才能恰到好处。人都是有自尊的。苏联著名教育学家苏霍姆林斯基指出:"自尊心是一种非常脆弱的东西,对待它要小心,要小心得像对待玫瑰花上颤动欲坠的露珠。"在批评别人时,一定要注意场合,顾其颜面,保护其自尊,应尽可能避免在大庭广众之下公开批评,否则,不仅起不到应有的作用,还有可能火上浇油,无助于解决问题。要取得批评的较佳效果,除了要注重批评的场合外,还须把握好批评的最佳时机。在实际工作中,待双方冷静下来再批评往往能取得较好的效果。一方面批评者自身冷静下来,语言上则会避免偏激;另一方面,被批评者也有时间冷静地思考,比较客观、公正地反省自己并认识自己的错误。

3.批评方式因人而异

年轻人涉世未深,思想上不够成熟,对他们进行批评时,最好是语重心长地直接批评,不宜转弯抹角、含含糊糊,以免对方误解批评的意图。对于自觉性较高的成年人,对其缺点、过失,宜选择适当时机、场合,略为提醒,没有必要多言多语。下级对上级,晚辈对长辈,难以启齿批评对方,不妨以自责来促使对方深思反省,以自我批评的方式达到委婉、含蓄地批评对方的目的。

4.批评时巧用幽默

巧用幽默的批评,往往以半开玩笑、半认真的方式提出,其语言轻松、温和、含蓄,有的还蕴含有深刻的智慧与哲理,引人深思,发人深省。这样就能消除被批评者的恐惧、不安或对立、拒绝,或沮丧、泄气的心理状态,让被批评者在笑声中心情舒畅地接受批评,例如:

曾经有位女中学生写信给某杂志社编辑,坦言心中的苦恼:"我从来不为任何明星的风采所打动,可从黎明出现后,我萌发了今生今世非他不嫁的念头……我该怎么办?"编辑老师在给她的信中诙谐地说:"成人之美乃传统美德,我当然乐意成全你的终身大事。但遗憾的是你已是非黎明不嫁的第8899个姑娘,如果他跟8898个姑娘离婚之后,我会立即通知你,好吗?"就这寥寥数语,使这位姑娘羞涩地笑了起来,很快走出了痴迷与狂热,这就是幽默的神奇功效。

这几句话看似夸张却完全符合生活逻辑,看似戏谑却又不失真诚,姑娘自然会欣然领受,幡然醒悟。如果板起面孔说教一番,或是直接予以批评,也许只会使她疏远你,或是产生逆反心理。

四、说服与拒绝

(一)说服

人在社会生活中,常常会产生各种各样的矛盾,说服工作就显得特别重要。在说服之前,需花较大的精力去了解对方,并收集相关的资料,精心选择合适的说服场所并寻找说服的时机。说服准备阶段工作的充分与否,直接关系到说服的效果。而在具体的说服过程中,说服的理由固然重要,与此同时却也不能忽略说服技巧的重要性。

1. 说服的方法

(1)晓之以理

晓之以理就是通过讲道理来说服对方。要想把道理讲得透彻明白,讲到对方心里去,让对方心服口服,有一个重要因素即说服者语言必须具有严密的逻辑性。严密的逻辑性语言,能够帮助说服者把自己的思想观点有条理地组织起来,并得以正确的表达和论证,从而达到说服的目的。同时,道理有深浅之分,也有大小之别,所以说服者还应选择特定的角度和层次,深入浅出,从抽象到具体来慢慢说服对方。

(2)动之以情

通情才能达理,以事比事,将心比心,运用其自身或熟人的经验教训,再加上感情色彩浓厚的语言,去进行绘声绘色地诉说,易令人感到亲切可信,引发情感上的共鸣,从而为接受道理扫清障碍。同时,情感的力量可以诱导和增强逻辑的力量。

(3)衡之以利

所谓"衡之以利"就是权衡利弊得失,讲清利害关系。趋利避害是人的本性,那些实惠观念很强的人,理难服他,情难动他,有时"衡之以利"是切实有效的办法。如果很好地看准了对方的需求,有的放矢进行说服,就容易见成效。

当然,如果在说服工作后对方仍没有被说服,此时,说服者应冷静下来,巧妙地结束这次谈话,切不可操之过急,以防矛盾激化。在这种情况下,可以这样收场"你暂时不能接受我的意见,这不要紧,你可以回去之后好好考虑一下,我相信,你会明白的"。或"时间已经不早了,你也该休息了,有不同意见,我们改日再讨论"。

2.说服的技巧

(1)善用比喻

比喻的好处是生动、浅显,却又可以以彼物比此物。生动形象的比喻,不仅能使深奥的道理变得浅显明了、易于被对方接受,而且运用恰当,还会使人受到极大的鼓舞和有力的鞭策。如《邹忌讽齐王纳谏》中,邹忌就以周围人对自己形貌评价的不同作比喻,让齐王意识到自己存在的问题并非常乐意地接受了他的观点,广开言路,从而达到很好地治理国家的目的。

(2)巧借名言

名言警句具有准确、练达的特点,这类语言精辟、言简意赅,教人如何正确对待生活中的挫折和不幸,如何认识事物的本质,如何处理生活中各种复杂的关系等,其文字虽少,却蕴涵丰富的哲理,有很强的启发性、感染力和说服力。而且名言多出于名人、古人之口,更具有说服的权威性。如"宝剑锋从磨砺出,梅花香自苦寒来"、"虚心使人进步,骄傲使人落后"等。

(3)暗度陈仓

有些对象或场合,劝说者不便直接说服对方,可以运用暗度陈仓的方式含蓄委婉地说服对方。如:

中国旅行社的一位导游小姐,在陪同客人游览黄山时,客人中有几位照相迷,每到一处景点都照个没完没了。导游不好给客人硬性规定逗留时间,便说:"中国幅员广阔,名胜很多,佳景处处,美丽无比。再好的相机,再多的胶卷,也很难使您满足的。我认为最好的照相机就是您自己的那双观赏的眼睛,用不完的胶卷是自己聪明的大脑。只有它们,才能从这儿带回真正完美的记忆。咱们走吧,女士们,先生们!"

这番话既巧妙地催促了客人,又让客人不生怨言。这就叫不劝之劝,不说之说,明修栈道,暗度陈仓,其效果是显而易见的。

(4)激将说服

激将说服法,指的是用利反常规的语言去刺激对方,使对方下决心去做我们要他去做的事情的方法。在现实生活中,确实有一些人存在"敬酒不吃吃罚酒"、认定一个理而一意孤行的现象。此时,如果用激将法给他一个强烈的反向刺激,反而能取得意想不到的效果。当然激将法也应有个度,否则过犹不及,效果会适得其反。

(二)拒绝

拒绝别人和被人拒绝总是让人有所遗憾。因此,在社交活动中,如何把拒绝带来的负面影响减少到最低限度就显得特别重要。在社交中,适当运用一些拒绝的技巧也是非常必要的。

(1)委婉拒绝法

当我们在必须表达否定的意思的时候,首先需要尊重对方,说话要适当、得体,会使用一些敬语,以扩大彼此的心理距离,对方在这样的情境下,很难一下向你提出什么要求,表达什么意愿。这种用敬语扩大距离的拒绝法适合在交往还不是太深的公众面前使用。

另外,采用诱引方法也是拒绝的极好手段。需要拒绝时,我们不妨在言语中安排一两个逻辑前提,不直接说出逻辑结论,逻辑上必然产生的否定结论留给对方自己去得出,这样的逻辑诱导否定法如果是在面对上级组织、身处领导地位的公众面前使用,效果往往比较理想。例如:

有一次,一位记者问基辛格:"你们有多少潜艇导弹在配置分导式多弹头?"基辛格回答说:"我不确切知道正在配置分导式多弹头的民兵导弹有多少。至于潜艇,我的苦处是数目我是知道的,但不知道是不是保密。"记者说:"不是保密的。""不是保密的吗? 那你说是多少?"记者愣了一下,笑了。

模糊拒绝法也是很好的拒绝手段。生活中大家可能都有这样的经历:当你提出某种要求时,对方既不马上反对,也不立即赞同,而是耐心细致地与你谈些与主题有关但又模模糊糊的问题,整个谈话像笼罩在烟雾之中,最后你都不明白自己是怎样被拒绝的。这就是模糊拒绝法。例如:

1864 年,在日本的德川幕府时代。西方列强瓜分中国之后,又对日本虎视眈眈,他们用武力要挟日本签订割让日本彦岛的条约。日本方面派高杉普作为谈判代表。高杉普作曾到过中国,亲眼见到中国国土被列强割据的惨状。因此,为了国家的安危,他决心尽自己的能力与列强在谈判桌上周旋。在签字仪式上,他为了拖延时间,便滔滔不绝地说:"我日本国,自从天照大神以来,就……"把日本的历史一一述说出来。历史文字一般艰深难懂,假若再译成其他语言,则更要费时费力。因此高杉普作的这一做法,使翻译大为头痛,很多地方不知如何用英语表达。而西方列强代表听得更是云山雾罩。谈判最终无法分出谁胜谁负,据说签字之事就不了了之了,日本国土得以保全。

妙喻拒绝法。这是一种通过形象恰当的比喻来让对方明白自己要表达的意思,从而达到拒绝目的的一种方法。如:

一次,钱钟书先生在电话里对想拜访他的美国女士说:"假如你吃了个鸡蛋觉得不错,又何必认识那下蛋的母鸡呢?"用下蛋的母鸡比喻自己,不但巧妙生动,而且表现了钱老平易和蔼的性格,委婉而风趣地拒绝了拜访。

转移重心拒绝法。转移重心,改变话头是拒绝的一种艺术。历史上著名的顾左右而言他,就是转移拒绝法的体现。如:

第24届奥运会时,中国代表团一到汉城,记者就缠着李梦华团长问道:"中国能拿几块金牌?"李梦华回答:"半月之后,你们肯定能知道。"记者又追问:"新华社曾预测能拿11枚金牌,你认为客观吗?"李梦华答道:"中国有充分的言论自由,记者怎么想,就可以怎么写。"

拖延拒绝法。对一些不方便立即回绝的请求,可以用拖延的方法加以拒绝。时间的拖延往往会让对方意识到你的回绝之意,这便是所说的不说拒绝的拒绝。如"这件事我得好好考虑考虑"、"这件事我还得与别人商量商量"等。

(2)直接拒绝法

办事都要讲究原则,不符合原则的事坚决不能办。如果某人向你提出的要求是不符合原则的,你就不答应给办,这就叫坚持原则。不论什么样的关系,该拒绝的一定要拒绝。要勇于向对方说"不",有时这也是保护自己的一个很好的方法。当然,采用此法时,应特别注意的是要避免态度生硬、说话难听。同时,直接拒绝别人,需要把拒绝的原因表述清楚,以免引起不必要的误会,可能的话,还应向对方表达自己的谢意和歉意,以此表明自己的真诚。

拒绝除上述方法外,还有诸如沉默、推诿等其他方法。但是,不管使用什么方法,也不管怎样"委婉"地拒绝别人,必然会在对方心理上造成失望与不快。我们所要做的,就是把由于拒绝而造成的失望与不快控制在最小的限度之内。

五、劝慰与道歉

劝慰指的是当对方在生活、学习、工作等方面遇到不如意时给予的精神安慰和鼓励,这是一种雪中送炭式的言语帮助。好的劝慰往往能让对方摆脱思想上的包袱,使其顺利渡过眼前的困难。道歉是指当自己做错事或说错话后的一种向对方表示歉意的语言和行为,及时有效的道歉不仅能消除彼此的误会,而且还会增加彼此之间的友情。

(一)劝慰

当一个人遇到困难或受到打击挫折时,在心理上往往有一种被劝慰的需求。然而,劝慰要取得较好的效果,也有其基本要求和语言技巧。

1. 劝慰的基本要求

首先在态度上要真诚。真心诚意的劝慰会给对方带来道义上的支持和精神上的鼓励。同时如能积极帮助对方分析问题找到较好的解决问题的途径则更能让对方感受到你的支持与帮助的力量。没有诚意的劝慰只会给人"猫哭耗子——假慈悲"之感。

其次语气上要平和。当别人伤心、郁闷的时候,不管是语言上还是语气上都往往带有很强的情绪。因此,在劝慰过程中始终应保持平和的语气和语调,即使对方的痛苦与不快源自其本身的行为和言语,也不应当面大声训斥。因为此时的当面训斥不仅于事无补,有时反而会让对方在思想和情感上走入死胡同,可能引发极端行为。

再次,用心倾听也是劝慰中很重要的部分。倾听不是保持沉默不说话,而是在听的过程中先仔细了解事情的真相以及对方的想法,给下一步有的放矢的劝慰做好准备;同时,当对方心情不好的时候,往往会产生一种倾诉的欲望和心理,以得到情绪上的宣泄和情感上的支持。因此,静静地聆听对方的倾诉有时能收到意想不到的效果。

最后,要选择恰当的时机进行劝慰。在劝慰中,选择恰当的时机也是非常重要的。当对方的家人或朋友遇到重大变故时,要及时安慰;当对方情绪过于激动时,则可过一段时间再进行劝慰,否则处理不好,有时反而会火上浇油,起不到应有的劝慰效果。

2.劝慰的技巧

遇到困难时的劝慰。当对方遇到困难时,不仅要及时给予语言上的安慰和鼓励,而且还要根据自己的实际给予一定的帮助,使对方能较顺利地渡过眼前的困难。如我们可以帮对方出出主意、想想办法,设身处地去想对方可能需要的帮助,要让对方体会到与其"患难与共"的心理。当然,需要注意的是,在劝慰过程中,也不能把自己当作万能的救世主,从而让对方产生强烈的依赖心理。

对失败者的劝慰。在学习、生活和工作中,我们都不可能一帆风顺,或大或小、或多或少的失败总是与我们同行,因此,对失败者的安慰也就显得特别重要,这不仅能让对方重树信心,而且好的劝慰还能让对方在失败中找到一条通向成功之路。

在日本的零售类企业里,经历过大起大落、生平最富戏剧色彩的人,恐怕就是前八佰伴集团总裁和田一夫了。他从父母手中继承了一间只有 10 多平方米的小蔬菜铺,在半个世纪中将一家蔬菜铺发展成在世界各地拥有 400 家百货店和超市、员工总数达 2.8 万人、年销售额突破 5000 亿日元的国际零售集团。从中他经历了大大小小无数次的打击,当他声名显赫之际,却突然遭遇破产,家产损失殆尽。风雨过后,和田一夫不惧失败,70 岁开始人生的第二次创业。当他回忆自己的失败时有这样一段话:1950 年我还是个大学生的时候,有一天我一个人在家看店,突然街头发生大火,我以为火势会很快退去,没想到大火却越烧越猛,席卷过来,把整条街,包括父母辛辛苦苦建立起来的蔬菜铺都烧了个精光,连一件行李都没剩下。那天晚上我们全家只能借住在附近的温泉旅馆里。我非常懊恼,但父亲却安慰说:"幸亏一夫没有把行李抢出来,否则乱乱地堆了一地,连睡觉的地方都没有了。"这是我人生中的第一次大失败,但因为父亲总能从失败中看到光明的一面,我们又振作精神,重建家园。而在八佰伴破产后,有一段时间我很苦闷。突然有一天晚上,我梦到了父亲。他站在我床边喊道:"一夫! 别再愁眉苦脸的! 过去的已经过去了,马上给我站起来!"熟睡中的我猛然睁开眼睛,脑海里浮现出当年热海大火的情景,我们那次不也是失去了一切,而后从头开始的吗? 于是我又产生了奋起的愿望。

对被人歧视者的劝慰。在竞争十分激烈的社会中,有人会因被人歧视而产生种种自卑心理,从而对工作、对生活失去信心。对此类人的劝慰,一方面应让对方感受到不是所有人都歧视对方,更重要的是可以找一些曾经也因受到歧视而痛苦,之后却努力进取获得成功的实例来鼓励对方,战胜自己的自卑心理,努力工作和学习。

对病人的劝慰。人一旦生病,往往会产生不少奇异的想法。所以,对病人的劝慰要根据对方的情况决定劝慰的内容。有时,可以讲讲周围发生的新鲜事和开心的事,让病人心情愉悦;有时也可以讲讲自己以前生病时的状态和想法,让对方产生认同感和轻松感。

当然,在现实生活中,还有许多场合需要劝慰,有时也不妨用善意的谎言来劝慰对方。不管是何种方法的劝慰,都应因人因时因事而灵活运用。

(二)道歉

一个人在学习、工作等过程中,都难免会犯或大或小的错误,因此,当自己做错事或讲错话时,向人表示歉意是非常重要的。当然,要让对方接受你的道歉,有时也需要一定的技巧。

1. 及时道歉很重要。意识到自己的言行错了,可能伤害到对方,就应马上说"对不起"或"抱歉"之类的话语,否则拖得越久,产生的隔阂就会越大,误会也就会越深。

2. 借他物来表达歉意。有些道歉的话当面难以启齿,发个手机短信或 E-mail,或利用 QQ 留言和表情等方式来传达不失为一种较好的方法。另外,借物来表达歉意也可指当面递上他物的同时表达歉意,这有利于消除当面道歉而产生的尴尬,如递上一杯茶并说"您喝茶,消消气,刚才我……"

3. 用第三者来转达歉意。当双方一时都在气头上,很难平心静气来互相面对时,用第三者来表达自己的歉意会收到较好的效果,这样,待双方心平气和坐下来时,再当面互致歉意,效果会更好。

4. 道歉语应当文明而规范。有愧对他人之处,可以说"深感歉疚","非常惭愧"。希望得到谅解时可以说"多多包涵","请您原谅"。在一般场合,则可以说"对不起","很抱歉","失礼了"等。

5. 语言与行为的一致性。道歉并不是万能药,重要的是在语言上表达歉意后,在行动上应及时作相应改正,不要言行不一,依然我行我素,这样,只能让道歉流于形式,也让别人感觉到你的话语缺乏诚意,从而使以后的道歉失去应有的作用。

六、评述

评述也就是我们平常所说的评论,它分为书面评述和口头评述两大类,书面评述如我们经常能看到的报纸上的"特约评论员"文章、影视评论文章,等等,而口头评论则更多更自由,如浙江电视台的《峰言蜂语》栏目、演讲和辩论赛后的专家点评、对一个人的评价等都是口头评述。这里主要以口头评述为主来分析评述的特点以及评述的技巧。

1.评述的特点

(1)表明态度和立场

在评述中,不管是赞成还是反对,肯定抑或否定,都必须给人一个鲜明的态度和立场。否则,亦是亦非、模棱两可的评述不仅起不到应有的作用,反而会给对方虚伪和不真诚之感。例如:

中国政法大学前校长、著名的法学家江平教授对"国际大专辩论会"半决赛的评论是:"总的说来,今天这一场辩论是非常精彩的,双方发挥很充分,观点论述比较深刻,应该说是旗鼓相当的,或者说是非常接近的,我们评判团的5位成员经过慎重的研究,以3票对2票判定——胜方为正方南京大学队!"

(2)临场应变和发挥

书面评述是在经过深思熟虑后形成的评论,因此不管在内容还是在语言上都会显得较为严密。而口头评述则不同,它往往是即兴发挥,根据眼前的事或人作出的即时性评论,因此,口头评述更要实事求是,不能凭空捏造,语气上也应客观公正,不能带有个人感情色彩。

(3)有理和有据

评论中的观点很重要,但更为重要的是你之所以形成此观点的理由。因此,在评述过程中,要做到有理有据,才能增强评述的可信度和权威性。例如:

散文家余秋雨教授在"国际大专辩论会"上对半决赛第一场(辅仁大学对新南威尔士大学)的评论是:"在双方辩论过程中,又显现出一些非常杰出的辩手。我们在这里特别需要指出的是正方的四辩,由于他灵敏的辩思,把他们队前面所处的某一种被动状态或者说某一种不积极状态挽回过来了。他不仅有雄辩,而且也具有一定的幽默感。那么反方呢,整个队生气勃勃、充满朝气,特别是二辩和三辩,言词的运用是如此的生动,如此的有气势,而且如此的有感情,这使他们在辩论过程中占有了很大的情感优势。"

2.评述的技巧

在评述中,掌握和运用一定的技巧,会让你的评述与众不同,从而提高自身的公众形象。

(1)找准切入点

评述中,只有找准了切入点你的评述才会有力度和新意。我们可以选择人们特别关心的事情或人作为切入口,也可以反其道而行之,选择人们熟悉却容易忽略的事情作为评述的突破口,独树一帜,另辟蹊径。

(2)突出重点

在评论中肯定有不少话想说,但不能不分主次和轻重作随意点评,而应突出重点、有选择有目的地进行评论,这样才能使听的人有所得。例如:

> 刘春在《辩论七日谈》中说:"这一场双方底线清晰,又都击中对方要害,既推理严谨,又文风活泼,令我辈大快朵颐。而所辩皆渊源深厚,使我想起古代先贤的伟大回响。香港中文大学偏人治,使我想起孟子的王道;而南京大学则强调法治,又使我想到韩非子的观点。同时,双方的论述都有深厚的现实意义。"

(3)客观公允

在对双方的评论中,作为评论者,客观公允很重要。在评论过程中,不能带有太强烈的个人情感色彩,否则可能引起不必要的争端。如世界杯期间,某体育解说员对意大利队进球有这样一段评论:

> 球进了!比赛结束了!意大利队获得了胜利,淘汰了澳大利亚队。他们没有再一次倒在希丁克的球队面前,伟大的意大利的左后卫!马尔蒂尼今天生日快乐!意大利万岁!
>
> 伟大的意大利,意大利人的期望,这个点球是一个绝对理论上的决杀。绝对的死角,意大利队进入了八强!
>
> 这个胜利属于意大利,属于卡纳瓦罗,属于布冯,属于马尔蒂尼,属于所有热爱意大利足球的人!
>
> 澳大利亚队也许会后悔的,希丁克在下半场他们多一人的情况下打得太保守、太沉稳了,他失去了自己在小组赛的那种勇气,面对意大利悠久的历史,他失去了他在小组赛中那种猛扑猛打的作风,他终于自食其果。澳大利亚队该回家了,也许他们不用回遥远的澳大利亚,他们不用回家,因为他们大多数人都在欧洲生活,再见!

这一段如是纯个人的点评,可以说是非常精彩和有激情。然而,作为电视台现场直播中的公众点评,由于这一段点评带上了过多的个人感情色彩,也就免不了会产生不少负面影响。

(4)语气平和

评论对方,语气的平和与否有时也会影响到评论的效果。如果你态度和蔼、语调平缓,对方也会心平气和地听下去,相反,如果你声色俱厉、情绪激动,则往往会造成更为紧张的局面,不利于评论正常有效地进行。

(5)诙谐幽默

在评论中,尤其是评论一些不足之处,若能恰当地、适时地使用诙谐幽默的语言,将会使人易于接受。例如:

> 毛泽东在《反对党八股》中说:"有些天天喊大众化的人,连三句老百姓的话都讲不来,可见他就没有下过决心跟老百姓学,实在他的意思仍是小众化。"

从"大众化"仿出"小众化",鲜明而风趣地评论了党八股的脱离群众。又如:

> 美国总统里根对物价上涨的评论:"夫人们,你们都知道,最近当你们站在超级市场卖葫芦的柜台前,你们就会感到吃钞票比吃葫芦还便宜一些。""你们还记得当初你们曾经认为没有什么东西可以代替美元吗?而今美元却真的几乎代替不了什么东西了!"

里根利用"美元"、"葫芦"、"东西"之间的替换,诙谐而有力地抨击了物价上涨给市民们带来的苦衷。

【实践与训练】

1.四声朗读训练:

老气横秋 语重心长 花好月圆 大有文章 木已成舟 身强体壮 心明眼亮
丰年有望 无可非议 异口同声 美丽非凡 豁然开朗 争先恐后 花红柳绿

2.绕口令练习:

(1)扁担长,板凳宽。扁担没有板凳宽,板凳没有扁担长。扁担绑在板凳上,板凳不让扁担绑在板凳上,扁担偏要绑在板凳上。

(2)我们要学理化,他们要学理发。理化理发要分清,学会理化却不会理发,学会理发却不懂理化。

(3)小牛放学去打球,踢倒老刘一瓶油。小牛回家取来油,向老刘道歉又赔油。老刘不要小牛还油,小牛硬要把油还给老刘。老刘夸小牛,小牛直摇头。你猜老刘让小牛还油,还是不让小牛还油?

(4)进了门儿,倒杯水儿,喝了两口运运气儿;顺手儿拿起小唱本儿,唱一曲,又一曲儿。

3.读好下面一段话中的"啊"。

这些孩子啊,真是可爱啊!你看啊,他们多么高兴啊!又是作诗啊,又是朗诵啊,又画画儿啊,又剪纸啊,又是唱啊,又是跳啊!啊!他们多么幸福啊!

4.用高低不同的音朗读下面这首诗。

江　雪
柳宗元

千山鸟飞绝,万径人踪灭。

孤舟蓑笠翁,独钓寒江雪。

5.学唱《我的祖国》这首歌,感受其发声和共鸣。

6.有感情地朗读徐志摩的《再别康桥》和毛泽东的《沁园春·雪》这两首诗词。

7.对下面这句话通过重音的变化表达不同的意思。

我知道他会唱歌

8.自己作个自我介绍,力求有创意。

9.你的同学高考发挥失常,没有考上大学,心情很沮丧,请你去劝慰他(她)。

假如你在公司得罪了你的上司,你将怎么办?

11.你同寝室的同学告诉你,你上次去应聘单位的负责人来过电话了,并留言说让你回个电话,你将在电话里怎么表达?

12.让一学生进行即兴演讲,另一学生口头评述。

13.下面是一幅肖像画,让学生解说其画面。

罗中立《父亲》

第三章

演讲与口才训练

第一节　演讲概述

一、什么是演讲

演讲，又称"演说"，是在特定的场合中，讲话者凭借自己的口才，运用有声语言（为主）和态势语言（为辅），如动作、手势、表情，面对广大听众发表意见，从而达到感召听众并促使其行动的一种现实的信息交流活动。

演讲作为一种以语言为工具进行宣传的社会活动，可谓源远流长。远在古代的希腊、埃及、巴比伦、印度和中国，演讲就有了高度的发展，成为一种相当普遍的实践活动。中国最早的一部历史文献《尚书》中记载的《甘誓》就是公元前 21 世纪夏启和有扈氏战于"甘"这个地方的战前动员——演讲。在古希腊，演讲对于国家事务的决定、对人的情感以及社会思想有深远的影响，因此，演讲被喻为"艺术之女王"。

古今中外，无数的演讲家、雄辩师凭借敏捷的思维、犀利的目光，在洞察历史的真谛以后，驾驭声遏行云的口语艺术，以其一言九鼎之力，推动历史前进的车轮。像战国时的苏秦依仗三寸不烂之舌，游说东方六国，促成合纵抗秦联盟；三国时诸葛亮出使东吴，舌战群儒，终于说服吴主联刘抗曹，大破曹操于赤壁；戊戌变法中梁启超面对国难，大声疾呼，唤起民众，投身革命；美国黑人领袖马丁·路德·金以演讲为武器，反对种族主义，获得 1964 年诺贝尔和平奖……无数事实说明，演讲在历史的时空中发挥着惊天动地的巨大作用。

那么，什么叫演讲？演讲的魅力又来自何处？

演讲的魅力，首先来自演讲者渊博的知识。

知识是人类社会精神生产的成果之一，是社会物质生产的向导。在一定的意义上，演讲是一种知识信息的传达和交流，而知识是各种社会信息的代码形式。科学知识一方面负载着历史和现实生活的感性内容,成为生活形态的转换形式;另一方面,知识又是主体生命活动在现实中不断内化自身而形成的心智条件,是主体从自在到自为、从必然到自由的生成媒介。另外,知识是对现实的认识,是对生活中无数相对真理的有限把握。在演讲中提供较大的知识量,涉猎广阔的知识领域,既可以增加演讲的知识涵盖面,又可以造成一种巧置对象的自由感和陌生化的新颖感,使知识转化为魅力。演讲者通过对知识的自由运用来实现知识对听众的启迪,发挥演讲影响人、启发人、感染人的目的。

演讲中所运用的丰富知识,不仅为听众提供了更多的知识信息,而知识本身就具有一种很强的美感。这是一种科学的美,一种人类的理性认识和驾驭客观规律的美。广博的知识令人惊叹不已;生动的知识让人趣味无穷;新颖的知识则让人饶有兴味。因为科学的知识是真、善、美的结晶,是科学与理性的凝聚,是客观规律性与主观目的性相统一的价值存在,所以它本身是美的,是富有魅力的。譬如在首届国际大专辩论会上(即"狮城舌战"),大学生们渊博的知识就是使他们的演讲辩论精彩绝伦的原因之一。他们在演讲中表现出广博、完整、严谨的知识结构以及因此体现出的高屋建瓴、深入浅出、论辩自如的境界,深为大家所倾慕,让人久久不能忘怀。

其次,演讲的魅力还突现在演讲的行为上。"演"是演讲魅力的核心所在。

演讲,作为一种有着无穷魅力的口语艺术活动,固然以"讲"为主,即以内容为根本,或真切感人,或深刻警醒。但是,"演"也很重要,精彩的"演"能使演讲收到意想不到的效果。

那么,什么是演? 如何演才能充分展现演讲的魅力呢?

演讲是真实自我的流露,演讲者通过自己的有声语言和动作表情,利用各种可用的艺术来传情达意,是为了"讲"而"演"。一场真正飞扬灵动的演讲,魅力主要体现在这样几个方面:

首先是语音语调。演讲的魅力首先在于突出的口头语言魅力。富于感情的语调根据内容不断变化,时紧张,时舒缓,时激昂,时沉稳,丰富多变的语调就像给演讲插上了翅膀,带着演讲者的个性风格,不是灌进听众的耳朵里,而是进入听众的心里,演讲的魅力也就一览无遗。

其次是表情。演讲者面对的不仅仅是听众,还是观众,一颦一笑都会被对方悉收眼底。很难想象一个面容僵硬、表情呆板的人能作出动听的演讲。人的表情反映着人的情感,演讲者因讲话而随时流露的微妙表情,是演讲的一部分,而且是很真实的部分,有时它比你说的话更重要。演讲的魅力也藏在这些微妙的表情中。第三是姿势。这里的姿势既指身体姿态,也指动作、手势等。演讲者的姿势代表演讲者的形象,它作为一种形体语言,能使人的情感形象化、具体化。它配合着有声语言,能使听众形成一种动态的印象,从而引起人的注意。与演讲者的个性、气质、修养及演讲内容相符的姿势,能让演讲收到烘云托月的效果。就像央视主持人王小丫的习惯性动作——五指并拢一劈,就让无数观众折服。

第四是主体形象。主体形象,既包括演讲者的精神状态,也包括着装等。一个低头搓手、局促不安的演讲者和一个抬头挺胸、步履稳健的演讲者给人的感觉肯定不同。因此,无论准备得是否充分,演讲者都应做到积极、自信、精力集中。正如郭沫若的切身体会:"的确,你总要目中无人才行。不管有多少群众在你面前,他们都是准备着让你吞下去的,你只要把他们吞下去就行了。"在着装上,演讲虽不以此取胜,但它确实会影响听众的情绪。演讲者的着装既不能追求名贵华丽,也不能邋里邋遢,要洁净、得体,符合演讲的时空环境及内容的服饰会给人耳目一新的感觉。

总而言之,演讲的魅力是多角度、多层次的,以上仅就演讲的几个比较重要的方面作一简单阐述。任何形式的演讲,都是讲与演的紧密结合,不可顾此失彼。精彩的内容,必须辅之以良好的艺术传达,才能使演讲的无穷魅力真正得以展现。

二、演讲与对话

对话的含义有广义和狭义之分。广义的对话是指两人或两人以上互相之间有问有答的语言交流。如政治对话、军事对话、学术对话、生活对话和答记者问等。狭义的对话,指"交流式的演讲"。即演讲者与听众,就某个专题,进行一系列的问答。从这里,可以发现,狭义的对话是演讲的一种。所以演讲和对话的形式和实质都有交叉之处。

对话的方式多种多样。它们的相似点在于两者都是一种语言交流的形式。它们都是社会交际、思想交流的重要工具;都有传播信息、讲授知识的作用;都能锻炼说话者的思维,发展说话者的智力。不管在演讲中还是对话中,都要求说话者有真诚平等的态度、负责的精神。

对话与演讲的不同之处首先在于对话的双方以语言不时地互相应答,而演讲的双方——演讲者与听话者之间的交流,彼此对话的成分就相对减少,而其他如眼神、表情的交流相对增多。对话双方及多方的主次感没有演讲中演讲者与听众之间那样强烈。其次,演讲结构严谨。一般来说,演讲对演讲人有严格的时间限制,在大多数情况下,演讲时不允许听众以提问或评论的方式打断。演讲人必须通过演讲本身实现自己的目标。准备演讲的时候,演讲人必须预计有可能在听众中出现的疑问,并及时回答这些问题。因此,演讲的准备比普通对话要求更高更详细。第三,演讲要求运用比较正式的用语,俚语、行话和不合语法的言论在演讲中会对听众产生消极反应,而在对话中,相对比较自由。第四,对话时,在语言表达过程中有时会插入一些中间语,譬如"你知道……","我的意思是说……",等等,一般使用有声停顿的词(啊、嗯、那么,等等)。而演讲中演讲者会调整自己的嗓音,以便所有听众都能够清晰地听到。并注意去掉一些累赘语言。第五,在进行对话时,几方的外部形态以坐着交谈为主,主体相对而言比较自由、随和和放松;而演讲者则往往采用站立的姿态,相对而言比较约束、正规和紧张。

三、演讲的分类

演讲根据不同的标准有不同的分类,在这里,我们介绍几种常见的分类。

1. 根据演讲的功能分类

(1)"使人知"演讲。这是一种以传达信息、阐明事理为主要功能的演讲。它的目的在于使人知道、明白。如美学家朱光潜的演讲《谈作文》,讲了作文前的准备、文章体裁、构思、选材等,使听众明白了作文的基本知识。它的特点是知识性强,语言准确。

(2)"使人信"演讲。如高震东的演讲《做人的道理》,他在演讲中以真实详尽的例子,告诉学生爱国是"天下兴亡,我的责任";爱国是"勿以善小而不为,勿以恶小而为之"。它的特点是观点独到、正确,论据翔实、确凿,论证合理、严密。

(3)"使人激"演讲。这种演讲意在使听众激动起来,在思想感情上产生共鸣,从而欢呼雀跃。如美国黑人运动领袖马丁·路德·金的《我有一个梦想——在林肯纪念堂前的演说》,用他的几个"梦想"激发广大黑人听众的自尊感、自强感,激励他们为"生而平等"而奋斗。

(4)"使人动"演讲。这比"使人激"演讲进了一步,它可使听众产生一种欲与演讲者一起行动的想法。1941 年,珍珠港事件发生的第二天,罗斯福总统以这样一句作为开场白:"昨天,1941 年 12 月 7 日,将成为我国的国耻日。"这激起了广大听众同仇敌忾之心。中国古代的第一篇演讲词《尚书·汤誓》亦有异曲同工之妙。它的特点是鼓动性强,往往以号召、呼吁式的语言结尾。

(5)"使人乐"演讲。这是一种以活跃气氛、调节情绪,使人快乐为主要功能的演讲,多以幽默、笑话或调侃为材料,一般常出现在喜庆的场合。譬如在一次婚宴上,新郎姓"蔡",新娘姓"汤",司仪的即兴演讲就拿一对新人姓的谐音好好涮了一把(新郎、新娘——"菜汤"也)。这种演讲的事例很多,人们大都能听到。它的特点是材料幽默,语言诙谐。

2. 根据演讲的表达形式分类

(1)命题演讲。即由别人拟定题目或演讲范围,并经过准备后所做的演讲。它包含两种形式:全命题演讲和半命题演讲。全命题演讲的题目一般是由演讲组织部门来确定的。如工商局搞主题演讲,为了让演讲者各有侧重,分别拟了《心存百姓苦 权为民所用》、《管理一方工商 造福一方百姓》、《奉献与追求》三个题目,要求以此组织材料,准备演讲。半命题演讲指演讲者根据演讲活动组织单位限定的范围,自己拟定题目进行的演讲。如学校单位组织教师演讲,命题演讲围绕"师德"主题展开,具体题目自拟。命题演讲的特点是：主题鲜明、针对性强、内容稳定、结构完整。

（2）即兴演讲。即演讲者在事先无准备的情况下就眼前场面、情境、事物、人物临时起兴发表的演讲。如婚礼祝辞、欢迎致辞、丧事悼念、聚会演讲等。它的特点是：有感而发、时境感强、篇幅短小。它要求演讲者紧扣主题，抓住由头，迅速组合，言简意赅。

（3）论辩演讲。即指由两方或两方以上的人因对某个问题产生不同意见而展开的面对面的语言交锋。其目的是坚持真理、批驳谬误、明辨是非。比如，我们生活中常见的法庭论辩、外交论辩、赛场论辩以及每个人都曾经历过的生活论辩等。我们熟悉的国际大专辩论赛就属于这一类。它的特点是：针锋相对，短兵相接。论辩演讲较之命题演讲、即兴演讲更难些，要求演讲者必须具备正确的思想、高尚的品质、严密的逻辑性、较强的应变性。

3. 根据演讲内容分类

（1）政治演讲。凡是为了一定的政治目的，出于某种政治动机，就某个政治问题以及与政治有关的问题而发表的演讲均属此类。它包括外交演讲、军事演讲、政府工作报告、政治宣传等。像周恩来的《中美友好的大门终于打开了》、张学良的《我们要立于抗战第一线》等都属于这一类。

（2）生活演讲。指演讲者就社会生活中存在的各种问题、风俗、现象而做的演讲，它表达了演讲者对这些问题的看法、见解和观点。这种演讲涵盖的内容更加广泛，如：表达亲情、友谊、吊贺、迎送、答谢等。像梁启超的《为学与做人》、爱因斯坦的《悼念玛丽·居里》则属于此类。

（3）学术演讲。指演讲者就某些系统、专门的知识和学问而发表的演讲。一般指学校和其他场合的专题讲座、学术报告、学术发言、学术评论。它必须具有内容的科学性、论证的严密性和语言的准确性三大要素。这是与其他类型演讲的最大区别。譬如凤凰卫视的《世纪大讲堂》、央视科技频道的《百家讲坛》和经济频道《经济大讲堂》中的一些学者的演讲。

（4）法庭演讲。即指公诉人、辩护代理人在法庭上所作的演讲和律师的辩护演讲。法庭演讲有自己的突出特征：公正性和针对性。施洋的《谁是真凶》、阿伯拉罕·林肯的《伪证罪之辩》是这一类的典范。

（5）宗教演讲。指的是一切与宗教仪式、宗教宣传有关的演讲。它主要包括布道演讲和一些宗教会议演讲。这种演讲在我国的影响不大，听演讲和作演讲的人都不多。

另外，根据演讲的主题，演讲还可以分为爱国演讲、励志演讲、节约演讲、安全演讲等。由于演讲的内容、形式、功能复杂多样，以上对演讲的分类不可能做到绝对的标准。这里只是几种基本类型。

第二节　演讲者

演讲,必须有演讲者。演讲者是演讲的主体,是演讲活动的承担者和执行者。因而,演讲者的素质、能力和演讲水平如何,不仅会影响演讲者在听众中的形象,而且直接影响演讲效果,甚至影响到演讲的成败。因此,对演讲者的研究也就成为整个演讲学的关键;提高和丰富整个演讲者的素质修养,也就成为每一个有志于学习演讲、提高演讲水平的人必须面对的问题。

一、演讲者的素质

言为心声,一次演讲的成功,与演讲者本身的素质密切相关,那么,一位成功的演讲者应该具备哪些基本素质呢? 总的来说,高尚的道德品质,先进、科学的思想理念,丰富渊博的学识见闻,是演讲者的基本要求。

1.演讲者要具备高尚的道德品质

一个人为公众所崇敬,是因为他具有能影响他人的人格魅力。而人格魅力最主要的组成部分是个人的道德品质。演讲者在演讲过程中传递的是思想、经验、知识,所以是听者行为、态度学习的对象,因此,更要严于律己,以德服人。在演讲中,个人的道德品质体现在以下几个方面:首先,演讲者要具有高度的政治觉悟及正确的理想信念,并且将其具化为遵守自己的职业道德,如师德、医德等以及高尚的伦理道德;有正确的婚恋观、敬老爱幼观,在这样的思想道德品质的统率下,才会有高质量的演讲诞生。其次,演讲者要具备良好的社会公德。细节决定成败,演讲者的举手投足是否文明礼貌,也是影响演讲成功与否的重要方面。

2.演讲者要有先进的、科学的思想

演讲的目的是把正确的观念传递给听众,起到教育、启发听众的目的。这要求演讲者本身具有先进的、科学的思想理念,高瞻远瞩,超越前人,引导后人。历史上许多著名的演讲家如德摩斯梯尼、马丁·路德·金、林肯、马克思、恩格斯、列宁等都是伟大的思想家。他们的演讲闪烁着真理、科学、智慧的光芒。在当地科技高度发达、信息爆炸、知识更新的新时代,更需要演讲者迅速掌握新科学、新方法来服务广大民众。

3.演讲者要具备丰富的学识

丰富的学识不仅是演讲内容丰富性的来源,也是演讲语言多样性、生动形象性的源泉。古今中外的演讲家之所以能舌绽莲花,妙语连珠,是他们能旁征博引,把具体、生动、精彩的例子组织到自己的演讲中来说服、打动听众。这与他们博览群书,具有丰富的知识储量是分不开的。当今社会的演讲者,更要博古通今,中西贯通。才能站在学识水平并不肤浅的听众面前。

具备了思想、品德、学识等方面的修养,演讲者还必须具备以下几种能力。

1. 敏锐的观察力

演讲者在准备演讲时,有了敏锐的观察力,才能找到演讲的焦点,才能从普通生活现象中发现被人们忽视而亟待解决的问题,从而进行分析解决。在演讲过程中,能够展现分析准确、观察细微、思考周全、快速反应、眼观四面、耳听八方的敏锐度。能通过会场气氛、听众的表情,揣度演讲的效果,及时调整自己的演讲内容、方式与节奏。同样,有了敏锐的观察力,在演讲后才能通过周围人的评判了解自己的成败得失,为自己下一次更成功的演讲打下基础。当然,这是经验的累积,要点就是多上台、多讲、多磨炼。

2. 丰富的想象力

丰富的想象力主要体现两个方面:一是在演讲稿写作的时候,没有丰富的想象力,就无法将众多的材料串联起来;二是体现在即兴演讲中,即兴演讲对演讲者的要求很高,有了丰富的想象能力,演讲者就能在较短的时间内考虑到听众所要求的内容,同样通过丰富的想象能力,演讲者能将各种各样的事物与演讲主题巧妙地组合起来"思接千载,视通千里",使演讲内容充实、新颖而多彩。这与演讲者丰富的生活经历、渊博的知识密切相关。

3. 较强的记忆力

记忆力在演讲中的地位十分重要。在演讲稿写作时,较强的记忆力能将储备在脑海中丰富的材料信手拈来,运用到稿子中去。同时,在演讲之前,还需要对演讲稿进行记忆。有较强的记忆力,才能将准备的演讲材料牢记于心,熟练、流利地在听众面前进行演讲。

4. 良好的表达能力

演讲是通过语言来表达的,因此,良好的表达能力是优秀演讲者必备的条件。普通话标准、吐字清晰,语音语调处理得当,语言抑扬顿挫、充满感情,这些都是良好的表达能力的体现。良好的表达能力可以通过模仿读音,多读、多练,在各种场合勇于多讲来提高。

除此之外,作为演讲者,还需要有亲和力和幽默感。亲和力是给听众最重要的感觉,如果台上演讲者与台下听众产生距离,再好的产品也会流于形式,无法打动人心。而幽默感会使演讲增色不少,枯燥的演讲容易使人疲倦,在演讲过程中穿插小故事和笑话甚至自我解嘲,不仅能拉近演讲者与听众的距离,也会使演讲内容深入人心。

以上我们谈了演讲者应具备的修养和能力。其实,演讲者所应具备的能力远不止这些。比如,演讲者应有理论家的分析、综合、判断能力;应有文学家的记叙、描绘能力,等等。一句话,演讲者所具备的修养愈高愈深,能力愈强愈多,演讲成功的概率也就愈大。因此,演讲者的修养和能力的提高是无止境的。

二、演讲者的思维方式

在演讲过程中,演讲者运用的思维方式很多,主要有抽象思维、形象思维和灵感思维等。

(一)演讲者的抽象思维

抽象思维又叫逻辑思维。在演讲中,抽象思维起着十分重要的作用,它使思维显得严谨而有条理,使结论令人信服。抽象思维在演讲中的运用首先体现在语言表达上讲究逻辑层次。因为演讲是口头表达的形式,不可能像书面文字那样可以回顾重读,所以演讲的条理性、层次性十分重要。而条理和层次又是受一定逻辑关系制约的。一次演讲,如何开头、如何展开、如何收结,都应条理清楚。其次体现在演讲中逻辑方法的运用。在演讲中最主要的逻辑方法是演绎法和归谬法。

(二)演讲者的形象思维

在演讲中,抽象思维固然起着十分重要的作用,但它会使演讲的语言变得枯燥、抽象,使演讲太理性化,缺乏幽默感。而当演讲中融入形象思维时,演讲就会充满活力。形象思维是依靠形象材料的意思领会得到理解的思维。从信息加工角度来说,可以理解为主体运用表象、直感、想象等形式,对研究对象的有关形象信息以及贮存在大脑里的形象信息进行加工(分析、比较、整合、转化等),从而从形象上认识和把握研究对象的本质和规律,它的特征是形象性。形象性是指用形象进行思维加工,在思维活动的对象上,也是用形象材料进行加工。把抽象的事物具体化,把深奥的道理浅显化,形象地表达出演讲者的思想感情,达到启发、影响听众的目的。形象思维的方法主要有联想和想象。形象思维在演讲的各个环节中都可以运用。譬如说,可以用生动的事例来代替烦琐的论证,因为事实胜于雄辩。1952年,《纽约时报》在竞选的关键时刻披露尼克松在竞选中秘密受贿的事件。尼克松只用两件事实来说明问题:一是他妻子至今还没有一件貂皮大衣;二是他女儿最喜欢的是选民送来的一只小狗。

其次可以用幽默的语言代替枯燥的陈述。因为幽默的语言能使表达形象化,无论叙述事件还是描述人物,或者说明道理,都会令人感到生动传神又意味深长。像有一次轮到林语堂演讲时已经是中午11点了,他上台后的第一句话是:"绅士的演说应该像女人穿的迷你裙,越短越好。"

第三,可以用具体的数据代替经院哲学式的说教。有一段演讲是这样的:

> 在兽性发狂的一个月中,日本侵略者在南京屠杀了30万中国人!30万个人排起来,可以从杭州连到南京!30万人的肉体,能堆成两座37层高的金陵饭店!30万人的血有1200吨!

第四,用形象的类比代替抽象的说理。例如在职业道德的演讲中有的把护士与泥土加以类比,有的将教师与红烛类比。

第五,巧借道具来演说。譬如在英国政治家赖白斯的一次演讲中,他突然停顿,取出表 声不响地盯了 12 秒之久,正当听众迷惑不解时,他说道:"诸位刚才所感觉到的局促不安的 12 秒长的时间,就是普通工人垒一块砖所用的时间。"

(三)演讲者的灵感思维

灵感是指人们头脑里突然出现新思想的顿悟现象。灵感思维是一种人们自己无法控制的创造力高度发挥的突发性心理现象。灵感思维也称为直觉思维。灵感思维主要发生在潜意识,是显意识和潜意识相互交融碰撞的结果。灵感也叫顿悟,是典型的创造性思维。灵感是一种近似于无意识或潜意识的非逻辑思维活动。灵感的产生并不神秘,它是长期思考以后的突然澄清,是实践经验和知识能力积累到一定程度的创获。灵感思维有跳跃性、发散性、变通性、模糊性、突破性、独创性等基本特征。

灵感思维在演讲中的运用主要表现在两个方面:一是演讲前灵感的显现。在演讲中,一个推陈出新的开篇往往是演讲成败的一个关键。如一位演讲者在关于"珍惜时间"的主题演讲的开头,看到了一片枯黄的树叶,他的灵感油然而生,以树叶作为时空隧道的过客,来引入对时间的描述。二是在演讲中灵感的显现。虽然演讲往往是进行了充分准备的,但有时遇到听众提问或自己演出出现差错等意外情况,灵感思维的参与,会收到满意的效果。像球王贝利在一次演讲中遇到这样一个观众的提问:"有无可能出现另一个贝利?"贝利灵机一动,回答道:"世界上有许多喜剧演员,但卓别林只有一个,世界上有成千上万个足球运动员,但贝利只有一个,而且我觉得父母的制造厂早就关门了……"这种跳跃式的灵感思维,使贝利的回答巧妙自然。

三、演讲者的听众意识

作为一个演讲者,应该了解和掌握听众。这是因为:

首先,听众是演讲活动不可缺少的重要方面。演讲是演讲者与听众的双向交流活动。演讲者是信息的传播者,听众是信息的接受者。演讲者离开了听众就失去了对象,演讲活动就无法进行。譬如对学生和对公司职员所作的演讲,不管从内容和语言表达上都应该有所不同。即使同样是以学生为对象,针对学生的学识水平,内容与语言表达也会有所不同。如鲁迅先生在北京女子高等师范学校做的演讲是《娜拉走后怎么样》,而在北京师范大学附属中学演讲的内容则为《未有天才之前》。

其次,了解和掌握听众是实现演讲目的的客观要求。演讲的目的是说服听众改变态度并按照演讲者的意图去行动。这就要求演讲者了解听众的心理、要求和希望,了解听众对你所讲观点的态度,这样你才能有的放矢地作好演讲。20 世纪 30 年代,美国面临着严重的经济危机导致的混乱局面。当时竞选成功的总统——罗斯福,针对国家现状,所作的就职演说就是号召美国人民一起同经济危机作斗争,实现振兴美国的目标。这给当时的美国人民注入了一针强心剂,得到了美国人民的认同。

第三,听众在演讲活动中虽处于客体的地位,但也绝不是被动的"接收器",而是具有主观能动性的积极参与者。如果听众对演讲内容有极大兴趣,便会采取积极、热情的合作态度;反之,则会采取冷漠甚至敌视的态度,演讲就不会成功。因此,演讲者必须在了解听众的基础上力求触发听众的兴奋点和创造欲,才能实现最终目的。

可见,成功的演讲者要使自身、演讲、听众三者成为一个和谐的整体。而其中首要的便是要了解和掌握听众的心理特点。总的说来,听众的心理主要有以下四个特点。

(一)听众对信息的接受具有选择性

听众听演讲是用听觉、视觉器官及大脑进行认识的一种综合心理活动,它是在已有经验、知识和心理期待的基础上进行的,因而具有极强的主观色彩和选择性。首先是选择性注意,即只注意那些他们已知、有兴趣、有关系或渴望了解的部分;其次是选择性记忆,即容易记住那些自己愿意记住的信息,忘记那些自己不喜欢的信息;再次是选择性接受,即愿意接受那些与自己一致的观点。例如对于竞选州长的巡回演讲,各行各业的人对于竞选者的许诺,关注的侧重点都会有所不同。

(二)听众对演讲的态度受其自身的影响

对同一演讲者的同一内容,听众由于受自身态度的影响采取不同的态度。听众的心理状态和生理状态都会影响他们对这次演讲的接受程度。

(三)听众都有特殊的心理需要

每个听众听演讲的心理需要都与切身利益相关。有希望长知识的,有希望开眼界的,有希望解决实际问题的等。

(四)听众心理是独立意识与从众心理的矛盾统一

即是说听众心理既有独立思考、不唯上、不唯书的独立意识的一面,又有受其他听众影响改变自己看法的一面。

另一方面,演讲者的威信效应在听众中起着较为重要的作用。演讲者的威信是指演讲者在听众中享有的声望与信誉,这是演讲者趋于成熟的重要标志。在中外著名的领袖人物中,像周恩来、尼克松……在科学界的精英中,像爱因斯坦、霍金……他们的演讲处处受到热烈的欢迎,这与他们自身的人格魅力是分不开的。那么,威信效应会对听众产生哪些积极的心理作用呢?

第一,听众态度的影响。如果演讲者在听众中有较高的威信,听众往往会由喜爱演讲者的人格而喜爱演讲内容;有时即使演讲内容他们并不熟悉和有兴趣,也易受威信效应的影响报以热情合作的态度。

第二,对听众认知心理的影响。社会心理学研究表明,人们对于来自权威方面的信息,一般都会不加分析地加以接受。因为演讲者的威信,听众往往会认为他的话都是权威、可信的。有时即使演讲者宣传的观点和听众相抵触,也容易被听众所接受。

第三,对听众情感心理的影响。威信效应的最大作用就是对听众情感的影响。演讲者的威信使听众的好奇和期待心理满足了,他们就会对演讲者产生一种归属感、亲近感,便会兴奋地听演讲。2002年,霍金在浙江大学所作的演讲《膜的新世界》就是一个典型的例证。很多人对他的研究领域并不是很熟悉,但是来聆听演讲的照样是人山人海。

演讲者在掌握了以上四个心理特征的基础上,便可以从以下几方面树立自己在听众中的威信。

首先要摆正和听众的关系。要牢记:演讲者也是人民的一员,和听众在政治地位、人格上是平等的,没有高低贵贱之分,只是暂时的社会分工、社会义务不同,因此,要以平等、谦和的姿态进行演讲,既向听众宣传,又向听众学习。例如很多美国总统的演讲中,充分体现了这种平等的心理意识。

其次要发挥"名片效应"和"自己人效应"。所谓"名片效应",就是演讲者先申述一种与听众观点相同的观点,然后再说出演讲者想说的观点,这就很容易被听众接受。在校园演讲中,可以这样来拉近与听众的距离,譬如演讲者可以说:"某某同学曾经说过这样一句话,可能当时他并没有在意,但这句话对我的触动很大。"这样使提到名字的同学感到高兴,其他听众由此产生好感。使听众在一种观点认同的喜悦中自动解除精神防线。

"自己人效应"则比"名片效应"更进了一层,即演讲者与听众不仅在观点上一致,而且有某种意义的相似性,如性别、年龄、籍贯、职业、地位、经历、兴趣等,都会使听众产生信任感、亲近感,视演讲者为"自己人"。有了这些,能够较好地树立演讲者的威信。演讲者有了这样的听众意识后,会使自己的演讲更加成功。1927年马寅初先生在作《北大之精神》的演讲时,首先表明了自己是北大毕业生的身份,拉近了演讲者与听众的距离,体现了"自己人效应",受到了学生的欢迎。

四、演讲者心理障碍克服办法

演讲中演讲者的心理障碍主要有三种表现:一是自卑感;二是怯场心理;三是过于强烈的表现欲。

1. 克服自卑感

调节和克服自卑感的方法是:培养自我意识。包括自我观察、自我评价、自我体验、自我监督、自我教育和自我控制等形式。

2. 调节怯场心理

所谓怯场,是指演讲者在演讲前出现的心慌意乱和在演讲中因紧张而恐惧害怕,以致语言错乱、神态不自然。调节和克服怯场心理,必须在演讲前做好周密而充分的准备,加强演讲的实践和训练,并且进行自我激励,培养自己创造性思维能力、明晰的表达能力、良好的记忆能力、敏捷的观察能力和灵活的应变能力等各方面技能。还要在演讲前了解听众、熟悉环境。以下几点具体做法可以参考：

(1)径直迎着别人走上去，好像他欠了你的钱。

(2)训练自己盯住对方的鼻梁，让人感到你在正视他的眼睛。

(3)上场前作均匀深呼吸，控制心跳。

(4)开口时声音洪亮，结束时也会强有力；相反，开始软弱，那么闭嘴时也就软弱。

(5)在演讲中若因怯场而控制不住自己的情绪，可以在手中拿一样东西，移情于物，可以缓解紧张情绪。

(6)熟记演讲的首尾，那么你从头至尾都会口若悬河。

3.克服表现欲

关于过于强烈的表现欲，是指演讲者将演讲当做卖弄口才的一种手段。若得到听众认可还罢了；万一听众不认同，随之而来的是强烈的自我失落感。这也是演讲者需要克服的一个心理障碍。

调节和克服强烈的表现欲的途径主要有三条：

(1)端正演讲动机，明确演讲目的。

(2)正确看待荣誉和成功。

(3)正确看待和评价自己。

第三节　演讲在生活中的应用

在日常生活中，各种场合、各种情况都有可能用到演讲的技巧。下面我们就几种常见的运用演讲技巧的形式加以介绍，并就其中最具实用性的"即兴演讲"所需要的技巧加以深入地剖析。

一、致辞

首先来看几种常见的致辞的形式。所谓致辞，是指在正式场合，作为个人或集体的代表，向对方表示欢迎、感谢、祝贺、勉励、慰问等的一种讲话方式。在致辞时，如何恰当得体地表达自己的意愿，获得对方的理解和好感，这既是一门学问，又是一门艺术。在现代社会中，社交礼仪活动的范围十分广泛，包括人们的生老寿诞、婚丧嫁娶、亲朋好友间的迎来送往、同窗同事的毕业晋升、节假日聚会志庆以及祝捷庆功、工程奠基、大厦落成、公司开业、国际交往等礼仪活动，都会用到致辞这种方式。虽然各种礼仪形式上的致辞各不相同，但都应遵循以下基本要求。

(1)热情诚恳，开门见山

无论在什么主题的礼仪活动上的致辞，都必须态度诚恳，言词恳切，感情真挚，充分表达自己的美好祝愿或深切之情。同时，致辞内容要有针对性，应根据活动宗旨、活动要求,表明自己的态度和观点立场。

(2)褒德扬善,协调气氛

致辞重在祝贺、勉励、欢迎,因此,要多用溢美之词,以增强喜庆气氛,起到鼓舞人心的作用。即使在丧葬仪式上的致辞也要鼓励与会者学习死者的某种精神,化悲痛为力量,以实际行动来纪念已故之人。在致辞中,切忌谈及人们的过失和不幸,也要避开引发人们对缺点、遗憾的联想的话语。这样,才能与礼仪的氛围相协调,与交际目的和交际情景相一致。

(3)言简意赅,风趣典雅

礼仪上的致辞要言简意赅,顾及在场人的情绪和活动气氛。致辞不是活动本身,喋喋不休的致辞只能令人生厌。因此,致辞忌讳侃侃而谈,严肃说教。常规致辞的时间一般控制在3分钟左右。大型国际活动和一些特殊情况下的致辞时间可视具体情况而定。

致辞中必须运用典雅的礼貌语言,如尊称、敬辞、祝颂等。同时,在致辞中适当运用幽默,能取得良好的效果。

在不同场合针对不同对象的致辞,既要体现致辞语言的"共性",还应当有自己鲜明的"个性"。下面我们就各种不同场合的致辞作简单的介绍。

1.迎送辞

宾客莅临和离去,学生入校和毕业,单位增添新成员和某人因工作需要调离,照例要集会,进行欢迎和送别仪式。一般性的欢迎辞的内容主要包括:对欢迎对象表示诚挚的问候、盛情的接纳之意;表达增添新成员的喜悦与日后团结共事的愿望;客观评价欢迎对象的特长并表示赞赏;简单介绍本单位的情况;希望来者在新天地里施展才干,做出成绩。欢送时,则应充分肯定被送者的成绩和优点,勉励被送者继续进步,表达依依不舍的心情。例如在毕业典礼上校长致辞道:"望着你们熟悉的面孔和青春的身影,心中既为你们的学业有成而高兴,又为你们的离去而不舍,更对你们的未来充满着期待。"

无论是欢迎还是送别,致辞均应热情、诚挚,以互相勉励为主。

2.祝贺辞

祝贺辞是指面对不同场合的庆贺对象而发表良好愿望的话语。

一般性祝辞。会议开幕、重大工程的奠基或落成典礼等,都可以前往致辞表示祝贺。这类致辞的内容主要包括:评价该事件的意义,表达希望此事进展顺利并取得圆满成功的愿望;语言要简洁明快,通俗流畅,亲切热情;应用鼓舞人心的词语和肯定有力的句式。譬如2006年胡锦涛在"俄罗斯年"开幕式上的致辞中说:"今天是中国农历春分。在这个充满春天气息的美好夜晚,我很高兴同普京总统一起出席'俄罗斯年'开幕式。这是中俄两国人民的共同节日。首先,我谨代表中国政府和中国人民,向普京总统,向俄罗斯代表团全体成员,向参加今晚演出的俄罗斯艺术家们,表示最热烈的欢迎!向伟大的俄罗斯人民致以最诚挚的祝福!""我相信,在两国政府大力支持和两国各界广泛参与下,'俄罗斯年'活动一定能够取得圆满成功。"

纪念性祝辞。一般是在怀念性集会上使用。这类祝辞的内容是回忆过去,激励现在,展望未来。例如耶鲁大学校长在复旦 100 周年庆典大会上的致辞。

祝酒辞。这是一种常见的祝愿形式,表示祝酒者的美好愿望和真挚的感情,通常用于寿宴、聚会、宴请、庆典等。祝酒辞要求简短、凝练、有趣,表达对过去的美好回忆和未来的向往。注意避免消极、颓废和庸俗的情调。

授奖辞。即授奖者在授奖仪式上的讲话。其内容包括:简单说明授奖的原因,介绍获奖人的模范事迹;表示对获奖人的钦佩和祝贺,以及对未来的美好祝愿。其目的是使获奖者备受鼓舞,让与会者受到激励。例如"感动中国 2006 年度人物颁奖"中对一位赡养 6 位孤寡老人的农妇的授奖辞是这样的:"用 30 载爱心让一村之中老有所终,幼有所长,鳏寡孤独废疾者皆有所养。富人做这等事是慈善,穷人做这等事是圣贤,官员做这等事是本分,农民做这等事是伟人。这位农妇让九州动容。"

新婚致辞。新婚致辞可突出姻缘之美满,并祝愿新婚夫妇相亲相爱,白头偕老。语言应幽默风趣,以增添欢乐气氛。像"天作之合、心心相印、永结同心、相亲相爱、百年好合、永浴爱河、佳偶天成、宜室宜家、白头琴瑟、百年偕老、花好月圆、福禄鸳鸯、天缘巧合、美满良缘、郎才女貌、情投意合、夫唱妇随、珠联璧合、凤凰于飞、美满家园、琴瑟合鸣、相敬如宾、同德同心、花开并蒂、缔结良缘、缘订三生、成家之始、鸳鸯璧合、文定吉祥、姻缘相配、白首成约、终身之盟、盟结良缘、许订终身"都是其中的常用词。现代新婚致辞则在庄重中添加幽默色彩,增添喜庆气氛。

联谊致辞。联谊活动的目的在于融洽感情,增进友谊。在致辞时主客双方要分别为客人的莅临与主人的热情表示荣幸或感谢;同时双方都应畅述友谊,展望未来更密切的合作,祝贺联谊活动圆满成功、与会者健康快乐。联谊致辞要有鼓动性,语言或庄或谐,以"雅俗共赏"为佳。例如 2007 年民政系统举行网上春节联谊会李学举部长的新春祝辞。

3.誓辞

这是指在公开场合,个人或集体代表对组织、领导或群众,就完成某项艰巨任务或忠于某种信仰表示决心、作出承诺的讲话。

誓辞的内容包括:对接受保证或决心的组织、团体、机关表示尊敬,对完成任务的时间、质量的承诺并提出必要的保证措施等。

誓辞语言要求朴实、准确、简练;语气要肯定有力;内容指标要实事求是,量力而定,切忌说大话空话。譬如西方的结婚誓辞,中国共产党的入党誓辞等。

4.答谢辞

在喜庆宴会、授奖大会、欢迎及送别等集会中,在致辞以后,一般应由当事人致答辞,表示对组织的支持、关怀以及同志、朋友的友谊与帮助的感谢,这就是答谢辞。1861年,林肯在离开家乡,去就职总统时,面对送别他的乡亲父老,在车站激动地发表了《满怀信心 迎接未来》的答谢辞。

答谢辞的语言要求感情真挚,实事求是,切忌说套话或言不由衷的话。

答谢辞的主要内容:叙说对方对自己的关心、支持、帮助的具体(或概括)的事实以及产生的效果;热情赞颂对方的可贵精神并加以致谢;简要说明自己的打算和决心。著名的答谢辞例如诺贝尔文学奖颁奖仪式结束后,获奖者海明威和福克纳的答谢辞;2005年胡锦涛会见时任国民党主席连战一行时,连战的答谢辞等。

二、即兴演讲

即兴演讲是指在事先没有充分准备的情况下,对眼前的人物、事件、场景、气氛有所感触,产生强烈的兴致或兴趣而主动或被迫地当场发表的演讲。即兴演讲有两种情况:一种是虽然没有讲稿,但却有一定的思想准备;二是毫无思想准备,被迫讲话。像上文提到的一般性祝辞、新婚贺辞、联谊贺辞、答谢辞大多数都属于即兴演讲。

(一)即兴演讲的特征

1.临时性

即兴演讲无事先准备,临时即境生情,缘情而发,具有很强的即时性,也就是说要求演讲者必须很好地把握时境,有的放矢,就听众最感兴趣的、最关心的问题,即席取材,或展开联想或借题发挥,在短短几分钟的演讲中紧紧把握住听众,以达到演讲的目的。

2.短暂性

即兴演讲事先没有充分准备时间,只能在演讲前几分钟内列个简要提纲或打个腹稿,不可能构思出内容复杂的鸿篇巨论。另一方面即兴演讲如时间过长,因事先无充分准备,往往会出现漏洞。再者,时间过长与演讲场面的气氛也不协调,会使听众产生厌烦心理,影响演讲效果。故即兴演讲要求短小精悍,演讲者应以敏捷的思维快速组合材料,不能像命题演讲那样,要求内容结构的安排、语言风格的锤炼、动作表情的配套等面面俱到,而应力求集中精力突破一点,讲出新意。演讲应结构简练、主题单一、一气呵成,自始至终牢牢控制住听众,使演讲在短短几分钟内结束。

3.触发性

即兴演讲是对当时的演讲场景有所感触,有感而发,因此触发性也是即兴演讲的一个特征。兴有所激,情有所感,有感而发,因此,即兴演讲往往带有强烈的感情色彩,此种感情来自于演讲者对演讲现场的感触,是真情实感,只有感深才能情切,只有激情在胸、一吐为快,才能在演讲中做到寓理于情、声情并茂,收到"快者掀髯,悲者掩泣,愤者扼腕,羡者色飞"的效果。如果说命题演讲侧重于晓之以理,那么即兴演讲则侧重于动之以情。

即兴演讲需要快速思维。即兴演讲的过程是一个由内部语言迅速转换成外部语言的过程。生成内部语言的过程就是一个思维过程。思维的工具是语言,思维的原料是语言信息。语言是思维的外壳,是思维活动的外化表现。语言与思维构成了一个密不可分的依存关系。但同时又产生了互为促进和制约的关系。思维品质的提高,有助于语言能力的发展;语言能力的提高,又促进思维品质的发展。思维低下又制约语言能力发展;语言能力低下,同样制约思维的发展。科学统计表明,词汇量少的人往往智力低下。思维能力是衡量智力的一个主要标志。

即兴演讲的内在能力在于快速思维,即快速组织内部语言。尽管即兴演讲是突然发生,延续的时间也不很长,但是思维的过程却是复杂的。首先是感性阶段,即凭着视觉、听觉、触觉、嗅觉获得信息,信息刺激大脑,引起思维。第二,语义初步阶段。通过思维,判明情势。捕捉话题,产生说话的动机。第三,动机扩展,产生语言。第四,调动储备的经验与知识,形成说话的基本方向。第五,编码,形成系统的语序。第六,发声传播。在即兴演讲中有的可以全部完成,形成腹稿;有的只能部分完成,边想边讲。思维比说话更活跃。科学试验表明,思维比讲话至少快 5 倍以上。正因为如此,即兴演讲者常常是讲一句,想几句,甚至一个语段。在即兴演讲过程中,思维不仅要源源不断提供一句一句、一层一层、一段一段的完整编码,而且还要肩负两类反馈信息的处理。一是监听自己的有声语言和监视自己的无声语言,随时给予调整;二是听众对演讲所作出的各种反应也作为信息反馈过来。思维同样要对演讲作出相应的调整。总之思维贯穿在即兴演讲的全过程,它是突然开始,连绵不断地展开,演讲结束,思维方告一段落。从现象看,思维与演讲似乎是同步进行的,实际上它比演讲快得多,因而思维在即兴演讲中是极为快速、极为紧张的。即兴演讲与命题演讲一个带根本性的区别也在这里,命题演讲的一系列思维活动在上台之前就基本完成,演讲中的思维主要是对现场信息反馈的处理,比起即兴演讲来,命题演讲的思维负荷轻多了。即兴演讲比命题演讲难,就难在这种快速思维上。

那么,怎样才能形成快速思维呢?我们来分析一下。

语言,有语音、语法规律、修辞方法可研究,作为语言的内部运动,同样有运动规律可研究。尽管抽象,但毕竟有一个产生、发展和终结的过程。我们就按照这个过程,并参照它的外化形式——言语,来探讨即兴演讲的快速思维的方法问题。

(1)激发思维的兴奋点

生活常识告诉我们,当处在兴奋状态中时,人的思维最活跃。因此尽快地进入兴奋状态,也许是即兴演讲成败的关键。兴奋,是刺激的结果。它有两种,一种是物质刺激,产生兴奋,引起思维,但这种思维缺乏明确的指向,因而常常语无伦次或胡言乱语,如酗酒等。另外一种是精神刺激,即情感、理智、美感刺激,由此产生的兴奋,引发的思维,常常会沿着一定的方向有规律地延伸开去,即定向思维。一个即兴演讲者站起来以后,如果不立即找到这种刺激源,那么他的演讲就很难说有成功的把握了。

如何在一瞬间找到这种刺激源呢? 也许以下的尝试是有益的。

①根据演讲的内容,从听众的情绪、会场气氛、场地布置、场外情景出发,寻找刺激源,引出要讲的话题。这就是即兴演讲寻找刺激的第一种方法,即情景激发。譬如1998年,由于北约袭击我驻南使馆,导致国内很多高校要以上街游行示威抗议。某高校校方为了劝阻学生,从学生的情绪出发,发表了一篇即兴演讲,它的开场白就是:"同学们,我知道大家都很愤慨,但首先让我们为在这次事件中牺牲的三名烈士默哀三分钟……"让学生冷静下来后,再晓之以理,动之以情,收到了很好的效果。

②从别人的发言中寻找刺激源,引出要讲的话题,这是理智激发。譬如在一次关于"美"的即兴演讲中,一位同学就从前面的同学谈到的话题中引出自己的观点:"刚才同学所说到的外表美固然重要,但我认为'腹有诗书气自华!'",从别人的发言中引出自己的看法。

③从自己的亲身经历中,从自己的见闻中寻找刺激源,这是第三种方法即自我引发。例如在一次关于毕业生就业辅导的讲座上,一位教师从自己以前当毕业班班主任的经历出发,剖析毕业生在临近毕业时的浮躁心态,发表了一篇引人入胜的即兴演讲。

(2)扩展语点

刺激产生兴奋,兴奋引发思维,即有了说欲。这时,到底应该讲什么,尚不清晰,只有某种意向。但内部语言已开始运动。运动初期,生成若干语言,语点扩展,才逐渐清晰,形成语序。即席演讲的快速思维也表现在如何加速扩展语言。这里有几种方法值得一提。

①强化刺激,加强兴奋。这是在产生说欲的基础上继续强化刺激,强化兴奋。这种刺激的强化有两个方面:一方面是刺激源的本身,另一方面是听众的信息反馈。即席演讲大多是边想边讲。当初使人兴奋并引发说欲的刺激源,本身很可能就成了开场的材料,这些材料经过内部语言和外部语言的加工,更加清晰、更加生动、更加感人。演讲者一旦进入角色,他所受的刺激会进一步加强,因而也更加兴奋,于是思维也随之更加活跃。与此同时,也相应的感染听众,听众的各种反应又作为信息反馈给演讲者,反馈的结果是使演讲者越来越兴奋,思维更加敏捷,而情态上越来越激动,甚至手舞足蹈。

②控制情绪,控制兴奋。有经验的演讲家,是很注意控制自己的情绪的。当说欲一经形成,主要就不是依靠情绪来支撑演讲,而是以理智来激发思维,即由现象到本质,由原因而结果,由正及反,由此及彼,层层推论。这些关系,本身就是一定的思维模

式,一经运用,思维的速度自然就快起来了。

③引发一点,触类旁通。站起来开始讲话,也许是结结巴巴,不知说什么好。可是,突然思路开阔,讲出一番精彩的话来。这种现象,不仅出现在即席演讲中,在课堂教学中,在平日的交谈中,就是写文章也会出现这种奇迹,真个是"柳暗花明,豁然开朗"。这是因为开始思维尚未完全引起,后来突然被一句话、一件事、一个情景触发了,思维活跃起来了。尤其是当思维的联想被开启之后,讲到一点,立即又把相关的事物调动起来了。

戴尔·卡耐基在《口才训练妙诀》一书中,介绍过两种训练的方法,我们不妨一试。一是连锁技巧游戏,第一人开头讲述故事,限定时间,下面的人依次接下去;二是从带有无规律几个词的字条中抽取一个,用很短的时间把它们连缀成一段合情合理的话。

但是快速思维应注意两点:

一是不管快速思维从哪里引发,怎样扩展,都必须紧扣演讲的主旨,不可一当引发,便一泻而下,离题万里,同时还要注意主旨的积极性;二是尽可能做到"超前思维",即在演讲之前,有所准备,有所思维。就是在平日,也要注意搜集和整理演讲材料。遇事想一想,形成习惯,这对于活跃思维、提高快速思维能力是大有裨益的。

(二)即兴演讲的技巧

1.审题扣题

由于即兴演讲审题时间短,很容易犯偏离主题、不得要领、见解平庸的错误,这样就会使演讲牵强附会,言之无物,陷入困窘。因此即兴演讲扣题非常重要。演讲者应根据现场形势、主要议题等,从自己感受最深的方面出发,充分调动起头脑中贮存的信息,确定一个新颖独特的议论角度,据此提出一个紧扣实质、揭示要害的主题。例如从一则中专生过生日摆阔的消息中我们可这样来扣题"中专生应是知识的富有者",与物质的富有形成对比,从而确定褒贬的焦点。

2.即席取材

即兴演讲除了调动头脑的贮存选取典型材料外,还应体现演讲的即席性,即注意现场情况,把眼前的人和事纳入演讲中。如果能讲出听众的切身感受,易于被听众接受,演讲就有说服力。

即席取材主要有以下三种情况。

(1)借题发挥导入话题

即兴演讲的开场白可以利用此时此地的一些特殊事物,例如人名、地名、季节、天气、景物、气氛等引发联想导入主题,会使听众觉得风趣、别致,显得生动活泼。譬如鲁迅先生在上海的第一次演讲《关于知识分子》就是以"我到上海约 20 多天"来引入的。

(2)以现场的人和事为论据

例如现场听众的职业特点、现场名人的事迹等都是很典型的素材。例如在一次婚礼致辞里,由于女方是教师,而男方是房地产开发的老总,致辞人在即兴演讲中用"为人师表"点明新娘身份,用"金屋纳喜"来联想新郎的职业。

(3)语重心长亲近听众

演讲过程中经常站在听众的立场讲话使听众成为自己的同盟军。例如闻一多的《最后一次讲演》就是以"我们"为人称来讲话,"我们"是指"到会的一千多青年",与"你们"——卑鄙的反动派、现场的特务们形成对立,使听众自然地站在了演讲者一边。

3.结构简单

即兴演讲不宜篇幅过长,一般人在很短的时间也不可能构思出内容复杂的鸿篇巨论。因此即兴演讲宜简短精练,结构简单,一般为单线条式的结构,或横向的以事物的几个方面为纲,或纵向的以事物的发展过程为目,按逻辑思维的顺序、情感触发的线索为依据来组合材料,这样比较利于快速打好腹稿。演讲时只要列出几条突出的纲目甚至几个重点词语用以提示思维、控制思路,就可以完成一篇条理清晰、主题突出的演讲了。

4.言简意赅

由于现场客观条件的限制,听众要求即席演讲时间短、内容精、思想深、内涵丰,这就要求演讲语言要准确精练不能说废话,不要过分铺张,在通俗流畅的基础上讲究语言的艺术表现力,做到言简意赅、讲解透彻。

对于即兴演讲,还是要通过多练才能提高自己的水平。

【实践与训练】

1.欣赏马丁·路德·金的《我有一个梦想》,体会演讲的魅力。

今天,我高兴地同大家一起,参加这次将成为我国历史上为了争取自由而举行的最伟大的示威集会。

100年前,一位伟大的美国人——今天我们就站在他象征性的身影下——签署了《解放宣言》。这项重要法令的颁布,对于千百万灼烤于非正义残焰中的黑奴,犹如带来希望之光的硕大灯塔,恰似结束漫漫长夜禁锢的欢畅黎明。

然而,100年后,黑人依然没有获得自由。100年后,黑人依然悲惨地蹒跚于种族隔离和种族歧视的枷锁之下。100年后,黑人依然生活在物质繁荣的贫困孤岛上。100年后,黑人依然在美国社会中间向隅而泣,依然感到自己在国土家园中流离漂泊。所以,我们今天来到这里,要把这骇人听闻的情况公之于众。

从某种意义上说,我们来到国家的首都是为了要求兑现一张支票。我们共和国的缔造者在拟写宪法和独立宣言的辉煌篇章时,就签署了一张每一个美国人都能继承的期票。这张期票向所有人承诺——不论白人还是黑人——都享有不可让渡的生存权、自由权和追求幸福权。

然而,今天美国显然对她的有色公民拖欠着这张期票。美国没有承兑这笔神圣的债务,而是开始给黑人一张空头支票——一张盖着"资金不足"的印戳而被退回的支票。但是,我们决不相信正义的银行会破产。我们决不相信这个国家巨大的机会宝库会资金不足。

因此,我们来兑现这张支票。这张支票将给我们以宝贵的自由和正义的保障。

我们来到这块圣地还为了提醒美国:现在正是万分紧急的时刻。现在不是从容不迫悠然行事或服用渐进主义镇静剂的时候。现在是实现民主诺言的时候。现在是走出幽暗荒凉的种族隔离深谷,踏上种族平等的阳关大道的时候。现在是使我们国家走出种族不平等的流沙,踏上充满手足之情的磐石的时候。现在是使上帝所有孩子真正享有公正的时候。

忽视这一时刻的紧迫性,对于国家将会是致命的。自由平等的朗朗秋日不到来,黑人顺情合理哀怨的酷暑就不会过去。1963年不是一个结束,而是一个开端。

如果国家依然我行我素,那些希望黑人只需出出气就会心满意足的人将大失所望。在黑人得到公民权之前,美国既不会安宁,也不会平静。反抗的旋风将继续震撼我们国家的基石,直至光辉灿烂的正义之日来临。

但是,对于站在通向正义之宫艰险门槛上的人们,有一些话我必须要说。在我们争取合法地位的过程中,切不要错误行事导致犯罪。我们切不要吞饮仇恨辛酸的苦酒,来解除对于自由的饥渴。

我们应该永远得体地、纪律严明地进行斗争。我们不能容许我们富有创造性的抗议沦为暴力行动。我们应该不断升华到用灵魂力量对付肉体力量的崇高境界。

席卷黑人社会的新的奇迹般的战斗精神,不应导致我们对所有白人的不信任——因为许多白人兄弟已经认识到:他们的命运同我们的命运紧密相连,他们的自由同我们的自由休戚相关。他们今天来到这里参加集会就是明证。

我们不能单独行动。当我们行动时,我们必须保证勇往直前。我们不能后退。有人问热心民权运动的人:"你们什么时候会感到满意?"只要黑人依然是不堪形容的警察暴行恐怖的牺牲品,我们就决不会满意。只要我们在旅途劳顿后,却被公路旁汽车游客旅社和城市旅馆拒之门外,我们就决不会满意。只要黑人的基本活动范围只限于从狭小的黑人居住区到较大的黑人居住区,我们就决不会满意。只要我们的孩子被“仅供白人”的牌子剥夺个性,损毁尊严,我们就决不会满意。只要密西西比州的黑人不能参加选举,纽约州的黑人认为他们与选举毫不相干,我们就决不会满意。不,不,我们不会满意,直至公正似水奔流,正义如泉喷涌。

我并非没有注意到你们有些人历尽艰难困苦来到这里。你们有些人刚刚走出狭小的牢房。有些人来自因追求自由而遭受迫害风暴袭击和警察暴虐狂飙摧残的地区。你们饱经风霜,历尽苦难。继续努力吧,要相信:无辜受苦终得拯救。

回到密西西比去吧;回到亚拉巴马去吧;回到南卡罗来纳去吧;回到佐治亚去吧;回到路易斯安那去吧;回到我们北方城市中的贫民窟和黑人居住区去吧。要知道,这种情况能够而且将会改变。我们切不要在绝望的深渊里沉沦。

朋友们,今天我要对你们说,尽管眼下困难重重,但我依然怀有一个梦。这个梦深深植根于美国梦之中。

我梦想有一天,这个国家将会奋起,实现其立国信条的真谛:“我们认为这些真理不言而喻:人人生而平等。”

我梦想有一天,在佐治亚州的红色山岗上,昔日奴隶的儿子能够同昔日奴隶主的儿子同席而坐,亲如手足。

我梦想有一天,甚至连密西西比州——一个非正义和压迫的热浪逼人的荒漠之州,也会改造成为自由和公正的青青绿洲。

我梦想有一天,我的四个小女儿将生活在一个不是以皮肤的颜色,而是以品格的优劣作为评判标准的国家里。

我今天怀有一个梦。

我梦想有一天,亚拉巴马州会有所改变——尽管该州州长现在仍滔滔不绝地说什么要对联邦法令提出异议和拒绝执行——在那里,黑人儿童能够和白人儿童兄弟姐妹般地携手并行。

我今天怀有一个梦。

我梦想有一天,深谷弥合,高山夷平,歧路化坦途,曲径成通衢,上帝的光华再现,普天下生灵共谒。

这是我们的希望。这是我将带回南方去的信念。有了这个信念,我们就能从绝望之山开采出希望之石。有了这个信念,我们就能把这个国家的嘈杂刺耳的争吵声,变为充满手足之情的悦耳交响曲。有了这个信念,我们就能一同工作，一同祈祷，一同斗争，一同入狱，一同维护自由，因为我们知道，我们终有一天会获得自由。

到了这一天，上帝的所有孩子都能以新的含义高唱这首歌：

我的祖国，可爱的自由之邦，我为您歌唱。这是我祖先终老的地方，这是早期移民自豪的地方，让自由之声，响彻每一座山岗。

如果美国要成为伟大的国家，这一点必须实现。因此，让自由之声响彻新罕布什尔州的巍峨高峰！

让自由之声响彻纽约州的崇山峻岭！

让自由之声响彻宾夕法尼亚州的阿勒格尼高峰！

让自由之声响彻科罗拉多州冰雪皑皑的洛基山！

让自由之声响彻加利福尼亚州的婀娜群峰！

不，不仅如此；让自由之声响彻佐治亚州的石山！

让自由之声响彻田纳西州的望山！

让自由之声响彻密西西比州的一座座山峰，一个个土丘！

让自由之声响彻每一个山岗！

当我们让自由之声轰响，当我们让自由之声响彻每一个大村小庄，每一个州府城镇，我们就能加速这一天的到来。那时，上帝的所有孩子，黑人和白人，犹太教徒和非犹太教徒，耶稣教徒和天主教徒，将能携手同唱那首古老的黑人灵歌："终于自由了！终于自由了！感谢全能的上帝，我们终于自由了！"

2.欣赏"感动中国2006年度人物"中对霍英东与季羡林的颁奖辞。分析颁奖辞的特点。

霍英东：生于忧患，以自强不息成就人生传奇。逝于安乐，用赤诚赢得生前身后名。他有这样的财富观：民族大义高于金钱，赤子之心胜于财富。他有这样的境界：达则兼济天下。

季羡林：智者乐，仁者寿，长者随心所欲。曾经的红衣少年，如今的白发先生，留得十年寒窗苦，牛棚杂忆密辛多。心有良知璞玉，笔下道德文章。一介布衣，言有物，行有格，贫贱不移，宠辱不惊。

3.下文为加入中国共产党的誓辞，对照理论，了解誓辞的特点。

我志愿加入中国共产党，拥护党的纲领，遵守党的章程，履行党员义务，执行党的决定，严守党的纪律，保守党的秘密，对党忠诚，积极工作，为共产主义奋斗终生，随时准备为党和人民牺牲一切，永不叛党。

4.欣赏在学生十八岁成人仪式上的演讲，分析运用了哪些即兴演讲的技巧。

在学生十八岁成人仪式上的演讲

同学们，参加今天十八岁成人仪式的公民们：

你们好!

首先,我代表全校师生员工,祝贺大家成为十八岁的公民!

我们启东有一句老话:"男子十八挑父担,女子十八穿娘衣。"说的就是男女孩子到了十八岁,应该是成人了,已经是成人了。

同学们,十八岁是自立的标志。

雏鹰只有离开温暖的鸟巢,才能奋起翅膀,搏击那变幻莫测的风云;马驹只有离开舒适的圈棚,才能扬起铁蹄,驰骋于烽火连天的疆场;孩子只有逐渐远离父母的呵护、老师的引领,才能逐渐独立踏上漫长的、崎岖的、也是充满魅力的人生的征程。从而去磨炼心志,去锻炼筋骨,去闯荡社会,去实现自我——去开创人生的宏伟的业绩!

同学们,十八岁是成熟的标志。

古往今来,有多少仁人志士,有多少英雄豪杰,在十八岁的时候就建立了叱咤风云、惊天动地的功业。西汉时代的贾谊,十八岁时,就已经成为当时有名的政论家、文学家。我们至今还在诵读他那精辟警策、气势磅礴的史论文章《过秦论》《治安策》。明末抗清名将夏完淳,十四岁随父投笔从戎,十七岁成为南明王朝的中书舍人,这一年为了联络明朝遗民抗清复明,不幸事败被俘。在狱中坚贞不屈,慷慨就义,留下三百多首荡气回肠、光照千秋的《南冠草》等诗篇。我们敬爱的周总理在十八岁那年就东渡日本,写下了:"面壁十年图破壁,难酬蹈海亦英雄"的诗句,表明他为国捐躯、为国献身的坚定信念。

同学们,十八岁是责任的标志。

这个责任,是对自己的,也是对家庭的,更是对民族的、国家的、社会的、人类的!

我们要为自己的言行负责,为自己的今天,为自己的明天,为自己的一生负责!要为殷殷期盼的、拳拳而望的父母负责。国家兴亡,匹夫有责。我们要为民族的振兴,为国家的昌盛负责!我们还应当为当今世界的两大主题——和平与发展负责!

同学们,我们的十八岁成人仪式是在中专学校的学习生涯中度过的。这也就有着不同寻常的意义。这就要求我们每一个人在学习中,充实些,再充实些;要求我们丰富些,再丰富些!惟其如此,才能使我们的自立更加坚挺、成熟、丰硕;负责更加全面!

十八岁的公民们!展望明天,灿烂辉煌,任重道远!让我们一步一个坚实的脚印,一步一个崭新的台阶,走向明天——走向成功——走向未来!

5.从不同角度给下面的演讲分类。

《生命的蓝图》、《把春天留在心头》、《信念的力量》、《激励自制与高薪管理》、《中国软件的国际化道路》、《流尽最后一滴血》、《我们是无罪的》、《历史将宣判我无罪》、《林德伯格婴儿案辩护》、《研究事物的方法》、《电子波的发现》、《放射性物质——镭》、《胡锦涛:共同谱写和平发展合作新篇章》《夏尔·戴高乐:二点动员演讲》、《膜的世界》。

6.分别在报纸杂志上找到"使人信"、"使人激"、"使人动"、"使人乐"的演讲各一篇,体会它们的特点。

7.你认为怎样才能做一个成功的演讲者?

8.写一篇送别学长的送别辞。

9.在毕业之际,请你给母校老师写一篇答谢辞。

10.口头做"连句成篇"的练习(譬如在竞选学生会主席成功后的答谢辞中,首先想到的是,"今天我竞选成功了",然后会想到,"感谢老师和同学们的支持",然后想到,"自己不辜负老师和同学的信任"等。把每个中心句扩展一下,就是一篇很好的即兴演讲)。

11.抽取话题,准备3分钟,开展一次即兴演讲的活动。并请另一部分同学即兴点评。

第四节　演讲稿的写作技巧

演讲稿也叫演说辞,它是在较为隆重的仪式上和某些公众场合发表的讲话文稿。

演讲稿是人们在工作和社会生活中经常使用的一种文体。它可以用来交流思想、感情,表达主张、见解;也可以用来介绍自己的学习、工作情况和经验,等等。演讲稿具有宣传、鼓动、教育和欣赏等作用,它可以把演讲者的观点、主张与思想感情传达给听众以及读者,使他们信服并在思想感情上产生共鸣。演讲稿是进行演讲的依据,是对演讲内容和形式的规范和提示,它体现着演讲的目的和手段,演讲的内容和形式。演讲稿是为演讲所准备的书面材料,是内容的视觉化,是口述论文。演讲稿根据表达方式的不同,一般可以分为议论型演讲稿、叙述型演讲稿和抒情型演讲稿。

演讲稿一般具有以下三个特点:

第一,针对性。演讲是一种社会活动,是用于公众场合的宣传形式。它为了以思想、感情、事例和理论来晓谕听众、打动听众、"征服"群众,必须要有现实的针对性。所谓针对性,首先是作者提出的问题是听众所关心的问题,评论和论辩要有雄辩的逻辑力量,要能为听众所接受并心悦诚服,这样,才能起到应有的社会效果;其次是要懂得听众有不同的对象和不同的层次,而"公众场合"也有不同的类型,如党团集会、专业性会议、服务性俱乐部、学校、社会团体、宗教团体、各类竞赛场合,写作时要根据不同场合和不同对象,为听众设计不同的演讲内容。

第二,可讲性。演讲的本质在于"讲",而不在于"演",它以"讲"为主、以"演"为辅。由于演讲要诉诸口头,拟稿时必须以易说能讲为前提。如果说,有些文章和作品主要通过阅读欣赏,领略其中意义和情味,那么,演讲稿的要求则是"上口入耳"。一篇好的演讲稿对演讲者来说要可讲,对听讲者来说应好听。因此,演讲稿写成之后,作者最好能通过试讲或默念加以检查,凡是讲不顺口或听不清楚之处(如句子过长),均应修改与调整。

第三,鼓动性。演讲是一门艺术。好的演讲自有一种激发听众情绪、赢得好感的鼓动性。要做到这一点,首先要依靠演讲稿思想内容的丰富、深刻,见解精辟,有独到之处,发人深省,语言表达要形象、生动,富有感染力。如果演讲稿写得平淡无味,毫无新意,即使在现场"演"得再卖力,效果也不会好,甚至相反。

一、标题的拟定和提纲的编写

(一)标题的拟定

演讲的题目是一篇演讲稿有机的组成部分。它与演讲的内容、风格、语调有直接关系。题目能鲜明地表现内容的特点。一个新颖、生动、恰当而富有吸引力的题目有以下三个作用。第一,具有概括主题的作用。能全面地反映演讲的主题、内容、目的。如地质专业迎新大会上,某位新生演讲的《地质是勇敢者的科学》。第二,明确演讲内容的属性。题目中就让听众明确你讲的是哪方面,是政治性的、学术性的还是伦理道德的。第三,具有让听众选择的余地。题目能在未演讲之前就告知听众内容,听众可以据此进行选择听或不听。

那么,拟定演讲题目的标准有哪些呢?

1.演讲的题目应能揭示主题和中心。如,师德师风演讲稿《让爱在教学事业中闪光》。

2.演讲的题目应能提出问题。如,《我们应该给孩子什么?》等,能引起听众浓厚兴趣并进行思考。

3.演讲的题目应能划定范围。如1927年马寅初在北大建校20周年纪念大会上的演讲《北大之精神》以及像《安全承载着生命》这样的演讲题目,听众听后就可知道演讲的内容、范围及涉及的具体问题,以便选择。

4.题目要有积极性。即要选择那些光明、美好、有建设性的题目,使听众一听就有无限希望。如《自学可以成才》这样的题目,就可鼓舞听众充满信心地走自学之路。

5.题目要有适应性。其一,要适应听众的实际。即选题考虑听众思想修养、文化水平、职业特点、阅历等,这样才能有的放矢。其二,要适应自己的身份。即要选择与自己所从事的工作性质、专业、知识面接近的题目,因为自己熟悉的东西容易讲深讲透,容易收到好的效果。其三,要适应演讲的时间。即是要按规定的时间选择题目。

如果规定的时间长,题目就可大些;时间短,题目就可小些。

6.题目要有新奇性。只有"新"和"奇",才能像磁石一样吸引听众。诸如《1≥3》、《错过了太阳,不要再错过月亮》以及《母亲的脚与父亲的腰》等这些新奇的演讲题目怎会不吸引人呢?

7.题目要有情感色彩。演讲者的演讲总是充满强烈的情感色彩,并把这种强烈的爱憎情感注入题目里去,从而打动听众,有一种情感的导向作用和激发作用。如爱国主义的演讲稿《五星红旗,我爱您》以及《质检事业,我无悔的选择》等,其爱憎情感都是很鲜明的。

8.题目要有生动性。演讲题目生动活泼,就能给人一种亲切感、愉悦感。例如演讲题目《你妈我妈都是妈》以及鲁迅先生的演讲《象牙塔与蜗牛庐》等,都非常生动活泼。当然,生动活泼与否主要由主题和内容而定。严肃的主题和内容就不宜用活泼的题目,用了反而会冲淡和破坏演讲的战斗性和严肃性。

那么,怎样拟定标题呢?

主要方法有:

(1)提示型标题的拟定

即标题要概括演讲的基本内容,把演讲的核心简明地揭示出来。

例:《生活需要幽默》、《认识安全 从我做起》。

(2)象征性标题的拟定

运用比喻或象征等修辞手法,把抽象的哲理或某种象征意义具体化、形象化,从而深入浅出地揭示主题。

例:《让我们登上理解的小舟》、《太阳的指纹》。

(3)含蓄型标题的拟定

运用伏笔,造成悬念,用婉转的话来烘托或暗示某种内涵,让人思而得之,而且越思考含义越多。

例:《春泥》、《笑声中的忧虑》。

(4)警惕型标题的拟定

运用哲理名言,提醒、劝谏、鼓励听众,以激起听众的警觉,使之猛醒。

例:《走自己的路》、《天下兴亡,匹夫有责》。

(5)设问型标题的拟定

通过设问,提示演讲所涉及的内容,其实演讲内容就是对演讲题目的回答。

例:《人才在哪里?》、《谁来保卫2000年的中国?》。

(6)抒情型标题的拟定

抒发自身的情感,以情醉人,具有浓烈的感情色彩。

例:《含泪的忏悔》、《燃烧吧,篝火!》。

(二)提纲的编写

演讲稿提纲的编写,是演讲稿写作过程中重要的一环。通过编写提纲,可以用文字的形式把腹稿固定下来,以免写作时遗忘。同时还可以对腹稿进行不断的修复和补充,使整个演讲稿的构思更加周密和完善。

编写提纲的主要内容有:

1.演讲的中心论点和分论点;

2.编列演讲所需要的事实材料、事理材料和参考材料等;

3.编列演讲的内在逻辑关系、演讲内容和演讲层次的先后顺序。

演讲稿提纲的编写方式没有固定的格式,既可以编写得粗一些,也可以细一些。编写得粗的叫概要提纲,编写得细的叫详细提纲。

1.概要提纲的编列

概要提纲以其简洁的语言和高度压缩的方式简明扼要地列出演讲的主旨、材料、层次和大意等。

以"中国搜索力经济高峰论坛 2005"邀请会上的演讲稿《网络营销管理及市场机会探讨》为例。它的概要提纲包括四个方面,分别是:

1.中国网络营销的发展阶段及其特点;

2.网络营销服务市场的发展演变趋势;

3.网络营销管理的作用和主要内容;

4.网络营销管理阶段的市场机会。

2.详细提纲的编列

详细提纲的编列就比较具体,甚至把每一个细节都写上,可以说是演讲稿的缩写。同样以"中国搜索力经济高峰论坛 2005"邀请会上的演讲稿《网络营销管理及市场机会探讨》为例,详细提纲则为:

一、中国网络营销的发展阶段及其特点

1.1 2001 年之前:的免费免费网络营销阶阶段;

1.2 2001 年至今:网站推广阶段;

1.3 2005 年:网络营销服务市场将开始多元化发展。

1.3.1 网络营销业务商主营业务调查

网络营销服务商的主要业务可分为两类:基础服务和网站推广。

基础服务包括:域名注册、网站建设、虚拟主机、企业邮局。

网站推广服务:门户网站的搜索业务、百度竞价广告、雅虎系搜索业务、中国搜索、通用网址、google 关键词广告代理等。

1.3.2　从事基础服务商比例

	域名注册	虚拟主机	网站建设	企业邮局
百分比	86.8%	94.1%	85.3%	77.9%

资料来源:新竞争力,http://www.jingzhengli.cn,2005 年 4 月

1.3.3　从事网站推广服务商比例

	门户网站搜索	百度竞价广告	雅虎系搜索	中国搜索	通用网址	google 广告代理	google 排名
比例	83.8%	66.2%	48.5%	33.8%	19.1%	76.5%	11.8%

资料来源:新竞争力,http://www.jingzhengli.cn,2005 年 4 月

小结:其中网络营销管理是值得关注的方向之一

二、网络营销服务市场的发展演变趋势

2.1　网络营销服务市场的发展演变

基础网络营销服务市场仍然在稳定发展,已接近成熟期;

网站推广业务仍然处于成长期,市场在快速增长。

网络营销市场表现出对更多新服务、新产品的需求。

三、网络营销管理的作用和主要内容

3.1　为什么需要网络营销管理

企业对网络营销效果的期望不断增加。网络营销是一个系统工程,各种分散的网络营销手段简单组合无法取得理想效果。

网络营销服务的领域还很宽广,还有很大市场空间可以开拓,尤其在网络营销管理服务方面。

3.2　网络营销管理的目的

网络营销管理的目的是让网络营销活动更加有效、更有利于实现网络营销的总体目标.

网络营销工作时时都离不开网络营销管理,只是这些工作可能是零散的,不够系统的。通过有效的管理才能实现网络营销工作的系统化。

3.3　网络营销管理包含哪些内容

网络品牌管理

网站推广管理

信息发布管理

在线顾客关系管理

在线顾客服务管理

网上促销管理

网上销售管理

网上市场调研管理

四、网络营销管理阶段的市场机会

网站专业性评价诊断、网站搜索引擎优化状况诊断、网站推广阶段计划的制订、各种网站推广手段管理、网站推广效果分析评价(如网络广告、E-mail营销、搜索引擎营销等)、网站流量统计分析、网站访问量与效果转化分析等。

4.1　网络营销服务的利好数据

Jupiter:31％的营销人员聘请代理机构为他们实施和管理搜索引擎营销活动,这些费用占搜索引擎营销市场总费用的51％。

SVM:有50％的企业反映将在2005年投入搜索引擎营销,另外还有45％的企业计划加大email营销投入。

SVM：62％企业表示将在2005年进行企业网站升级,网站将主要突出销售导向、市场扩张,以及加强客户关系三大方面。

结语:网络营销管理市场的难题

网络营销管理市场的难题

对网络营销管理产品需求还需要经过市场检验和大力推广。

网络营销管理产品的标准化问题存在一定困难。

二、演讲的开头与结尾艺术

(一)演讲开头的艺术

我们选定一个演讲题目之后,首先应当考虑如何尽快将自己对题目的兴趣引发出听众的兴趣,如何以自己对题目的感觉和热情去点燃听众内心的感觉与热情之火,如何以自己对题目的精深理解去启迪听众的共鸣和思索。这些都关乎演讲的成败,这就是演讲的入题。鉴于这些考虑,演讲的开头要注意辞简义明,入题要快而含蓄。

要使听众尽早进入自己规定的主题,就必须重视入题的速度和方式两个方面。既要"开门见山,一针见血";又要有逻辑上的悬念、起伏和跌宕,以收到"文似看山不喜平"的效果。想达到这样的效果,概括地说,应注意灵活地运用如下几种主要方式。

1.开门见山,迅速将听众带入既定情境和思路中去。恩格斯的《在马克思墓前的讲话》,起初草稿上是从马克思夫人的逝世说起,进而才进入自己的题目。在客观和冷静的叙述中,难以将听众迅速地引入规定情景。于是,恩格斯进行了认真的修改。在后来的定稿中,他采用单刀直入的入题方法,直接讲马克思"停止了思想"、"永远睡着了",这样就迅速将听众引入到沉痛和肃然的既定情境之中,比原稿那种缓慢的节奏强多了。

2.讲究悬念和曲折,以引起听众的关注。前面我们强调入题要快,并不是说所有入题都以"开门见山"这样"直"的方式为佳。其实,有时候入题更需要讲究一定的曲折和委婉,尤其要讲求一点逻辑悬念,才有利于入题的引人入胜。因此,用悬念入题,也是抓住听众心理的一种方法。一篇叫做《人呵,认识你自己》的演讲,主讲人给自己划定的题目是"人与社会和自身的关系"。可是一开始,演讲者并不直接挑明这个题目,而是先援引恩格斯的话,讲了个"司芬克斯之谜"的引子:"大自然——司芬克斯向每个人和每个时代提出了问题……";继而话锋一转,问道:"那么人类呢? 人和人类社会有什么难题呢?"最后他自己答道:"人类面对着的有三大难题:人生、社会和人自身。"这就是"转折式入题"了,它使自己的入题显得有些跌宕、有些波澜甚至悬念,一点也不平铺直叙,自然能引起听众的关注与兴致了。

3.用强烈的反差。例如用对比来引出自己的题目,以期在人心目中留下深刻的印记。这主要指以对比、对照和映衬之类的修辞手法,来引领和导入自己的话题。有一篇名为《论男子汉》的演讲,一开始,演讲者的话似乎跟一般的谦辞没什么两样,颇有离题之嫌,因为,他一口气就洋洋洒洒叙说了四个"为难"之处。

> 我一点也不明白主办者的意图何在,这使我感到为难,这是我遇到的第一个困难。今天,我是第一次来到你们学校,一切都是陌生的。在一个陌生的环境里,人容易有一种不适应的感觉,这是我遇到的第二个困难。况且,刚才前面的几位同学又作了精彩的演讲,热烈的掌声可以作证,这给我增加了压力,算是我遇到的第三个困难。不巧得很,我本想凭手中这么一张卡片作一次演讲,却忘了戴眼镜了,想把它放在桌上偷偷地看几眼也不成了,这就是我的第四个困难……

乍一看,这开场白颇有些饶舌的味道。岂料到,那演讲者讲罢"第四个为难"之后,话锋突然一转,便进入自己早已拟定的题目了——

> 但是,我并不胆怯;相反我充满了信心。我相信,既然我站到了这个讲台上来,我就必定能够鼓起勇气,竭尽全力,让自己体面地走下台去! 因为,我选择了这样一个演讲题目——"论男子汉"!

这样"论男子汉"特有的"勇气"之题目,便同一开始的"胆怯"与"为难"形成鲜明对比和反差,巧妙、贴切而又风趣。这样的入题,不是做到了"辞明义见"和"曲径通幽"的完美统一了吗?

(二)关于演讲的结尾艺术

结尾是一场演说中最具战略性的一点。当一个演说者退席后,他最后所说的几句话,犹在耳边回响,这些话将被保持最长久的记忆。"余音绕梁"即是如此。

一些演讲者,在说完了他想表达的内容以后,就不知道该如何结束,只会说:"今天我的演讲就到这里,谢谢大家!"匆匆下台。未能作出满意的结尾,显然是令人遗憾的。

结尾必须事先计划好。也就是说,必须把结尾全部写下来,然后把结尾的一字一句背下来。如果是即席演说,那么,在演说进行当中常常必须改变很多的材料,必须删减一些段落以配合事先未曾预料的发展,并和听众的反应达成和谐。因此,聪明的做法就是事先计划好两三种结束语。如果这一种不合适,另一种也许用得上。

林肯以下面这段话作为他向南部人民发表就职演说的结束语。

> 我痛恨发生冲突。我们不是敌人,而是朋友,我们绝对不要成为敌人。强烈的情感也许会造成紧张情势,但绝对不可破坏我们的情感和友谊。记忆中的神秘情绪从每一个战场及爱国志士延伸到这块广大土地上的每一颗活生生的心及每一个家庭,将会增加合众国的团结之声。到时候,我们将会,也必然会,以我们更佳的天性来对待这个国家。

这段话中呈现出友善的高潮,表现出纯美境界及如诗的口才。

一个演讲者如何才能具有对演说结尾部分的正确感觉?确切地说,跟文化一样,这种东西太微妙了,它几乎是一种直觉。不过,这种"感觉"是可以培养的,这种经验也是可以总结出来的。

下面就是一则当年威尔斯亲王在多伦多帝国俱乐部发表演说的结束语的例子:

> 各位,我很担心。我已经脱离了对自己的克制,而对我自己谈得太多了。但我想要告诉各位,你们是我在加拿大演讲以来人数最多的一群听众。我必须要说明,我对我自己地位的感觉,以及我对与这种地位同时而来的责任的看法——
>
> 我只能向各位保证,将随时尽这些重大的责任,并尽量不辜负各位对我的信任。

大家也可以觉得出,即便是非常"木"的听众,也会"感觉"到这就是结束语。

林肯在他的就职演说的结束语部分中说:

> 我们很高兴地盼望,我们很诚挚地祈祷,这场战争的大灾祸将很快成为过去。然而,如果上帝的旨意是要这场战争持续两百五十年,让那些无报酬的奴隶所积聚的财富完全耗尽,持续到受皮鞭鞭打而流出的每一滴血要用由刀剑砍伤而流出的血来赔偿,那么,我们也必须说出三千年来相同的那句话:"上帝的裁判是真实而公正的。"不对任何人怀有敌意,对所有人都心存慈悲,坚守正义的阵营,上帝指引我们看见正义,让我们努力完成我们目前正在进行的任务,治疗这个国家的创伤,照顾为国捐躯的战士们,照顾他们的寡妇及孤儿,我们要尽我们一切的责任,以达成在我们之间的一项公正永久的和平,并推广至全世界各国。

　　像这样充满感情、充满爱意的演说很容易引起我们的共鸣,给我们以强有力的触动,从而留下更多的回忆。也只有这样的结尾,才可称得上美丽而又完美的结尾。

　　再譬如说,在一篇有关教师责任和价值的演讲稿中,是这样结尾的:

　　　　老师的负责,老师的敬业,付出的青春,付出的热情,难道真的没有衡量的标准? 不,有的。当新年时,办公室桌上堆满学生的问候;当人们把老师当红烛来歌颂;当我们培育出了祖国的栋梁。我看到了敬业的成就,责任的代价。我找到了衡量一个教师的尺码,那就是:祖国的辉煌明天中闪耀着我们无私奉献的光华!

　　这样的一个结尾,收到了余音绕梁和鼓舞人心的作用。

　　怎样才能在别人面前结束一次完美的谈话? 从上面的演说当中,我们可找出一些比较实用的方法。

　　1.总结你的观点

　　即使在只有五分钟的简短谈话中,一般的演说者也会不知不觉地使谈话范围涵盖得很广泛,以至于结束时,听众对于他的主要论点究竟在何处仍感到有点困惑。不过,只有很少数的演说者会注意到这种情况。演说者往往有种错误的想法,认为这些观点在他们自己的脑海中如同水晶那般清楚,因此听众也应该对这些观点同样清楚才对。事实并不尽然,演说者对自己的观点已经思考过相当时候了,但他的观点对听众来说却是全新的。

　　下面的演说者是芝加哥的一名交通经理,他在这方面做得比较成功。

　　　　各位,简而言之,根据我们在自己后院操作这套信号系统的经验,根据我们在东部、西部、北部使用这套机器的经验,它操作简单,效果很好,再加上在一年之内它阻止撞车事件发生而节省下的金钱,使我以最急切及最坦荡的心情建议:立即在我们的南方分公司采用这套机器。

　　在上面的结束语中,我们可以不必听他其余部分的演讲,就可以看到并感觉到那些内容。像这样的总结极为有效,我们不妨在实际运用中对它加以发挥。

　　2.请求采取行动

　　上面引用的那个结尾也就是“请求采取行动”结尾的最佳例子。演说者希望有所行动:在他所服务的铁路公司的南部支线设置一套信号管制系统。他请求公司决策人员采取这项行动,主要原因在于:这套设备能够替公司省钱,也能防止撞车事件的发生。

　　在讲演中说最后几句话时,要求行动的时间已经来到,时机已经成熟。因此就应开口要求,要求大众去参加捐助、选举、写信、购买、抵制或任何你想要他们去做的事。不过,请务必遵从以下原则:

　　(1)要求他们做明确的事。别说请帮助家境贫困的人,这样太笼统。要说:“今晚就寄出入会费一元,给本市南京路二百五十号慈善总会。"

(2)要求听众做能力之内的反应。尽量使听众易于根据请求采取行动。美国总统罗斯福在珍珠港事件发生后的国会演讲中,也是以"我要求国会宣布:由于日本在1941年12月7日星期日对我国无故进行卑鄙的袭击,美国同日本已处在战争状态!"这样请求行动的语言来结束他的演讲。

3.简洁而真诚的赞扬

> 伟大的宾州应该领先迎接新时代的来临。宾州是钢铁的大生产者,是世界上最大铁路公司之母,是美国第三大农业州,是美国商业的中心。她的前途无限,她身为领导者,机会光明无比。

史兹韦伯就以上面这几句话结束他对纽约宾州协会的演说。他的演说结束之后,听众感到愉快、高兴,并对前途充满乐观。这是一个比较完美的结束方式。但是,为了充分收到效果,演说者的态度必须很真诚。不可阿谀奉承,不可夸大其词。这种方式的结尾,如果不能表现得很真诚,反而让人觉得虚伪,效果就不好了。

4.幽默的结尾

乔治·可汗说过:"当你说再见时,要使他们脸上带着笑容。"如果你能经常这样做,你将会收到良好的效果。有一次,乔治在聚会上向教徒们演讲著名传教士韦斯里的墓园的维护问题,这个题目极为严肃,大家都想不出有什么好笑的。但是乔治做到了这一点,而且做得十分成功,他的演说结束得漂亮而精彩:

> 我很高兴各位已经开始整修他的墓园。这个墓园应当受到尊重。他特别讨厌任何不整洁及不干净的事物。我想,他说过这句话,"不可让人看到一名衣衫褴褛的教徒。"由于他,所以你们永不会看到这样的一名教徒。如果任由他的墓园脏乱,那便是极端不敬。各位都记得,有一次他经过德比夏郡某处时,一名女郎奔到门口,向他叫道:"上帝祝福你,韦斯里先生。"他回答说:"小姐,如果你的脸孔和围裙更为干净一点,你的祝福将更有价值。"这就是他对不干净的感觉,因此,不要让他的墓园脏乱。万一他偶尔经过,这比任何事情都令他伤心。你们一定要好好照顾这个墓园,这是一个值得纪念的神圣墓园。它是你们的信仰寄托之所在。

5.以名人诗句作结束

在所有的结尾方法中,幽默或诗句是最能被听众接受的了。事实上,如果你能找到合适的短句或诗句作为你的结尾,那几乎是最理想不过的了。它将产生最合适的风味以及尊严气氛,将可表现出你的独特风格,将可产生美的感觉。

世界扶轮社社长哈里·劳德先生以这种方式结束他的演说:

> 各位回国之后,你们之中某些人会寄给我一张明信片。如果你不寄给我,我也会寄一张给你。你们一眼就可看出那是我寄去的,因为那上面没有

贴邮票。但我会在上面写些东西：

　　春去夏来，秋去冬来，万物枯荣都有它的道理。

　　但有一件东西永远如朝露般清新，那就是我对你永远不变的爱意与感情。

这首短诗很能配合他演说时的气势。因此，这段结尾对他来说，是极为合适的。

有一次卡耐基在惜别会上为一位朋友送行，有十几位演说者分别上台讲话，称颂他们这位即将离开的朋友，祝福他在将来的新工作上获得成功，但是只有一个人以令人难忘的方式结束他的演说，他的结尾也是引用一首短诗。这位演说者转身面向那位就要离开的贵宾，以充满感情的声音对他说道：

　　再见了，祝你好运，我祝福你事事顺心如意。

　　我如东方人般地诚心祝福：

　　愿我的和平安详永远伴着你。

　　不管你去到何处，不管你走到哪方，愿我的美丽的棕榈苗壮成长。

　　经过白天的操劳及夜晚的安息，愿我的爱祝福你。

　　我如东方人般地诚心祝福：

　　愿我的和平安详永远伴着你。

　　6. 高潮式的结尾

激发高潮是很普遍的结束方法。但高潮通常很难控制，如果处理得当，这种方法是相当好的。它逐步向上发展，在结尾时达到高峰，句子的力量也愈来愈强烈。林肯在一次有关尼亚加拉大瀑布的演说中，运用了这种方法。请注意，他的每一个比喻都比前一个更为强烈，他把他那个时代拿来分别和哥伦布、基督、摩西、亚当等时代相比较，因而获得一种累积效果：

　　这使我们回忆起过去。当哥伦布首次发现这个大陆，当基督在十字架上受苦，当摩西领导以色列人通过红海，甚至当亚当首次自其造物者手中诞生时，那时候和现在一样，尼亚加拉瀑布早已在此地怒吼。已经绝种但其骨头塞满印第安土墩的巨人族，当年也曾以他们的眼睛凝视着尼亚加拉瀑布，正如我们今天一般。尼亚加拉瀑布与人类的远祖同期，但比第一位人类更久远。今天它仍和一万年以前一样声势浩大。早已死亡，而只有从骨头碎片才能证明它们曾经生存在这个世界上的史无前例的巨像，也曾经看过尼亚加拉瀑布。在这段漫长无比的时间里，这个瀑布从未静止过一分钟，从未干枯，从未冻结过，从未合眼，从未休息。

通过以上的各种方式，在恰当的时机，画龙点睛地结束演讲，将是一次演讲的完美的句号。

三、材料的充实和结构的安排

(一)材料的充实

先要做的是材料的搜集工作。那么,需要多少素材?需要怎样的材料?

首先,不要准备太多。我们不要因为害怕素材枯竭而呆立现场,就准备太多无法演讲的资料,最后造成延误自己太多的时间。

其次,要有弹性。我们在素材准备上应给自己更大的弹性空间,把素材分为以下三类:

1.核心素材:这是演讲时所必须提出的素材。

2.可任意处理的素材:是指如因演讲时间不足而加以省略的话,也不会对整个演讲造成伤害的那些素材。

3.辅助素材:如果时间足够的话就不妨把这类素材发表出来,这样做一定是有益无害,或者是在回答别人问题时也不妨运用的这些素材。

那么,在搜集了充分的材料以后,对材料的内容还有怎样的要求呢?

首先,材料中要有具体感人的事例来感染听众。这是演讲稿内容的最基础的部分,不管是叙事性还是说理性的演讲稿都离不开这一点。只有内容充实,说理才不会流于空泛。而这些感人的事例是凝聚在演讲主旨的周围的。这些事例既要真实可靠,又要充分考虑典型性。这样,听众才能从你演讲叙述的欢乐和痛苦、成功和失败、顺利与挫折中感悟人生的真谛,吸取前进的力量和勇气。

其次,演讲稿不仅要以事感人,还要以理服人。演讲稿中的"理"不仅是那些让听众相信的道理,而且还是演讲内容中思想与精神的闪光。这些"理"往往是作者对生活的深刻认识和独到见解,结合事实所隐含的实质精神,对整篇演讲稿有画龙点睛的作用。这些"理"往往用高度凝练的哲理性语言来表示。在表述中,观点要精警透辟,分析要有理有据。另外,在引用一系列例证后,对所引的例证进行归纳总结时,要抓住本质的东西。

第三,演讲具有鼓动性的特点决定演讲稿的内容要以情动人。演讲稿要写出感人肺腑的真情,关键是作者内心充满激情。而且,作者自己要能被自己的演讲内容所感动,然后才能去感动听众。在演讲的过程中,演讲者与听众的感情共振越鲜明强烈,演讲的效果就越好,演讲也就越成功。感情的表达可以借助语言的抑扬顿挫、各种姿态语言和多种多样的修辞手法。当然在抒情时,抒情只是手段,说理才是目的。

第四,在材料的语言表达上,还要有一种气势,来增强演讲稿的鼓动性。这种"气势",指运用语言、声音、手势制造出恢弘、壮观的情绪和氛围,表达一种强烈的感情、坚定的意志、磅礴的气势,使听众受到感染、产生冲动而愤然前行。这一点对材料的要求与前一点有类似的地方。

(二)结构的安排

演讲稿一般由开头、中间、结尾三部分组成。这三部分必须配合恰当,形成有机的整体。开头如何勾勒提要、定好基调;中间如何逐层分析、形成高潮;结尾如何自然收束、发人深省。一般写文章所谓的"凤头、猪肚、豹尾",对于演讲稿的写作同样适用。下面就演讲稿的几种结构模式作简单介绍。

1.结构的一般模式

演讲稿结构的一般模式由意义各不相同的三个部分所组成:开头、正文、结尾。

从形式上看,这三个部分各自独立,各有各的意义和作用;从内容上看,则是统一的,是同一个主题、题材和材料在不同部位的表现,要达到的是同一个目的。这里,开头处于演讲稿的重要位置,应该力求迅速引起听众的注意,力避拖沓、冗长和客套;结尾则在于使整个演讲给听众留下一个完整、清晰的概念,力求做到揭示题旨、加深认识、促人深思、耐人寻味,结尾文字不可过长。

2.结构的特殊模式

一般说来,任何演讲稿的开头和结尾的结构方法及意义、作用都是一致的。但正文则不尽相同,至少有两种特殊模式。这里介绍的就是正文的两种特殊模式:议论式结构模式和叙述式结构模式。

(1)议论式结构模式

即以普通论文方式安排的结构。由提出问题、分析论证和得出结论三部分组成。一般只提一个问题,得出一个结论,而议论方式则多种多样。其结构顺序一般是问题在前,分析论证在中,作出结论在后,即分"问题、分析论证、结论"三步走。

这个小模式前加开头,后加结尾,就是演讲稿结构的第一种特殊模式:

"开头 问题 分析论证 结论 结尾"

由于这种结构特殊模式处于整个演讲稿的正文(主体)部位,因此影响和决定整个演讲稿的结构。鲁迅《娜拉走后怎样》的开头和结尾两部分很简单,各用一句话:"我今天要讲的是'娜拉走后怎样?'"和"我这演讲也就此完结了"。正文用的是这种结构特殊模式。从实质上看,这个特殊模式也就是整个演讲稿的结构安排形式。

(2)叙述式结构模式

即以听众的心理线索安排的结构。主要以趣味、情感打动听众,像小说、故事的开头。不明显分出问题、论证和结论的各部位,主旨在夹叙夹议中显露;所叙述的几件事或以时间为序,或以空间为序,从引人入胜的目的出发进行安排。叙述式结构模式中的每一番夹叙夹议都可以构成一个段落,一篇演讲稿可能由几个段落组成,并按时空顺序排列,不分先后部位。把它放在演讲结构的一般模式中则为:"开头、夹叙夹议(往复)、结尾"。

叙述式结构模式是这类演讲稿的主体,是展现演讲稿主旨的主要部分。它的材料取舍、安排与记叙性文章的方法相似。它可以通过"议"衔接,可以有较大的跳跃性,议论和抒情的成分可以多一些。

另外,长篇演讲稿的开头和结尾仍不能太长,正文的结构常常是议论式结构模式和叙述式结构模式的结合。一般可以表示为"观点、夹叙夹议中提出例证并进行分析、结论"。

运用演讲稿结构的特殊模式安排结构,首先要认识材料的本质和意义,把它置于最适合的部位上,才能从本质意义上阐释或引出议论或抒情、结论;其次要认清几种材料间的关系,使之在安排时或相同,或相反,或并列,或主从,或包容,或先或后,这样才能使一篇演讲稿结构有序,达到演讲的最佳效果。

四、语言的锤炼

语言是演讲内容的载体,表达演讲者的思想感情,传递新兴科技文化知识,离开语言,将无法实现它的社会效果。因此,要进行成功的演讲,就必须注意语言的锤炼。那么,语言的特点和要求有哪些呢?总体而言,演讲稿语言的特点是准确性、简洁性、通俗性;要求是流畅、深刻、风趣。写作演讲稿在语言运用上应注意以下几个问题。

1. 准确性。准确性是指演讲稿使用的语言能够确切清晰地表现讲述的对象——事物和道理,揭示它们的本质及其相互关系。只有准确的语言才具有科学性,才能逼真地反映出现实面貌和思想实际,才能为听众所接受,达到宣传、教育和影响听众的目的。作者要做到这一点,首先,要对表达的对象熟悉了解,有正确的认识;其次,要做到概念明确,判断恰当,用词贴切,句子组织结构合理。具体而言,演讲者要想使演讲的语言做到准确,应当具备以下一些条件:

(1)认识上的明确性。演讲者自身要对客观事物在思想上有明确的认识,准确地把握,这样才能用准确的语言表达出来。

(2)要具备丰富的词汇量。巴尔扎克说:"形容一个事物,最准确的词汇只有一个。"所以我们必须从大量的词汇中筛选出最能体现事物概念特点的词;贫乏、少数几个词汇的重复使用,只会使演讲语言枯燥乏味,词不达意,面目可憎。

(3)注意词语的感情色彩。中国语言丰富的词汇导致词的感情色彩非常微妙,却又非常鲜明。我们往往要通过仔细的比较、推敲,才能准确地运用。例如,一个人死了,由于感情不同,用词也不同,如可用"牺牲"、"逝世"、"走了"、"死了"、"完蛋了"、"永远离开了这个世界"、"永远离开了我们",等等。这些词都表达的是"人死"这个概念,但是由于语言词汇的感情色彩不同,导致演讲的效果也是不一样的。

2. 简洁性。由于演讲的时间有限,冗长的演讲是对听众的疲劳轰炸。因此,尽量以最少的语言表达尽可能多的内容是演讲语言的一个要求,这就需要语言简洁。语言的简洁首先体现在演讲内容思路要明晰,尽量减少"换句话说"这样的重复表达。其次就是对文字表达要做到精益求精。这个方面我们具体可以注意以下这样几点：

（1）恰到好处地使用一些有生命力的文言词语。能使演讲稿的语言简洁而准确地表达主旨。比如演讲稿《笑傲商海》最后的结束语："商海沉浮，大浪淘沙。以人为鉴，方知得失。"印证了这样的特点。

（2）适当控制篇幅。演讲稿不宜过长，要适当控制时间。德国著名的演讲学家海茵兹·雷德曼在《演讲内容的要素》一文中指出："在一次演讲中不要期望得到太多。宁可只有一个给人印象深刻的思想，也不要五十个让人前听后忘的思想。宁可牢牢地敲进一根钉子，也不要松松地按上几十个一拔即出的图钉。"可见演讲稿不在乎长，而在乎精。

3.通俗性。如果演讲的语言不通俗，听众听不懂，就要影响演讲的效果。为了使演讲的语言通俗易懂，我们必须从以下几方面努力：

（1）演讲的语言要口语化。"上口"、"入耳"这是对演讲语言的基本要求。首先，要解决思想认识问题。不要一动笔就往书面语言上靠。应该写完演讲稿后自己照稿念一念，看看是否上口，然后把那些不适合演讲的书面语改为口语化的语言。其次，要注意选择那些有利于口语表达的词语和句式。双音节和多音节的词语比单音节的词语容易上口，而且也好听。演讲稿的"口语"，不是日常的口头语言的复制，而是经过加工提炼的口头语言，要逻辑严密、语句通顺。由于演讲稿的语言是作者写出来的，受书面语言的束缚较大。因此，在写演讲稿的时候，要做到笔下写、心中读，将意思难以听明白的单音节的词转换成意思明确的双音节词，将陌生的文言换成白话，拗口的倒装句改成顺口的正装句，并将一句比较长的句子裁减成几个短句等。

（2）演讲的语言要个性化。马克思曾经说过："你怎么想就怎么写，怎么写就怎么说。"有的演讲者以为用上了电台、报刊的套话或流行的网络语言就是很"时髦"了，而不恰当的泛滥运用，只能起到相反的效果。言为心声，只有用自己的话说，自己的语言，才更富有感染力。

（3）语言要生动感人。好的演讲稿，语言应该是生动感人的。要使语言生动感人，一是用形象化的语言，运用比喻、比拟、夸张等手法增强语言的形象色彩，把抽象化为具体，深奥讲得浅显，枯燥变成有趣。在演讲稿《为了中国，快快住口吧》中，演讲者用了两句顺口溜描绘国民不正常的请客吃饭现象"你也请，我也请，家家请，全是公款请；今天吃，明天吃，天天吃，大家都白吃。"不仅形象生动，还言简意赅地表达了演讲的主题。二是运用幽默、风趣的语言，增强演讲稿的表现力。这样，既能深化主题，又能使演讲的气氛轻松和谐；既可调整演讲的节奏，又可使听众消除疲劳。二是运用幽默、风趣的语言，增强演讲稿的表现力。这样，既能深化主题，又能使演讲的气氛轻松和谐；既可调整演讲的节奏，又可使听众消除疲劳。例如在《论"男子汉"》的演讲稿中，演讲者讲到："刘晓庆说，做女人难，做一个名女人尤其难。我说，做男人难，做一个男子汉尤其难!"幽默的引用激起了听众长时间的掌声。三是发挥语言音乐性的特点,注意声调的和谐和节奏的变化。

第五节　演讲的技巧

一、演讲稿的记忆方法

要做一次成功的演讲,在演讲稿写成之后,最重要的就是必须要把演讲词烂熟于心。

记忆演讲词首先肯定通过多读来加深记忆,读一般可分为三步。第一步是识读,即阅读。大体了解整体与细节,对稿子有个宏观与微观上的把握,把握题旨,掌握例证阐述的关键词,包括引述的事实、名人名言等,包括最有说服力的是准确无误的数字。第二步是响读。朱熹说过,凡读书,需要读得字字响亮,不可误一字,不可牵强暗记。这样,才能达到他所说的"逐句玩味"、"反复精读"、"诵之宜舒缓不迫,字字分明"。只有如此,演讲词才能从有理有据、有情有感、有声有色的响读中加以体会和记忆。在这基础上才可设计演讲的动作、表情和姿态,并琢磨演讲词临场情境与听众心理和生理反馈。甚至一个字的读音,一句话的抑扬顿挫,标点的作用,语气的恰到好处,也都包含其中。响读,是演讲词记忆的关键,也是"立体记忆"的一个必经之途。第三步是情读。就是要理解感受演讲词的情调,注意适度和真实。作演讲时,切忌漫无节制的感情宣泄。缺乏控制的感情抒发,会令人产生厌恶感;虚伪的感情表演,会丧失听众的信任。

可见,演讲词的记忆,一要用眼睛——阅读,二要使口舌——响读,三要动心思——情读。只有整体的综合的全方位的记忆,即"立体记忆",才能深入人脑、打动人心。当然,要记住演讲词,具体还要掌握它的文体特点及思路。

演讲词,一般的说属于议论范畴。演讲词的观点,也称议论文的论点;演讲词的材料,也就是议论文的论据。这些是必须记住的。但是,仅仅观点明确、材料记牢是不够的,同时还要把握用材料论据阐述思想观点的过程,即论证过程。这个过程是逻辑构成。显而易见,抓住演讲词的逻辑构成,即演讲心态的思想轨迹,也就抓住了记忆的要领。演讲词思想轨迹基本有两种,一是基本型,二是变化型。

基本型。按思维路线,通常它表现的思路序列:一是提出问题,即观点(论点)的提出,表示强调;二是分析问题,即论证观点(论点)正确与否,这要用材料——例证加以证明,事实真实可信令人信服;三是解决问题,即得出结论,印证提出的观点,明确结论。

变化型。按思维路线,它又有三种形式。

一是简化式。即演讲词的三段式。一是序论,相当于基本型中提出问题部分;二是本论,相当于基本型中分析问题部分;三是结论,相当于基本型中解决问题部分。常见的演讲词,尤其是即兴演讲,更常以此种形式进行。

二是互置式。即将基本型中解决问题部分的结论放在开头,直截了当地把结论告诉听众,然后再进行分析问题和解决问题部分演讲。只不过首尾互置,由此达到鲜明的效果而已。

三是散论式。即兴演讲常用此法。这种演讲词一般较短,只要抓住感情表达方式线索即可。

总之,演讲词的记忆,要抓住它本身的特征以及感情表达方式,把握逻辑构成的基本型和变化型,眼、口、心综合记忆,记忆力就会提高起来。其中,响读尤其重要。

当代演讲家李燕杰说过,演讲,绝不是从记忆移入记忆,把现成的字句移到别人心中,而是要使自己心中的火与听众心中的火并燃。演讲词里有情调,喜怒哀乐应分明。演讲即使是阐释事理,也不应该冷漠地板着面孔说教。对事理的深刻剖析,无疑是百次演讲成功的主要标志。因此逻辑论证部分应当加深记忆。但如果其中同时能有真诚激情的适度渗透和确切体会,则不仅能达到以理服人目标,也必将能收到以情动人的效果。这种体会,无疑是种特殊的引发性记忆。人要善于记忆,强化记忆,发展记忆,在此基础之上才能使演讲一步一步走向成功。

当我们把演讲稿记熟以后,就涉及一个演讲稿的用法问题。上台演讲必须有演讲稿,这包括书面演讲稿或提纲或腹稿。尤其是命题演讲,必须有规范的书面演讲稿,一般要求随身携带。有了演讲稿,不仅能增强演讲者的自信心,还能防止演讲实施过程中的意外。但是,演讲不是读稿,也不是背稿,而是将讲稿烂熟于心,并投入演讲者的全部情感,是以演讲稿为底本的一次再创造。

那么,在演讲过程中,如何使用演讲稿来成就一次成功的演讲呢?

有备无患,似用非用,是用稿的两大基本原则。演讲稿放在手头,有时不过是一种姿态,其实内容已经是烂熟于心了的,讲稿只是提供了一个语言的外壳,而演讲者的重心则是在表达上。当然,讲稿的存在为忘词提供了一个方便。忘词是常有的事情,而有经验的演讲者能巧妙地进行处理。譬如说,不慌不忙地瞟一眼讲稿;或者干脆丢掉忘记的那几句话,把下面的意思迅速地接下去;还有,抓住自己已经说出的那句话的最后一个字,作为下一句话的开头。例如:当说到"我们必须抓住机遇"这句话时,下面的词忘了。可以立刻接下去:"机遇是什么? 机遇是……"这是因为听众根本不知道你后面的是什么。可以运用各种方法来化解尴尬。然后可迅速瞟一眼讲稿,回归到正常的演讲逻辑上来。

由此可见,在这里,恰当地利用讲稿能起到非常重要的作用。

二、语音语言的表达技巧

演讲是语言的艺术,而语言表达,最主要的由声音构成。那么,在演讲中,如何使语言正确承载演讲内容、诠释演讲内容,最主要的就是对声音的处理。

对声音的处理,涉及这样几个方面:首先是基础的字音。普通话标准,声音洪亮,字正腔圆是基本的要求。其次是对词语的理解。在语句当中,对词语的正确理解不仅可以避免读破词语,还关系到后面对语句语调的处理。第三,对语句语调高低起伏的处理。最后,对整个语篇起承转合的衔接。

关于字音的标准,以规范的普通话为标准,其练习方法,我们在第一章里已有详细的叙述,主要有声带练习、共鸣练习、吐字练习等,而吐字练习中,又以咬准字头、发响字腹、收全字尾为要。音质在一定程度上是可以训练的,在演讲中,要避免过于低沉沙哑和刺耳的噪音,以及要防止鼻音和齿音过重。而当一个字处在一个词语,或者一个句子乃至一个语篇中的时候,它的发音就有可能发生变化,这个变化,主要体现在我们对词语和语句的处理上。

在一个词语中,我们首先要注意的是字在词中的音变现象,譬如"一"、"不"、"七"、"八"的变调。"一"单个字音读"yī",而当在"一模一样"这个词中的时候,前后两个"一"的发音是不一样的,分别为"yì"和"yí";其次是语气词"啊"的音变以及形容词重叠后发生的音变现象。第三是对儿化词的处理。有的词语,在汉字书面书写上,未必有儿化标志,但是在语言表达上,则需要体现。这就需要演讲者(尤其是南方人,对儿化词比较陌生)在演讲之前对演讲稿内容进行充分的诵读。譬如"小孩"、"药方"、"小虫"等。另一方面,有的词儿化与不儿化的意思是不一样的,譬如"眼",不儿化的读音表达的意思是"眼睛",而儿化后表现的意思为"小小的洞"。第四,关于轻音。轻音在词语表达中有区别词意和词性的作用,譬如"大意"一词,"意"读轻音,表达的意思为"不注意,粗心";"意"不读轻音,表达的意思则为"主要内容"。"花费"一词,"费"读轻音,为名词;"费"不读轻音,为动词。当然在演讲中,对于词性的区别,听众基本上会依赖语句的语法规范而自动识别,但是,作为演讲者,对自己语音有严格的要求,则是一个优秀的演讲者必须具备的基本功。至于读轻音的主要规律,主要有以下几条:

1.作名词后缀。譬如"什么"的"么","凳子"的"子"等。

2.助词。例如:"的、得、地、着、了、过、们"等。

3.趋向动词像"进来"的"来","出去"的"去"等。

4.表示方位的语素:例如"楼上"的"上","城里"的"里"。

5.动词、名词重叠后的后一个音节,譬如"看看"、"妈妈"的后一个音节。

6.一些语气词应该读轻音,例如"吗、啊、吧、呢"等。

7.多数单纯词的第二个音节读轻音。例如"琵琶"、"葡萄"等。

8.量词"个"一般也读轻音。

另外,在日常口语中,还有一些词读轻音,如"姑娘"、"打算"、"耳朵"等,没有什么规律可循,需要我们在生活中多注意、多积累。

对词语的处理中,还有一个特殊现象需要引起我们的注意,也就是由于中文字不实行分词书写,导致有的词语中的语素与前一个字和后一个字均可构成词,那么我们要根据语句的意思,正确表达,千万不能读破句。例如"学校主张设计划处"中,"计划"是一个词,"设计"不是一个词。

对语句的处理,主要体现在语调上。在我们已经掌握的知识中,我们都知道,一般问句为升调,特殊问句以及其他类型句子为降调。我们根据不同的需要,将语句处理成升、降调。而句子中根据其逻辑重音、感情重音、语法重音来处理其重读部分。其训练的方法,在第一章中也有详细指导。同时,在演讲过程中,要避免一些演讲者无意识的口头禅重复,例如:"换句话说"、"是吗"、"我的意思是",等等。

语篇,是由语句构成。在一段文字中,一般叙述性的语句可以表述得比较平缓,停顿主要体现为逻辑停顿和语法停顿,而如果一段文字以抒情为主,尤其是使用了一系列的排比句或者反问句,那么,在每一语句语调衔接上,应该一浪胜过一浪,这样才能达到抒发强烈情感的作用。譬如在《铸造共和国的师魂》的演讲中:

　　　拧在一起,我们就一道是闪电,一束火绳;

　　　聚在一起,我们就是整个太阳,整个星空;

　　　站在一处,我们就是用心灵结成的信念不倒的墙!

　　　携起手来,让我们肩并肩,用青春和热血铸造共和国的师魂!

就是这样的典型。

而整一篇演讲,则由一段段语段组成。演讲的开篇,则如音乐的主旋律一样,应用语调奠定整个演讲的基调,后面的演讲语调的高低起伏是在这个基调的基础上展开的。而这个基调是一般由问候语决定。如果表达的主题是欢快的,问候语的语调就比较昂扬,譬如在新春晚会上的开场:

　　　"各位领导,各位同事,各位朋友,过年好!"

这个问候语整句话语调比较急促、紧凑,最后的一个"好"字,发重音,表达了喜庆的气氛,愉悦的心情。

而同样是聚会开场白,在追悼会上的问候就显得低沉很多:

　　　"各位领导,各位同事,各位朋友,你们好!"

整个句子的语调就比较缓慢,低沉。

这里举的是两个相反的例子,其他演讲主题开场白一般以平实为主,或者根据演讲内容、演讲者身份可略作调整。

在整个演讲进行的过程中,演讲内容一般都有叙有评。叙述部分,语调可平缓,而评议、抒情部分,语调可昂扬与低沉交错,达到强烈感染听众的效果。

结尾部分,对于一场优秀的演讲,结尾定发人深省或令人回味。那么,结尾部分的语调处理不管是积极昂扬还是深情低缓,都要与主题相扣、与开场形成遥相呼应。如《矿上魂》演讲稿的结尾:

> 朋友们,当您想写一首诗,想唱一首歌,请别忘了那高高的井架,那飞旋的天轮,那 800 米深处的一片赤心,那湛湛蓝天下的巍巍矿山魂! 那就是——可贵的主人翁精神!

总而言之,在演讲过程中,演讲者能恰当地使用轻重音、停顿、调节语流速度、对语调变化有所把握,并在语言表达中饱含情感,就能更好地表达演讲内容,也是成功演讲的关键因素。

三、态势语言的表达技巧

语言除了有声语言表达外,还有辅助语言,就是态势语。态势语言是通过人体器官的动作,或者某一个部分形态的变化来进行思想和情感交流的一种方式。凡是通过仪表、风度、表情、手势这样一些非口头语言因素来进行信息传递、思想沟通、感情交流的活动方式,统统称为体态表达或态势语言。毋庸讳言,和谐、自然的态势语言是演讲成功不可缺少的组成部分。古今中外很多著名的演讲家都十分重视态势语言的作用,陶行知先生说:"演讲如能使聋子看得懂,则演讲之技精矣!"体态语内涵是指一种最古老、最原始的交际方式,也是历史最悠久的交际方式,是源远流长的,必不可少的;它是对口头表达必要的补充和辅助(除哑语外);它所传递的所有信息受表达环境的制约。态势语能够反映人的性格和心理;反映人的真实感受和内心需求;可以弥补有声语言的不足。从演讲来说,首先能更形象地传递信息,表达思想;其次,更有利于传达情感,反映情绪,如:拍案叫绝、扪心自问等。态势语的类型主要包括手势语言、眼睛语言、表情语言和肢体语言。

(一)演讲中的手势语言

演讲中的手势语言包括手指语言、手掌语言和手臂语言。在手指语言中,"大拇指"动作一般表示夸奖、很好,但有时表示高傲的情绪;"十指交叉"一般表示自信、敌对情绪或感兴趣;"抓指式"一般表示控制全场之势;"背手"可给自己壮胆、镇静,也表示自信:以上都要看具体环境和当时面部表情。在手掌语言中,"向上"表示诚恳、谦虚;"向下"表示提醒、命令;"紧握食指"带有一种镇压性;"搓掌"表示期待,快搓表示增加可信度,慢搓表示有疑虑;"手掌向前"表示拒绝、回避;"手掌由内向外推"表示安慰、把所有的问题概括起来;"劈掌"表示果断、决心。在手臂语言中,"手臂交叉"表示防御;"交叉握拳"表示敌对;"交叉放掌"表示有点紧张并在努力控制情绪;"一手握另一只手上臂,另外一只手下垂"则表示缺乏自信。

在演讲中,手放在哪里是很令我们头疼的问题。如果你在讲台后面,你可以双手自然放在讲台两侧。如果没有的话,双手自然垂在身体两侧,也可以用手握一样东西,譬如提示卡、笔、讲稿本等。但无论在什么情况下,都不该把双手置于裤子口袋内,或是不自然地手臂交叉。

在与听众有互动交流的演讲中,在手势的运用上,请某人起来发言时,要手指并拢手心朝上作抬起状,相反请坐时要手指并拢手心朝下作下压状。千万不可用手指或教鞭等教具指点。

在有多媒体演示的演讲中,我们特别需要注意的是不要对着媒体说话。我们可以看投影仪上的纸张,但不能对着屏幕讲,把后背留给观众,这是非常不礼貌的。同时也给观众一种信息:我不自信,准备不充分。

(二)演讲中的表情

表情语言指的是每个人都有的面部表情。脸上的每个细胞、每条皱纹、每个神经都表达某种意愿、某种感情、某种倾向。面部表情是最准确的、最微妙的人的"晴雨表"。听众可以从上面读懂演讲者的情感世界。人的面部表情贵在四个字:自然,真挚。面部是思想的"荧光屏",演讲的面部表情一般应该要带微笑。美国总统罗斯福演讲时,全身好像一架表现感情的机器,满脸都是动人的感情。光眉毛就可以表达几十种表情,有眉飞色舞、眉开眼笑、双眉紧锁、横眉怒目、低眉顺眼、挤眉弄眼、扬眉吐气等。脸部表情一定要做到适时、适事、适情、适度。

而在脸上,眼睛是心灵的窗户,所以,在脸部表情中要善于运用目光。首先,要善于用目光接触听众。很多演讲者上台后就一直低着头讲,没有正确运用目光去与听众进行接触和交流。一场成功的演讲,在演讲前准备工作都做完,开始开口前,就应该先与听众进行目光交流,环视全场,让自己的情绪稳定下来。同时在演讲过程中要持续与全场听众有目光接触,特别是坐在后面和坐在前排两侧的听众。运用目光接触可以获得并掌握听众的注意力,建立相互的信任;另一方面又可以透过目光接触来回应听众,阅读听众的表情。目光接触还有个速度的问题,比如有的人在演讲时为了达到和全场听众的目光接触,目光便一直左右逡巡,飘忽不定。这样做会让听众觉得很不舒服。目光接触的速度要适中,要慢慢地环视,而非扫视。目光接触时强调要进行全场接触,但我们不要忽略重要听众,对他们要多花点时间去和他们交流。因此事先花点时间研究听众是很必要的。但对重要听众也不要紧抓不放,让人感觉如坐针毡。一般而言,对一个人的目光关注不要超过两分钟。

目光接触的方法主要有以下几种:

1.前视法:演讲者视线平直向前而弧形流转,以此听众席的中心线弧形照顾两边,直到视线落到最后的听众头顶。

2.环视法:眼睛向全场有目的地扫一下,使所有听你演讲的人都注意到你,不觉得你在和他(个人)交流,这样能较全面地了解听众的心理反应,而且可根据你的环视随时调整演讲的节奏、内容、语调,把握演讲的主动权。

3.虚视法:就是似视非视,演讲就需要这种虚与实的目光交替,"实"看某一部分人,"非"看大家,演讲要做到"目中无人,心中有人"。

(三)演讲中的肢体语言

我们常说站如松,坐如钟,就是对肢体的要求。演讲中肢体语言能表达出各种含义,因此在演讲中我们要注意肢体语言,有恰当的站姿和站相。

首先,演讲者站的位置就很有讲究。要站在每位听众都可看到你的位置上,又要能够便于自己参考自己的讲稿。如果有麦克风,还要便于使用麦克风。

第二,要站直,挺胸收腹。很多人一上来,人就站得歪歪斜斜的,给人的感觉就不精神。站直后,就不要左右或前后摇晃。也有些人一紧张就左右不停地换脚,或频繁地来回踱步。有些人还喜欢抖脚。这些不良的站姿在今后演讲中我们都应注意,要有意识地克服。站姿一般有前进式、稍息式、丁字式、立正式、自然式等,不论何种站姿都要做到稳健潇洒。

另外,演讲者的着装打扮也是态势语言的一个补充成分。人靠衣装,演讲更要注意衣着。我们知道演讲有正式的和非正式的,正式的演讲作为演讲者一定要穿得正规,男士西装领带,女士则穿职业套装。非正式演讲对服装的要求不是很高,但一定要做到整洁、干净、得体。女孩子的化妆要自然,不要浓妆艳抹,一方面体现对听众的尊敬,另一方面又让听众感到愉悦。上台演讲时最好不要穿全新的衣物,因为这会给我们自己制造紧张感,最好穿八成新的衣物,这样会让自己感到更舒适。鞋则最好穿让自己很舒服的那双,鞋底不要过硬或过软。最后就是要轻装上阵,女士戴手表或首饰要精简,建议摘下那些叮叮当当的手镯之类的东西,以免影响听众视线。男士的手表一般戴得比较宽松,演讲中由于手势的运用,可能会上下移动。假如不幸你的手表在你激动发挥时,突然松了,那么你自己会很尴尬,而下面的听众会比你更紧张,无心听你讲些什么,而一直在担心你的手表会不会脱手而出,什么时候脱手而出。因此建议男士演讲不带手表,或带手表调节手表的宽紧度。

三、现场控制的技巧

演讲的根本目的在于影响听众的主观意识,促使某种行为的出现或改变。要达到这一目的,临场演讲必须实施有效的控制。这种控制分为演讲者的自我控制和演讲者对演讲现场的控制。

(一)演讲者的自控技巧

演讲者在演讲中的自我控制,主要表现为对怯场心理的控制和情感的控制。下面就这两个方面展开谈谈。

1.怯场心理的控制

有这样一个例子：

> 一位代表本单位参加演讲比赛的年轻姑娘，一站到讲台上，脸就涨得通红，两腿微微颤抖，说话的声音变调儿，呼吸也显得急促起来……突然，她刚说了几句就忘词了。她越发感到恐惧，好像所有人的目光都像利箭一样射向她。她想尽快躲避，但又不甘心临阵脱逃。她不能当众出丑，给本单位丢脸，可她唯一能感觉到的是心跳加快，越来越快，而脑子里一片空白，早已背熟的词句全都飞得无影无踪。她像落入了回旋加速器，头晕目眩丧气地跑回到自己的座位坐下……直到演讲会结束，她也没敢把头抬起来……

她的失败在于自卑心理与消极心态引起的胆怯病。胆怯病大体有两种情况，一种是精神失常的病态，一种是个性上的自卑心理。对大多数人来说不是生理上有什么毛病，而是害怕紧张的心理引起了脸红、心跳、胃痉挛和出汗等生理上的变化。恐惧心理和紧张情绪必然会刺激感应神经系统，使之开始分泌出过多的肾上腺素，使机体处于警觉和紧急状态。在演讲交际中出现的过度羞怯和紧张的情绪，从表面上看，似乎是一个人害怕当众表现，或是缺乏临场的经验。其实并不是所处环境造成的压力，而是一种害怕自我形象受到某种威胁和损害的消极心态。

那么采取怎样的方式才能控制这种怯场心理呢？

首先，充分的准备，是克服怯场心理的最关键的一个手段。认真写稿，熟练记稿，设计好演讲中的各个环节，充分估计演讲现场的各种情况，做到成竹在胸，这样会大大减少怯场的几率。

其次，具体来说，克服现场的怯场心理一般还有这样两种常用的方法：

（1）自我暗示。演讲者一上台就把注意力集中在自己的眼前的动机和效果上，不要去关注人们日后对这次演讲的评价。有的人提出可以"把听众当傻瓜"，虽然说法有点过激，但对于克服怯场心理不无帮助。

（2）回避刺激。上台前不与人发生争论或不愉快的事情，保持心理平衡，情绪稳定。上台后，用虚视法，不用实视法，回避听众的视线和表情。专注于演讲，场上的一切实际上什么都没看见。

了解了怯场的原理和解决办法，怯场的毛病就可以得到有效的控制。

2.情感的控制

演讲需要感情，这是古今中外的演讲者所具有的共识。但是感情是需要控制的，情感失控的后果是不堪设想的。情感失控会导致行为失态。譬如在演讲中拍案打椅、声嘶力竭、脸红脖子粗、吹胡子瞪眼、说过头话等。轻者造成不良影响，重者在自己的人格上留下污点。像1959年，赫鲁晓夫在联合国演讲台上发表演说，台下听众有的喧闹，有的吹口哨，面对这种情况，他被激怒了，居然脱下皮鞋，用力敲打讲台。这个臭名昭著的丑闻就是源于情感的失控而导致行为的失态。

情感应该服从理智,服从动机和目标,服从演讲的表达。

那么如何避免情感失控呢?除了要加强理智,克服情感的随意性之外,还要懂得尊重听众,礼貌待人,不要恶语伤人。有时还要有适当的处变能力和技巧。用沉默、停顿、模糊语等方法来控制情感,调节氛围。

(二)演讲者的控场技巧

控场能力指的是一个人在整个谈话活动中把握主动,对现场情况进行有效控制的能力。即使是事前有较充分的准备的单向交流,在进行过程中也会出现一些自己无法预料的情况。这些情况会干扰、阻碍演讲活动的顺利进行。如果一个人不能实施有效的控制,所说的话就不能产生预期的效果。下面我们对冷场、搅场两种情况进行一下分析。

1.怎样控制冷场

冷场是指在演讲中,听的人毫无兴趣,注意力分散。冷场的根本原因在于听者不愿听你所说的话。听者仅仅是出于纪律的约束或处世的礼貌而扮演一个"接受"的角色。因此冷场完全应由说话人负责。冷场的出现,是发言者的失败,因为他不能达到彼此沟通交流的目的。发言者既要发言,必须实施控制,避免冷场的发生。一般控制的方法有:

(1)发言简短

在演讲中,一旦发生冷场,简短发言是最简便但也是比较消极的一种手段。

(2)转换话题

单向交流的话题变换是暂时的,所变换的话题是为了吸引听者的注意力,调动他们的兴趣。这一目的达到后,仍要回到原有话题的轨道。引发兴趣可以从内容、表达方式等方面来调动听众的参与感。一般可以采用这样几个技巧:

①设问:找到演讲的关键点,用提问的方式进行。譬如:演讲者在《愿为天下先》的演讲开头就提问道:"各位朋友,我想冒昧地问一句,在当今汹涌的改革大潮中,谁是改革的弄潮儿?"听众由于不能很明确、迅速地知道答案,所以乐意听下去。

②对比:用对比引起的强烈反差来引发听众的兴趣。譬如在《奋斗,做生活的强者》的演讲中,演讲者运用的两个事例是:一个北大物理系的女大学生,为了祖国科学技术的昌盛,在做实验的过程中不幸去世;另一个学院的女大学生由于三角恋爱而卧轨自杀。同样是死,孰轻孰重,引起听众的思索。

③制造悬念:在演讲的过程中,设置这样的悬念,例如:事情已经定局了吗? 希望已经没有了吗? 等等。让听众在期待盼望中倾听演说,会将所有听众的注意力都集中到你的演讲上,从而控制全场。

最后,在演讲中来点幽默,也是调节气氛、避免冷场的一种方法。

2.怎样控制搅场

搅场就是搅乱、打搅交流活动的现场。像听众交头接耳、串座位、随意进出、喧哗、喝倒彩、吹口哨、瞎鼓掌。这种情况主要出现在语言交际的单向交流中。因此在演讲中有时也会出现。

出现搅场的原因有三种：一是听者本就对发言者有成见，是反对派。之所以来听，就是想来钻空子、找岔子，不管你怎么说，他都要搅；二是发言者的思想、学术、业务等水平不高，听者觉得演讲者不配对自己叽里呱啦；三是发言者的内容完全不合听者之意。

作为发言人，搅场这种情况的出现只能自己去控制。那种依靠与听者有利害关系的他人出面干预、压制，或者自己愤而退场的举动，都不是最终解决问题的办法。因此，发言者必须正视搅场，实施有效控制。

控制搅场的办法要区别不同原因。

对第一种原因的搅场，应该用坚定信心、置若罔闻的做法。例如：1860年2月林肯第一次竞选美国总统，在纽约库钥学会作演讲。他到纽约时，当地报纸已发表了许多攻击他的文章。在他登台时，还未开口，台下便掀起一片嘲笑起哄声浪。演讲开始不久，台下已十分混乱，一些共和党人高声叫嚷要他滚下台去。但林肯全然不为所动，十分镇静地按事先准备讲下去。渐渐地，会场安静下来，除了林肯的声音，只有煤气灯的燃烧声，听众都听得入迷了。第二天，报纸纷纷发表起赞扬林肯演讲异常成功的文章来。

对第二种原因的搅场，应该有谦虚谨慎、自剖自责的态度。1986年在菲律宾，竞选者科·阿基诺夫人曾被人指责为只是个家庭主妇。她上台发表竞选演说时，不少人以这种眼光看待她。反对派则公开叫嚷说她只配围着锅台转，要她回去烧饭菜。她一开口便说："我只是一个家庭主妇，对政治和经济都不甚了解，也没有经验。"这诚恳、真挚的大实话使听众一下静了下来。接着她又说："对于政治，我虽然外行，但作为围着锅台转的家庭主妇，我精通日常经济！"听众旋即爆发出热烈的欢呼。

对第三种原因的搅场，采用点幽默风趣、生动活泼的方式。譬如某厂宣传部长按厂的宣传工作计划，到一分厂宣传时事政策。分厂一些工人正为下岗问题忧虑，但在这节骨眼儿上又不敢不来听。当分厂厂长讲了部长要宣讲的时事政策内容后，底下一下炸开了锅，吵吵嚷嚷，不可开交。部长扯开喉咙大喊道："报告大家一个好消息。"台下顿时安静了下来。部长故意停了一下才说："我爱人下——岗——了！"台下先是一愣，随即响起一片热烈的掌声。接着部长就从自己爱人如何主动要求下岗讲起，将夫妻的对话、儿女反对的言辞惟妙惟肖地描述一番。待听众情绪完全调动起来后，才简要讲了讲为什么要下岗、当前下岗的形势等问题。事后，大家都说部长真会讲话。

从以上的几种方法可以看到，演讲者应该、也可以对演讲中出现的各种情况进行有效的控制，使自己的演讲取得成功。

【实践与训练】

1.分析下面的一篇演讲稿,是否体现了演讲稿的三个特性。

普通话——世界上最美的语言

朋友们:

大家好!

我一向自诩会讲一口流利标准的普通话,没想到不久前,一个老外竟当了一回我的普通话老师。

那天,我们景区来了几个美国人,我想趁此机会练练英语口语,便自告奋勇给他们当导游。谁知这几个老外摆摆手,用不大流利的普通话说:"小姐,咱们说普通话吧,中国话很美!"我听了有点儿失望,但更多的是自豪,于是我非常尽心地用普通话为他们介绍我们的每一个景点。然而,当我用"剽(bi-ao)悍"一词来形容我们演出团的一个蒙古族小伙子时,一个老外一本正经地纠正道:"不对,不对。小姐,这个词应该念'剽(piāo)悍',而不是读'长膘'的那个'膘'的音。"我听了大吃一惊——这个蓝眼睛、高鼻子的老外竟想当我的普通话老师?但我不愿扫了他的兴致,便不置可否地朝他笑了笑。回到家,当我翻开词典时,居然真的是我错了。现在想来,真是惭愧极了。

也许有人会说,一个字说错了算什么?那些不会说普通话的中国人不是照样干活,照样吃饭?我可不这样看,普通话是我们国家的统一语,每一个中国人都应该讲好它。何况我们是在祖国的窗口城市——深圳,我们从事的又是窗口行业——旅游业。我们不但要告诉来自五湖四海的客人,这里有世界上最美的景观,而且还要告诉他们,在这里,您处处都能听到世界上最美的语言——标准的普通话!

语言是一个民族的声音,从大处讲,推广普通话,说好普通话,是我们祖国屹立于世界民族之林的需要;从小处说,它是不同地域、不同文化背景中的人与人沟通交流的需要。请大家想一想,在我们的身边,那些因南腔北调所闹的笑话,那些因语言障碍所造成的麻烦还少吗?在这里,我不由得想起了我的家庭。

我的父亲是湖北人,母亲是潮汕人,当年,为了支援山区,他们来到了湖北的一座小山城。可以想象,在那偏远的地方,我那说着一口带有浓重潮汕口音的所谓"普通话"的当医生的母亲,与她的病人、同事的交流是多么的艰难呀!而且,在很长一段时间里,她与我那说四川话的奶奶之间的家常谈话也存在着严重障碍,虽然我的父亲不时地给她们充当翻译,但我们知道,如果是科学论文、官样文章兴许经得起这样一次次的翻译,可这是最朴实的家常话,每一次这样的翻译都是一次语义和情感上的剥落。于是,就在一个屋顶之下,就在一个家庭之内,语言,仅仅是因为语言,就使人与人之间的障碍那样的难以逾越,小小的家庭变得那样山高水远! 为此,在姐姐和我出生以后到了学说话的年龄时,我的母亲就让我们听中央人民广播电台——她要让她的女儿说一口流利的普通话。后来,我姐姐成了师范专科学校一名出色的普通话语音老师,而我则来到了深圳,成了著名旅游景点的播音员,用一口流利的普通话为特区的旅游事业贡献着我的力量。

到了我们这个时代,普通话和我们的祖国一样,在国际上占有越来越显著的地位——它成了联合国六种工作语言之一,成了香港、澳门同胞以及外国人争相学习的热门语言。普通话,在这个时候,它的意义已不仅仅是沟通的需要,它还代表着中华民族的繁荣昌盛! 它让我们骄傲! 它让我们自豪! 它让我们扬眉吐气了!

当我们讲一口标准的普通话时,那些音符,那些节奏,似乎在与我们的血脉一起跳动。此时,我们的心中时常会涌起一种无比亲近的感情,那是对母亲的感情! 那是对祖国和民族的感情! 我想,当我也做了母亲,我一定也要像当年我的母亲那样,最先教孩子的不是方言,也不是外语,而是最标准的普通话!

在中学时,我们曾学过都德写的《最后一课》,在国土沦陷,人民就要做亡国奴的时候,小弗郎士的老师冒着生命危险,给大家上了最后一课,他用异乎寻常的激动语调说:法语是世界上最美的语言。在这里,我也要说:让我们讲好普通话吧! 它是我们中华民族的声音! 它是世界上最美的语言!

2.在报纸杂志中寻找提示型标题、象征性标题、含蓄型标题、警惕型标题、设问型标题、抒情型标题各一个。

3.围绕"爱国"搜集演讲稿材料,不少于5则。

4.围绕"洗手"、"不能随地吐痰"等卫生问题搜集材料,不少于5则。

5.拟写《感悟》的演讲稿简要提纲。

6.拟写《怎样提高个人素质》演讲稿的详细提纲。

7.分别以"开门见山"、"曲径通幽"、"反差强烈"三种方式拟写演讲稿《青春》的开头。

8.用各种方式拟写《人格,人生的最高学位》的结尾。

9.在10分钟内,运用演讲的记忆技巧,记忆这篇演讲稿,达到能演讲的水平。

人类只有一个地球

朋友们:

当人类第一次离开地球,在太空遥望自己的家乡时,人们这才惊讶地发现,在目前已知的宇宙星体中,唯有我们人类的家园——地球,才是一颗蔚蓝色的星球。

生命意味着蔚蓝,而蔚蓝意味着生命;使地球上的一切生命能够得以生存的大气和水,也使我们的地球成为一颗蔚蓝色的星体,一颗充满生命的星体。不过,大自然在人类面前,有时也会变得光怪陆离,越来越难以驾驭了。

从加利福尼亚的暴风雪到孟加拉平原的大洪水,从席卷地中海沿岸的高温热流到持续多年不肯缓解的非洲高原的大面积干旱,地球仿佛在发疟疾似的颤抖,人类竟然也像倒退了一万年似的束手无策。

如果说,人类受到大自然的威胁,这多少有点"无可奈何花落去"之哀叹;那么人类去"威胁"大自然,这岂不是莫大的罪过? 曾经是中亚地区最大水域之一的罗布泊湖,在上世纪 70 年代还是一个大湖,但是到了 80 年代,一湖汪汪之水已被可怕的满地鸟尸所代替,难怪彭加木找不到水! 又如,被誉为"华北明珠"的白洋淀在 1984 年的春夏之际再次干涸,波光粼粼的水面从此不见,白洋淀底黄沙朝天。这种人为造成的后果,怎不叫人痛惜? 在对大自然的索取与探索中,作为"征服者"的人类,还未来得及欢庆自己的胜利,大自然就已经作出无情的报复。

据某报记载:中国目前的沙漠约 16 万平方公里是人为造成的,目前正以平均每年 1560 平方公里的速度继续扩展,若不能加以控制,到 2000 年又会有 7 万平方公里的土地,相当于一个宁夏,将沦为不毛之地! 这一现象怎不令人担忧,叫人着急? 去年 6 月初,中央电视台新闻联播节目报道了一则消息:由于掠夺性的地下水开采,使北京、天津、唐山的地下水已经是十水九空了。其中辽河平原已开采了近三分之一,黄河平原近二分之一,海河平原更高达十分之九。结果导致地面沉降,水质恶化,咸水面上升,地下水枯竭,这个警钟使多少蒙在鼓里的人幡然醒悟。请大家想想,我们究竟要给后代留下什么?

中国人太相信"柳暗花明"了,即使"山穷水尽"也不觉可怕,只是到下一个危机来临时,就容不得人们再盲目乐观了:空气、大气、河水的污染,贫氧、臭氧层的破坏和热岛效应。几年前联合国一个环保监测组,带一套仪器到中国检查,在北京机场下机后打开仪器一看,指针已到污染最高数字的尽头,超出最大测量能力,仪器失灵了! 难怪北京奥申委把治理首都空气污染作为头等大事来抓。

这个世界,可能没有什么东西比空气更重要了,可中国的许多城镇,特别是工业集中区,长期烟雾弥漫,真是"黑龙天上舞,黑雨头顶下",迫使人们发出内心的呐喊:"还我蓝天,还我红日!"

无独有偶。举世闻名的长江,是中华民族灿烂文化的象征。一部电视系列片《话说长江》,以它豪迈的气势描绘出波澜壮阔、汹涌澎湃壮美的长江画景,在人们的心中唤起多少美好的回忆……而今天的长江却不能不让人担忧了,长江边上的某市造纸厂的污水瀑布般倾出,黑乎乎的污水泡沫铺满一江,过往的轮船乘客纷纷掩鼻锁眉,长江的很多港口,江面全都蒙上尘埃和煤屑。如果李白、杜甫再世畅游长江一定会不解,一腔诗兴从何发起? 或者白居易的诗该会写成:"一道残阳铺水中,半江乌黑半江浊。"

"只有一个地球",这是1972年在斯德哥尔摩召开的人类环境会议上提出的一个响亮口号,去年世界的"环发"会议,各国首脑再次呼吁人们注意:人类"只有一个地球"。朋友们,听到这里,大家应该猛醒了:"保护环境,人人有责!"再不要让大量的森林被砍伐,植被遭破坏,水土遭流失。地球,美好的家园,谁不想那蔚蓝色的海风化为雨水,重新滋润那片干涸的湖泊和干裂的土地,谁不想那清新的空气迎面吹拂,叠翠的山峦、明净的河水、蔚蓝的天空永远向人类展示勃勃生机。

自古以来,从夏禹治水到今天三峡工程的筹建,从女娲补天到营造绿色长城,这一切无不体现了中国人民保护大自然、改造大自然的雄心大略。朋友们,我们也应该踊跃加入"环保"的行列,积极行动起来,为让那一片蓝天永远保持蔚蓝,让大自然的森林永远郁郁葱葱,让碧波荡漾的河水永远明净……努力吧!

朋友们,让我们都永远记住:人类,仅有一个地球!

10.体会下面这篇演讲稿的语言特色,有感情地朗诵。

今天我十八岁

各位领导,各位老师,亲爱的同学们:

大家好!

今天,我想借花献佛,为我们的十八岁唱一首赞歌。

小时候,总是那样的天真,那样的幼稚,总以为靠着自己的天赋,即使种下一粒石子,也能收获一座巍峨的大山。登上十八岁的舞台,才知道要实现理想,还需要许许多多现实的土壤;成功的路上,也不总是鲜花铺地,还有恼人的风雨,刺人的荆棘……

但你畏惧了吗? 退缩了吗? 不,登上十八岁的台阶,我们应该比任何时候都更感到时间的滚滚流逝。岁月匆匆,难道你真的愿意做一名匆匆过客? 青春年少,难道你真的愿意人生如梦?

苦恼悲观的日子,鲜花凋零的日子,也曾仰头问天;冥冥中,也曾想起妈妈那颤抖的话:外面风大,要早些回家。是的,外面风很大,雨也很急。但我不再害怕,因为我已经十八岁了。我的肩膀虽然稚嫩,但我的心中,却有一枚辉煌的太阳!

十八岁,明白一个道理:花有开有落,人有离有合。十八岁,记住那个道理:只有得失两忘的人,才会执着追求,风雨兼程;只有宠辱不惊的人,才能得失两忘,勇往直前。十八岁,把那个道理,刻在心里,坦然地面对成功和失败,坦然地面对眼泪和笑容,因为我们已经十八岁了。十八岁,这个火一样的年龄啊! 失败和险阻又能将我奈何?

十八岁,我们不具有"山舞银蛇,原驰蜡象"的磅礴气势,却具有"欲与天公试比高"的精神,只要奋斗,就能成功,正所谓"自古英雄出少年",何况社会上洪流滚滚,我们不用担心"英雄无用武之地"。

十八岁,我们脚踏大地,头顶青天;十八岁,我们仰望明月,追赶太阳;十八岁,不畏艰难,不畏险阻,敢踏出荆棘泥泞;十八岁,倾热血为江,以信心筑船,证明自己便是远方的航标灯。

同学们,我的同龄人,我的朋友们! 不为别人,就为自己,就为岁月赐给我们年轻的臂膀和这一腔热情,伸出你年轻的双手吧! 擎起希望的火炬,让我们劈风斩浪,走向辉煌的明天!

谢谢大家!

11. 在《选择》、《今年我十八岁》、《青春万岁》、《责任》、《五星红旗,你好》、《春天的断想》中选一题目,写作一篇演讲稿。

12. 围绕"成长"的主题,自由命名,写作一篇演讲稿。

13. 在年级中进行一次演讲比赛,注意肢体语言的运用以及控场的技巧。

第四章

论辩口才训练

论辩是"确证某一思想正确"的思维过程,也是人们探求真理、宣传真理、捍卫真理的过程。所以在外交上、法庭上、学术上、日常生活中……常常要用到论辩这一方式。

论辩具有对立性、逻辑性、应变性等特点。观点针锋相对是论辩的突出特点。论辩中,为了达到说服或驳倒对方的目的,就要运用逻辑这一工具。论辩就必须遵守逻辑思维的一般规律,否则就不成其为论辩,也谈不上逻辑性和说服力。

辩论赛,是指两支辩论队在事先规定人数、规定程序、规定题目、规定时间的情况下,并按抽签所选定的各自的立场,通过交替发言,论证本方观点、攻击对方的观点,最后通过评委打分,来决定胜负的一种训练方法。

辩论赛是一种短兵相接的言语对抗,也是机敏应变能力的较量。在辩论赛中,双方随时都可以从各个角度向对方发难。同时,双方又必须面对一些意想不到的难题,随机应变、快速应对。因此,你有来言我有去语,快速问答,便是辩论赛中语言的显著特点。

辩论可以用口头语言或书面语言进行,辩论的目的在于批驳谬误、探求真理,参加辩论的可以是对立的两方,也可以是意见的众多方面。而辩论赛是训练口才的有效手段。论辩知识是辩论赛的主要武器,辩论赛则是论辩训练的主要途径。

第一节 论辩的技巧

论辩与逻辑有密切的关系,逻辑是论辩的主要工具。斯大林曾这样描述过列宁的说辩:"当时使我佩服的是列宁演说中那种不可战胜的逻辑力量,这种逻辑力量虽然有些枯燥,但是紧紧地抓住听众,一步一步地感动听众,然后就把听众俘虏得一个不剩。我记得当时有很多代表说:'列宁演说中的逻辑好像万能的触角,用钳子从各方面把你钳住,使你无法脱身:你不是投降,就是完全失败。'"一个人的论辩要充满魅力,就必须具有令人倾倒的逻辑力量。

一、论辩的逻辑技巧

1.三段论法辩论

三段论法辩论是指以三段论推理为主的论辩。例如：

有一次，钢琴之王李斯特到克里姆林官演奏。他开始演奏了，沙皇还在谈着闲话。于是他停止了演奏。沙皇问他为什么不弹了？他谦卑地(实质上是骄傲)欠身说：

"陛下说话，小子理应缄默(不弹钢琴)。"

这就是三段论的推理，他的逻辑是：

陛下说话，小子理应缄默。

现在陛下在说话。

所以小子理应缄默(不弹钢琴)。

2.选言法论辩

选言法论辩是指以选言推理为主的论辩。例如：

毛拉去集市买毛驴。卖驴的地方挤满了乡下来的农民，有一个衣冠楚楚的家伙经过那里，说道："这地方真脏，除了农民，就是毛驴。"毛拉听了，上前问道："先生，您准是位农民了？""不！我才不是农民哩。""那您又是什么呢？"

聪明的毛拉利用对方的话中隐含的一个不相容的选言判断，诱使对方陷入了一个尴尬境地。他的推理是这样的：

这地方真脏，除了农民，就是毛驴。

你在这个地方，你要么是农民，要么是毛驴。

既然你不是农民，那么你就是毛驴。

3.假言法论辩

假言法论辩是指以假言推理为主的论辩。例如：

早晨，一位老农妇牵着两头驴去集市上，两位贵族骑着马，不期而遇。两位贵族说："你早，驴妈妈！"农妇回答："你们早，我的孩子们！"

两位贵族本想嘲笑老农妇是驴的妈妈，而老农妇看似平淡的回答却是一个非常厉害的假言法论辩。推理过程是这样的：假如我是驴妈妈，那么你们就是驴的孩子；假如你们不是驴的孩子，那么我就不是驴妈妈。

4.二难法论辩

二难法论辩是以二难推理为主的论辩。例如：

有个方士献给汉武帝一坛酒，告诉汉武帝是仙酒，喝了他可以长生不死。汉武帝就命人将酒藏起来，准备日后饮用。东方朔知道后，就想办法把酒偷喝了。汉武帝得知，勃然大怒，要将东方朔斩首示众，东方朔却哈哈大笑起来,汉武帝问:"我要杀你,你为什么还要笑?"东方朔说:"如果这酒真能使人长生不死,那么,你就杀不死我。如果真能将我杀死,这酒就不是长生不死之酒。皇上能为这'假仙酒'而将我杀掉吗?"汉武帝听了,就赦免了东方朔。

（资料来源:薛智.青年论辩说服能力训练教程.北京:中国青年出版社,2002年）

东方朔的二难推理如下:

如果这酒是"不死之酒",那么你杀我,我也不会死;

如果这酒是假仙酒,那么,你不值得把我杀死;

这酒或是"不死之酒",或是假仙酒;

总之,或者杀不死我,或者不值得杀我。

5.归纳法论辩

归纳法论辩是以归纳推理为主的论辩。归纳法分完全归纳法和不完全归纳法。完全归纳法就是列举所有的可能情况,这些对象都有一定的相同特征。不完全归纳是从大量的个体现象中推出事物共同具有的属性,虽然结果可能会出现错误,但确是论辩中常用的证明方法。例如:

"嘴上无毛"就是一定"办事不牢"吗?古今中外许许多多军事活动家,恰恰都是风华正茂的时候,建立起了不起的功业的。民族英雄岳飞20多岁即带兵抗金,当节度时只有31岁;其子岳云12岁从军,14岁打随州率先登城,成了军中骁将,20岁时就当了将军。曾经统帅大军席卷欧洲大陆的拿破仑,从土仑战役中击溃保皇复辟势力,被晋升为少将时,才24岁;统兵攻意大利,战胜奥地利的时候才27岁。俄国十月革命的军事统帅伏龙芝,不到30岁时即当了东线和南线的指挥官,独当一面,任国防部长时才40岁。在我们军队里,许多老帅参将们,多数不也是在二三十岁的时候就当了师长、军长、军团长以至方面军总指挥吗?可见"嘴上没毛"与"办事不牢"之间并没有必然联系,关键是有才与无才,套用一句古话来说:"有才不在年高,无知空长百岁。"

6.类比法论辩

类比法论辩是以类比推理为主的论辩。类比推理是根据事物的相同点用已知事情说明未知事物,它能启发人的思维,起到触类旁通的作用,它也可以抓住要害,迫使对方主动放弃错误主张。例如:

香港茂隆皮行与一英商签订了一个合同,订购十万只皮箱。货到后,英国老板故意刁难说皮箱不都是皮做的,里面有木头,因此不是皮箱。官司打到了法庭上。冯云锦律师担任茂隆皮行的代理人。在法庭论辩阶段,冯云锦律师拿出一块金表问英国商人和法官是不是金做的,他们回答只镀了一层金。冯律师又问叫不叫金表,他们都说叫金表。冯律师说:"既然如此,金表只镀了一层金叫金表,那么皮箱只包了一层皮,为什么不能叫皮箱呢?"显然,冯律师利用类比推理,彻底驳倒了英国老板蛮横无理的刁难,只得依法向茂隆皮行赔款。

在这则例子中,冯云锦律师从金表只镀了一层金叫金表,类推出皮箱包了一层皮,也应该叫皮箱的结论,论证严密,有理有据,因而能胜诉。

7. 反证法论辩

通过证明与自己的论题相矛盾的反论题是错误的,从而确定自己的论题是正确的。应注意的是:反论题必须与正论题有矛盾关系。例如:

> 1999 年国际华语大专辩论赛西安交大的郭宇宽,在"美是客观存在/美是主观感受"中的一段辩词:"…… 对方同学告诉我们美是一个客观的东西,大家应该把握一个统一的标准,真的是这样吗?刘德华说他的梦中情人有一头乌黑亮丽的长发,而我的梦中情人却是一头乌黑亮丽的短发,这怎么统一得起来呢?假如真要统一的话,那到底是刘德华错了,还是我错了?假如我们俩都没错的话,那肯定是对方辩友所说的标准是客观的错了……"

很显然,当"美是一个客观的东西,大家应该把握一个统一的标准"是假的,那么"美是主观感受"的命题就是真的了。

8. 归谬法论辩

有时知道对方的论题是荒谬的,直接指明效果不一定好,倘若先假定对方的论题是真的,然后根据这个假定引出一个更为荒谬的论点,则会收到意想不到的效果,彻底驳倒对方的论点。归谬法经常使用推理、判断、类比等方式导出对方论点的荒谬。例如:

> 俄国著名文学批评家赫尔岑,在一次宴会上被轻佻音乐弄得非常厌烦,便用手捂住自己的耳朵,打起瞌睡来。女主人对赫尔岑的举动有些见怪,就问他:"先生,你不喜欢音乐吗?"赫尔岑摇了摇头说:"这些轻佻的音乐使人厌烦。"女主人惊叫起来:"你在说什么呀?这里演奏的都是流行音乐!"赫尔岑反问道:"难道流行的音乐就一定高尚吗?"女主人不服气地说:"不高尚的东西怎么会流行呢?"赫尔岑笑着说:"那么流行性感冒一定也很高尚了!"

赫尔岑假定女主人的论点是正确的,并以此推出"流行性感冒一定也很高尚"的荒谬观点,从而推导出女主人"流行的东西都是高尚的"这一说法的荒谬。

9. 就地取证法论辩

在论辩或交谈中,因为各种原因辩手或说话者都可能会出现一些语言上、逻辑上、内容上的漏洞,及时抓住漏洞进行反驳,不仅可以取得主动,鼓舞己方士气,而且对对方的心理会造成一定的压力。例如:

> 1993 年首届国际大专辩论赛中,复旦代表队在与剑桥队的对垒中,在自

由辩论一开始,剑桥队的季麟扬同学的发言中说:"……第二个问题,我们李光耀总统当初在推行道德建设的时候,……"复旦队的蒋昌建同学在对方发言结束马上指出:"首先指出对方一个常识性错误:李光耀是总理而不是总统。……"

不仅博得满堂的笑声和掌声,而且起到干扰对方心理,迫使对方在以后的应对中不得不小心谨慎的作用。

10. 例证法反驳

古人所说的"以其人之道,还治其人之身"说的就是模仿这种方法,这一方法在论辩中行之有效。因为反驳一方运用的是被反驳方的立论方法,对于反驳一方的反驳,被反驳方无可辩驳,所以只得自食其果。归谬法论辩也是其中的一种形式。

例1:

有个狡猾的财主,对一个相马人说:"我给你一百块钱,你给我买一匹我最喜欢的马来。"

相马人问:"你喜欢什么颜色的马?"

财主说:"我不要黑马、白马,也不要黄马。"

"那么,我就给你挑一匹灰马吧!"相马人说。

"也不要。"财主说。

"那么,就红马、棕马或几种颜色交错的马!"

"也不行。"

聪明的相马人知道财主是有意刁难,于是说:"啊,是这样! 那我就去试试吧!"相马人收下银元就走。

这时,财主叫住相马人问道:"什么时候,你把马牵来呢?"

相马人回答说:"不是今天、明天……也不是后天,反正会在那一天,我把马牵来。"

财主一听,连叫了几声:"啊! 啊! 啊!"急得说不出话来,只好眼睁睁地看着相马人带着银元走了。

财主的回答违反了选言推理规则,故意刁难相马人,聪明的相马人模仿对方的错误逻辑,让财主哑巴吃黄连,有苦说不出。

例2:

梁晓声是知青出身的青年作家。他的作品在国内外产生了一定的影响。一次,英国一家电视台采访梁晓声,现场拍摄电视采访节目。采访记者40多岁,是个老练机智的英国人。采访进行了一段时间后,记者让摄像停下来。记者走到梁晓声跟前说:"下一个问题,希望您做到毫不迟疑地用最简短的一两个字,如用'是'与'否'来回答。"梁晓声点头认可。

遮镜板"啪"的一声响,记者的录像话筒立刻伸到梁晓声嘴边。记者问道:"没有文化大革命可能不会产生你们这一代青年作家,那么文化大革命在你看来,究竟是好是坏?"

梁晓声略微一怔,未料到对方的提问竟如此之"刁",分明有"诓"人上当之意。他灵机一动,立即反问道:"没有第二次世界大战,就没有以反映第二次世界大战而著名的作家,那么您认为第二次世界大战是好是坏?"他的回答如此巧妙,把球又踢给了对方,英国记者无言以对。

(资料来源:赵毅,钱为刚。言语交际。上海:上海文艺出版社,2000年)

梁晓声在接受记者采访时必须遵守礼貌原则,对提问进行回答,而对这类问题并不能轻易以"是"或"否"来回答,否则就钻入了记者的圈套。于是梁晓声选择了直接模仿对方的言语形式的外壳、运用类比的方法,把问题转到"第二次世界大战",将球踢还对方,这是特定的言语环境制约下的一种腾挪手法。通过模仿提问的反问与提问所生成的会话含义,向记者传递了一个信息,即我的观点也是你的观点,你的回答也就是我的回答,把电视观众期待回答的注意引向了提问者,从而摆脱了困境。

11. 抓实质反驳法

只要抓住对方实质性的错误进行反驳,就能使对方失去还击的力量。所谓实质性问题,就是事物的根本。因此在论辩中必须透过表面现象,抓住事物的根本进行反驳,这样才能击中要害,使反驳具有强大的力量。例如:

20世纪40年代,一次某大学举行抗议美军暴行的集会,一位美国记者突然问集会发起人:"先生,您认为美国侵略了中国吗?"

发起人回答:"是的。"

美国记者又问:"那么,请你说清楚,美国到底派了多少军队进攻中国?"

发起人义正词严地回答:"在我看来,中国领土上只要有一个美国士兵,那就是侵略!"

这位发起人以敏锐的思维,找出了居心叵测的美军记者的问话实质:准确的美军数量等于侵略的本质。如果说不清美军数量就等于说不清美军侵略的事实。在当时,对于一个普通的中国人的确难以回答出具体的在华美军数量,但这位聪明的发起人巧妙地避开具体的数量,从最基本的数量概念来揭露侵略的实质:"中国的领土上只要有一个美国士兵,那就是侵略!"

二、论辩的语言艺术

1. 返还闪避术

返还术就是面对对方的恶语攻击,采取针尖对麦芒的反唇相讥法把对方的"恶语"还给对方以保护自己的一种论辩方法。也可以借对方的逻辑、办法、道理来组织反击的语言。例如：

> 台湾著名作家李敖先生在他的自传里讲了这样一件事情：
>
> 有一次李先生在某所大学里做讲座，接受学生的提问，问题都是写在纸条上面递上来的。有一位学生恶作剧式地在纸条上写了"王八蛋"三个字，李敖先生看了并不生气，反而笑着说："别的同学都是只提了问题，没有写名字，而这位同学却只写了名字没有提问题。"这样一个机智的反应既化解了一个尴尬的局面，又使恶作剧的同学得到了一个小小的教训，而且不失大家风范。

2.喻证法论辩

与类比法的区别在于：喻证法是建立在比喻基础上的论辩，类比法是建立在类比推理的基础上的论辩。例如：

> 加里宁是俄国布尔什维克的一位杰出的宣传鼓动家，一次，他向某地农民代表讲解工农联盟的重要性。尽管他作了详尽的严谨的论证，但听众始终茫然而不得要领。有人问："什么对苏维埃政权来说更珍贵，是工人还是农民？"
>
> 加里宁乘机反问："那么对一个人来说，什么更珍贵，是右脚还是左脚？"
>
> 全场静默片刻，突然爆发出雷鸣般的掌声。农民代表都笑了。

一大篇抽象论证没能说服农民，一个浅显的比喻却说尽其深蕴之理。

3.旁征博引进行论辩

论辩中，引用或活用名人名言、典故、事例、俗语、惯用语等来证明己方观点的正确或对方观点或理由的错误、荒谬的方法叫引证法。例如美国历史上经选举产生的最年轻的总统约翰·肯尼迪，在竞选时杜鲁门攻击他在年龄和经验问题上的不足，并尖锐地发问："参议员，你是否肯定，你已为治理这个国家做好了充分的准备，或是这个国家已为接受你担任总统做好了准备？我们需要一位尽可能成熟和有经验的人。我可否劝你耐心等一下呢？"面对责难，肯尼迪在进行了一番有力的驳斥之后，在自己论辩的结尾这样说：

> 杜鲁门先生问我是否认为自己已经准备好了。这使我想起一百年前的亚伯拉罕·林肯来，他那时还未当总统，在他受到老政客们的围攻以后，写下了这些话："我看到暴风雨来了，我知道这是上帝的旨意。要是上帝指定一个位置、一份工作给我，我相信我已经准备好了。"今天我对你说，假如这个国家的人民挑选我当总统，我相信我已经准备好了。
>
> （资料来源：李天道.外国论辩词名篇快读.成都：四川文艺出版社,2005年）

针对杜鲁门的"是否做好了准备"的问题，肯尼迪最后引用林肯的话对杜鲁门作了强有力的回击，同时也表明自己毅然决然的决心和誓言，很多人被他的智慧、勇气所折服,成了他们忠实的支持者。

4.幽默论辩法

风趣含蓄、诙谐生动的幽默语言显然不同于通常的证明与反驳,它既无论辩的过程,也无反驳的程序,而是以谐趣的方式,达到明辨是非的目的,揭开荒唐的外衣,暗示事物的本质,从而在论辩中达到很好的效果。这比采取锋芒毕露、相互抨击的语言,效果会更好,更具有说服力。

在运用讽刺幽默时,要抓住有利时机进行有力的反驳,而且我们还应该把握好度,把讽刺锋芒隐藏在幽默中,从而在笑声中给对手以沉重打击。但如果恶意中伤,则会起到相反的效果。

例如:

在第二届亚洲大专辩论会关于"儒家思想可以抵御西方歪风"的辩论中,反方复旦队代表有这么一段辩词:

> 在孔子时代也有歪风,正所谓歪风代代都有,只是变化不同。孔子做鲁国司寇的时候,齐国送来了一队舞女,鲁国的季桓子马上"三日不朝"。而对这股纵欲主义的歪风,孔子抵御了没有呢? 没有,他带着他的学生"人才外流"去了。(笑声、掌声)这能叫抵御"西方"歪风吗?

这段辩词巧妙地古今连用,风趣幽默,切题而有新意,"人才外流"一说更是以诙谐的笔法勾画了儒家面对"东方歪风"手足无措的窘态,且由于对手台大队在前一场比赛中辩论的主题是关于第三世界国家人才外流能否抑制,因而取得了极好的论辩效果。

第二节　辩论赛

中国观众接受电视辩论始于 1986 年北京大学及 1988 年复旦大学在新加坡亚洲大专辩论会上夺冠的精彩表现。1988 年的辩论"儒家思想是否能够抵御西方歪风",在国内引起思想、文化界的大讨论。辩论对 20 世纪 80 年代中后期的思想开放起到了推波助澜的作用。"亚洲大专辩论赛"始于 20 世纪 80 年代中期的新加坡,由新加坡电视机构主办。当时主办这个节目的目的主要是为了扩大华语在世界上的影响。1992年新加坡电视机构总裁访华,提出想与中国中央电视台共同主办亚洲大专辩论赛。基于观众对辩论节目的喜爱,中央电视台于 1993 年与新加坡电视台机构(国家电视台)联合举办了首届国际大专辩论会。中国派出复旦大学参赛,姜丰、严嘉、季翔、蒋昌建珠联璧合、势如破竹、终获冠军。蒋昌建获最佳辩手奖。华语辩论赛以它流畅优美的言语、深刻睿智的思想深受观众喜爱,中央电视台播出全部比赛的七场录像后更在全国掀起辩论风潮。一些地方电视台、大专院校都纷纷举办各种形式、内容的辩论赛。

一、辩论赛的赛制

大学生辩论的新加坡赛制自 1986 年首届亚洲大专辩论赛起,在十年的时间里,一直成为中国内地大学生辩论所采用的主流,甚至是唯一的辩论赛程式。上海教育电视台自 1996 年的第二届"中国名校大学生辩论邀请赛"起采用了一种新的赛制,此后中央电视台在全国大专辩论赛、国际大专辩论赛中不断推出各种新的赛制。虽然近年来对赛制进行一些改革,但每场的参赛队还是两个,一队为正方,另一队为反方;正反方的分配,一般于辩论赛前若干天抽签决定。正反两方的参与辩论的人数相等,运用较多的是每组 4 人或 3 人。这里我们介绍两种具有代表性的赛制。

1. 新加坡模式(1993 年、1997 年国际大专辩论赛)

这是使用最广泛、最简单的模式,风格独特,历史悠久。这种赛制论述的成分比较多,所以以比较容易讲明白深刻的道理,但由于辩的成分较少,所以曾受到人们的批评。

具体模式如下:

四人固定辩位

(1)正方一辩陈词	3 分钟
(2)反方一辩陈词	3 分钟
(3)正方二辩陈词	3 分钟
(4)反方二辩陈词	3 分钟
(5)正方三辩陈词	3 分钟
(6)反方三辩陈词	3 分钟
(7)自由辩论	每方 4 分钟,共 8 分钟
(8)反方四辩总结陈词	4 分钟
(9)正方四辩总结陈词	4 分钟

总时间约 30 分钟

2. 2003 年国际大专辩论赛新赛制模式

本届国际大专辩论赛在赛制上作了较大调整,环节更加多样,内容更加丰富,节奏更加紧凑,形成了立论、盘问、驳论、对辩、嘉宾提问、自由辩论、总结陈词一整套的模式,为本届比赛增添了不少新意。

具体模式如下:

四人自由辩位

1. 立论:正方发言	3 分钟
2. 立论:反方发言	3 分钟
3. 盘问:反方提问,正方回答	2 分钟
4. 盘问:正方提问,反方回答	2 分钟

5.驳论:反方发言   2分钟

6.驳论:正方发言   2分钟

7.对辩:正方先发言   2分钟

8.对辩:反方先发言   2分钟

9.嘉宾提问:先向正方再向反方 4分钟

自由辩论:正方先发言   6分钟

11.反方总结陈词   3分钟

12.正方总结陈词   3分钟

总时间约34分钟

2003年国际大专辩论赛新赛制与以往最大的不同之处就在辩位安排上。本届比赛依然为四人制,但不同的是,取消了辩手的固定辩位,辩手不独立承担任何一项比赛程序;教练作为代表队成员,从幕后坐到台前,直接与辩手交流、进行战术指导等。

从形式上看,盘问与对辩都是双方一对一的交手,只是盘问只准一方问,一方答,而对辩比较自由,双方可问可答。盘问是要让提问的一方牢牢控制住辩论的方向,盘问方必须使自己处于主动的、积极进攻的地位,不能让对方有机会为自己进行长篇大论的辩护;对辩本质上是一种明晰双方争议点的过程;驳论环节要求针对对方的论点论据作驳斥,以此增加比赛的对抗性和辩手临场发挥的空间。这一模式除了立论陈词可以事先准备,其他的(环节)确确实实都只能现场发挥,增加了辩论会的激烈程度。

二、辩论赛的准备

1.确定辩题的类型

每一个辩题都包含着特定的论争范围。辩题确定之后,首先要确定辩题的类型,从宏观上分析辩题所涵盖的领域,明确辩题对己方的利弊难易,做到知己知彼。不同性质、不同形式的辩题在论辩方向、逻辑设计、立论角度、论证方式等方面应有不同的处理。下面是引自《辩论阶梯》中的根据辩题的表现形式划分的辩题类型及对策。

从辩题的表现形式出发,可将辩题分为绝对型辩题、判断型辩题、比较型辩题、利弊型辩题等。

(1)判断型辩题

主要是对辩题进行分析并做出判断,作为辩论的焦点——辩题,对其可以根据其所表达的内容和目的做出更进一步的划分。

①是非判断型辩题

该类型变题的主要特征是对一个命题进行是或非的判断,例如"恶贯满盈的人是否值得同情"、"仁者是否有敌"等。对于这样的辩题,首先要分析其特征,然后建立起逻辑框架和理论与事实的依据。极为重要的一点是,对于这类辩题,辩论双方的立场都应是十分明确的,不存在相互含糊的成分。是或不是,都必须作为肯定的观点呈现出来。

②价值判断型辩题

有一些辩题,主要是从一个问题的价值取向上来看,然后在价值层面上展开讨论的。这类辩题讨论的往往是"应不应该"的问题,比如"人是否生而平等"、"医学的发展有没有伦理界线"等。拿第一个辩题来说,反方可能会较多地从现实出发,用事实讲话,因为在现实生活中,的确可以找到很多的论据;而作为正方,要论证的是人生而平等,在事实论据不够强有力的条件下,可以试着换一条思路,从价值层面来分析,即论证人应该生而平等,这样,就会容易许多。

③事实判断型辩题

这类辩题是从现实出发,根据一定的现实背景,以现实为依据展开讨论。这类辩题是有一定的现实意义的。所以入手这类辩题时,应当先进行适当的背景分析,侧重点一定要基于社会现实基础,从事实出发。例如"美是客观存在还是主观感受"、"电脑是否给人类带来福音"等。就后者而言,它的背景是电脑技术的日新月异,对人们的生活、工作的帮助越来越大,人们对电脑的依赖性也越来越强。我们在分析此辩题时,就应当立足于现实,看看电脑究竟是否给人类带来了福音。

④预测型辩题

预测型辩题,顾名思义,是对将来的一种预测的争议,它一般是对"必然性"或"或然性"的论证。必然性就是对事物的发展有最终的定位,得出"……必然……"的结论,例如"电脑是否必定取代书本";而或然性辩题则是对可能性的论证,例如:"生态危机有没有可能毁灭人类"。正是因为这一类的辩题是在预测未来的可能发展,所以就具有一定的伸缩性,因为对于现在尚不存在的事和尚未实现的目标,人们不可能用现实存在来证明其观点的正确与否以及是否可能、合理,而只能尽可能地在理论上做出严密的推理,用已知的事情发展历程来推断它的发展趋势。

(2)比较型辩题

比较型辩题主要是在两者之间先做比较,然后得出一个"……更……"或是"……比……"的结论。其中有一点十分重要,就是该类型辩题重在比较,绝不是说谁更……,谁就是绝对的……。就好比说"张三比李四胖",事实上可能他们两个都很胖,或者一个很胖一个很瘦,还有可能两个都很瘦,所以,必须进行比较,从而证明张三相对于李四而言是胖的。这一类型的辩题有很多,例如"男人比女人更需要关怀,还是女人比男人更需要关怀"、"发展知识经济自然科学和社会科学哪个更重要"、"回首20世纪喜大于忧还是忧大于喜"等。就拿第一个辩题来说,它并不是要我们证明男人和女人哪个需要,哪个不需要关怀,因为"更需要"这三个字实际上隐含着一个前提,就是男人和女人都是需要关怀的,问题的关键在于谁更需要关怀。对于这类论证,就必须通过两者的对比,才能得出结论。

(3)利弊型辩题

利弊型辩题其实主要是对一个事物利大还是弊大而进行的讨论,同上一类辩题类似的是,两者也得做出比较,才能得出结论。即并非只讨论有利还是有弊,而是要讨论在既有利又有弊的情况下,利大还是弊大。这类辩题有一个前提性的问题需要双方首先论证,同一个事物或者同一个现象针对不同的主体如何评价利和弊。在辩论赛中我们经常能遇到这类的辩题,例如"足球比赛引进电脑裁判利大于弊还是弊大于利"、"外来文化对于民族文化的发展利大于弊还是弊大于利"等。就前者来说,先要认识到足球比赛引进电脑裁判是既有利又有弊的,在对利和弊进行严格的比较以后,然后再判断孰多孰少。

这类辩题比较忌讳过于主观和武断,只承认有利或有弊,对利弊兼有完全否决,然后得出利大还是弊大的结论。我们有时能在辩论场上看到这样的局面,一方列举了很多的弊端,对于优点绝口不提,甚至全盘否决。最后得出结论:弊大于利。这样辩论是不客观的,从逻辑上看也是不成立的。所以,对于这类的辩题,最好的处理方法就是先肯定利弊兼有,这样给大家的感觉很客观,也容易得到大家的认同和好感。

利弊型辩题在讨论和辩论的过程中,还会在判断利弊的标准问题上产生分歧。这个问题的展开和深入也是此类辩题所不能回避的。因此,利弊判断标准是利弊型辩题的预设性前提。

(4)绝对型辩题

这类辩题的特征是,辩题一方的观点是十分绝对的,而另一方不是绝对的,有很大的回旋余地。相对说来,辩题对于不是绝对的那一方来说有一些优势。举个大家比较熟悉的辩题:"生态危机可不可能毁灭人类。"很显然,这个辩题对于正方(生态危机可能毁灭人类)来说是有一定的偏向的。因为我们知道"可能"这二字的范围是很广的,只要有那么一点点的可能性,我们就可以称之为可能。而作为反方,"不可能"的定义是十分狭小的。因为证明或然性比证明必然性要容易得多。所以,他们取证的范围很小,困难自然也很大。不过,这也并非绝对。在论证可能性的时候有一个很著名的推论:"一只蝴蝶扇一扇翅膀,就可能引起美国西海岸的飓风。"就是通过事物之间的关联性,将可能推到极致,从而得出荒谬的结论。同时,可用这种归谬的方法论证这种可能的不合理性。

2.全面深入地把握辩题的内涵

从宏观的角度确定了辩题的类型以及辩题的性质、方向后,还应进一步对辩题进行分析研究,做到全面、深入地把握辩题的内涵。

(1)从辩题的概念入手

当我们对任何一个命题进行分析时,都会涉及一些基本概念。概念是进行判断和推理的前提,辩题中的概念本身包含着一定的内涵和外延,概念之间还可能存在彼此相连的逻辑关系,因此辩论双方会把辩题分解成最小的意义单位,并对每个概念进行研究,确定它的含义、作用。为了能在辩论中占有优势,往往会对辩题中的关键性概念进行技术处理,常用的方法是在自己的逻辑框架下重新"定义概念",这样有利于本方的立论及逻辑推理的进行。

以 1993 年新加坡国际大专辩论赛复旦与台湾大学在决赛中的辩题"人性本恶/人性本善"为例。新加坡是个崇尚"人性本善"的国度,加之担任评判的大多数专家学者也是"人性本善论"者,辩题对反方很不利。"人性本恶"这一辩题中的基本概念有"人"、"性"、"人性"、"本"、"恶"五个,复旦队在辩论中并没有通过常规的查词典方法来给这些概念下定义,也没有给这些概念下明确的定义,而是根据自己立论的需要采用描述的方法进行"定义"。"所谓'描述',也就是不进行概括和规范,不揭示概念之本质含义,只是从现象上对概念进行描述,甚至是同义反复的描述。"请看:

人性——由自然属性和社会属性构成,自然属性指人的无节制的本能和欲望。

本——本来的、先天的。

恶——本能和欲望无节制的扩张,善是对本能的合理的节制。

正是复旦队对辩题中关键性的概念"恶"作出了利于本方立论的解释,拓宽了本方的论证区域,排除了很多不利于己方的论点、论据,赢得了场上的主动,赢得了最终的胜利。

(2)以提问的方式理解辩题

在分析辩题的过程中,应尽量打开思路,从历史和现实的状况对辩题进行全面的思考,还要从对方的角度立场进行换位思考,做到对辩题涉及的主要论争点成竹在胸,这样才能在场上占据主动,也只有这样才能确定自己的最佳立论点,辩手在场上才能做到头脑清晰、逻辑明确、从容应答。

1995 年国际大专辩论赛冠军队——南京大学队的教练周华安在这一点上作过有效的尝试。他在一篇文章中写道:

在准备"愚公移山"一题时,南大队一些辩手沉迷于只想到"点",没想到"面",他们对愚公移山可不可能的探究上,走入了"因为不可能",所以"不应该"的浅表论证思维中,这在场上几乎是不堪一击的。因为辩题很明显,是一个价值判断,又是以寓言传说为根据的,在中国这样一个仁人志士一向"知其不可而为之"的确信精神力量的国度,你仅用事实推不到愚公移山价值选择的合理性。因而假如视野打不开,就会注定失败的命运。看到这一点,我给辩手发散启迪,让大家围绕下面一些问题查阅资料,相互碰撞,加深理解——

1.愚公面对的主要困难是什么?

2.愚公移山会产生什么样的问题?带来什么样的影响?

3. 愚公为什么应该搬家？

4. 移山精神是否就是中华民族精神的本体？

5. 移山行动与文明发展规律是否一致？

6. 愚公应该搬家的主观、客观依据是什么？

7. 愚公搬家的文化支撑何在？

8. 愚公应该搬家的价值体悟在哪里？

9. 应如何估价愚公搬家的"智"？搬家之"勇"，"勇"在何处？

10. 中外有哪些搬家、类搬家神话？

在抛出上述 10 个问题之后，辩手们即刻消泯了某些盲目、混乱、焦躁情绪，由"点"想到"面"，进入移山还是搬家的历史、文化、价值、发展的全面思索的氛围中，平心静气地从过去和现在、主观和客观、智与勇、中国和外国的多重比较寻求可强化自己立场的理论和事实，由此确立的传达逻辑才具有某种真正意义的科学性。

3. 巧妙立论，设计逻辑框架

赛场辩论的辩题一般是中性的，即没有是非真假结论的句子，而正方要证明这个没有是非真假的句子是真的，反方则要证明是假的，因此，辩论双方要想获胜，就不能像一般辩论那样严格地遵循逻辑思维的一般规律，而是要绞尽脑汁通过立论、通过逻辑设计把辩题变成对己方有利，对对方不利的命题。复旦的王沪宁教授说过："逻辑设计，说到底，就是做一个大筐，把对方的逻辑包括进来，这样的逻辑设计就有利。如果你的逻辑设计被对方包括进去了，你就会被动。关键是这个大筐如何来做。每次辩论都不同，每个场合都不同，还是要应变。"

辩论赛中当辩题对自己不利时常用的立论方法有以下四种。

(1) 拓展命题，升华主题

在辩"人性本善/本恶"时，"人性本恶"的命题对反方复旦不利，大多数评委和观众难以接受这一观点。所以，复旦队经过多次调整，采用拓展命题的方式来进行"人性本恶"的立论：在事实层面，人性先天、与生俱来是恶的；在价值层面，我们并不鼓励恶，我们希望通过教化来使人性向善的方向发展。逻辑设计则是：人是有理性的，有理性就能接受教化。这样的立论既没有违背人性本恶这一主题，又没有局限在善恶之争上，而是拓展辩题，强调教化作用，突出了抑恶扬善的主张。这就更易于评委和听众接受、认同这一观点，因而变被动为主动。

(2) 追加前提，巧妙限题

在"中学生异性交往弊大于利/利大于弊"的辩题中，正方想要维护这一观点也是有一定困难的。但如果这样立论：中学生异性交往当然是有利也有弊，但中学生异性交往任其发展必定弊大于利。这里正方运用追加前提"任其发展"，既没有改变辩题的质,又缩小了辩题范围,给自己的立论增添了活力,使辩题对自己有利。

（3）精心定义,变换角度

辩题"金钱是万能的/金钱不是万能的",正方"金钱是万能的"从一般的逻辑角度看,这是一个全称肯定判定。意思是,金钱什么都能干,万能在这儿是全能的意思。只要反方举出一个金钱无能为力的例子,正方就只能认输。所以必须对辩题进行重新分析,在这儿应抓住对自己不利的关键词语"万能"做文章,可以这么定义,"万"是一个虚数,就像"三"、"六"、"九"、"百"、"千"一样,是代表"很多"的意思,那么,"万能"也并不是"全能",而是指"很多功能、作用"。这样一来,就可以变换立论的角度,这个辩题可以这样立论:在一定条件下,金钱的作用是很多的。立论时趋利避害才能改变不利的局面。

（4）大胆创新,出奇制胜

在辩"大学毕业生择业的首要标准是发挥个人专长"时,反方的立论角度很多,如"首要标准是社会需要"、"是兴趣",等等,但这些立论都很一般,与正方的"首要标准是发挥个人特长"相比并没有优势,这就需要大胆创新,想别人所未想。反方别出心裁,提出这样一个立论:大学生复杂而多样,没有也不应该有一个统一的首要标准,大学生应从"个人的自我完善和推动社会进步"的角度确定择业方向。这一立论超出常规,出人意料,使正方措手不及,而反方则攻守相宜,镇定自若,获得明显优势。

另外,要注意的是在立论和做逻辑"大筐"时,一定要在评委和观众可以理解、接受的范围之内,切不可随心所欲,甚至违反基本常识。

4. 材料的搜集

俗话说,事实胜于雄辩。辩论中,不论是证明本方的立论还是反驳对方的观点,运用恰当的材料就是运用最具有雄辩力的武器。因此在做辩论的准备工作时,利用各种途径搜集论辩所需的材料,并对材料进行分类、整理、加工是十分重要的一项工作。

材料一般包括事实材料和事理材料。事实材料包括例证、数据、实物等;事理材料主要包括科学原理、科学定律、法律条文以及名人名言、谚语、成语等。

经典的例证会使自己的论辩更生动形象,给评委和观众留下深刻印象,能有助于澄清思路,支持己方的观点。1934年,北平青年代表队与天津代表队就要不要控制出生率进行辩论。北平队为正方,天津队为反方。开始北平队咄咄逼人,天津队理屈词穷。这时天津队一队员说:"我们的国父孙中山先生,就是排行第五,如果控制出生率的话,国父何在?"于是天津队占据主动,反败为胜。

可靠的、有代表性的统计数据能让思想具备数字化的准确性,使你的观点、例子的可信度大大加强。19世纪的物理学家洛德·凯尔文有这样的说法:"当你能够计量自己所谈论的话,并且用数字表达出来的时候,你对这个话题一定有所了解。但是,如果你不能够计量它,如果不能够用数字表达自己想说的话,那你对这个话题的了解……

是不足的,也不能够令人满意。"正因如此,恰当地利用统计数字是说明和支持己方观点、驳斥对方观点的有效工具。

准确地援引支持己方的科学原理定律、法律条文、名人名言等事理材料,也是确保己方观点可信的好方法。

三、结果判定

辩论赛的评判工作一般由专家组成的评判组负责。评分一般从立论、辩词、风度、整体合作等几个部分进行,各位辩手的个人得分相加,再加上整体合作分数为该队整场辩论的最后得分。各项比分由组织者、评判组视辩论赛的具体情况事先确定。

辩论赛的最终结果判定主要有两种,即投票制和打分制。无论采用哪种判定方式都应做到比赛结果反映的是处于中间偏好观众的倾向,这就是公共选择理论中"中间投票人定理"。

一般五位评委时采用投票制,即每位评委给双方打分后,分高的一方算该评委投该方一票,最后得票多的一方胜出。如果五位评委时采用打分制,容易出现某位评委给一方打分过高或过低,出现不公正;要是去掉一个最高分和最低分,那结果只反映三位评委的偏好,结果不够准确。

七位评委时可以采用打分制,即七位评委给双方打完分后,去掉一个最高分、一个最低分,然后加和总分,分高的一方胜出。

【实践与训练】

1.指出下列论辩各采用了何种论辩技巧,并略加说明。提示:在论辩中每一种技巧并不一定是孤立使用的,有时可能是几种方法结合在一起使用的。

(1)在泰国,有个叫西特奴赛的人,在皇宫为臣。一天,上朝之前,他对每个官员说:"我可以洞察你们的内心,你们心里想什么,我全都知道。不信咱们打赌!"官员们虽然知道西特奴赛足智多谋,但决不相信他会聪明到这种地步,他们想让他在皇帝面前出丑,于是一致同意每人以一两银子为赌注与他打赌。皇帝也认为西特奴赛输定了。打赌开始后,西特奴赛不紧不慢地说:"在座的诸位大人心里想什么,我十分清楚,诸位想的是:我的整个一生都要忠于皇上,永远不会背叛、谋反。诸位大人是不是这样想的?哪位不是,请立即站出来!"官员们听到这里,面面相觑,瞠目结舌。没人敢站出来,都只好认输了。

(2)在一次国际性会议期间,一位西方外交人士挑衅地对中国代表说:"如果你们不向美国保证,不用武力解决台湾问题,那么显然是没有和平解决的诚意。"

中国代表说:"台湾问题是中国的内政,采取什么方式解决是中国人民自己的事情,无须向他国做什么保证。请问,难道你们竞选总统也需要向我们作出什么保证吗?"

(3)德国女数学家爱米·诺德获得博士学位后,还不能立即开课,因为她还没有得到讲师资格,但她的学识和才华受到了从事广义相对论研究的希尔伯特教授的赏识。

有一次教授会上,为爱米·诺德能否成为讲师发生了一场争论。一位教授激动地说:

"怎么能让女人当讲师呢? 如果她当了讲师,以后就要成为教授,甚至进入大学评议会。难道允许一个女人进入大学最高学术机构吗?"

希尔伯特教授反驳说:

"先生们,候选人的性别决不应该成为反对她当讲师的理由,我请先生们注意:大学评议会,毕竟不是澡堂!"

(4)在美国总统竞选中,造谣中伤早在 1800 年就开始出现。那一年,约翰·亚当斯竞选总统,当时共和党人就指控他,说他曾派其竞选伙伴平克尼将军到英国去挑选 4 个美女作他们的情妇,两个给平克尼,两个留给自己。亚当斯听后哈哈大笑,他回答说:"假如这是真的,那平克尼将军肯定是瞒过了我,全都独吞了!"在场的人都大笑起来。

桃色新闻,常常叫人有口难辩。亚当斯深知其厉害,没有正颜厉色地辩解,一句幽默的调侃,令人非常尴尬之事在大家的笑声中得以化解。

(5)1960 年 5 月,英国元帅蒙哥马利应我国政府的邀请来我国访问。由熊向晖陪同他到外地参观,到了洛阳,正好洛阳市在演出豫剧《穆桂英挂帅》,熊向晖想这不也是军事题材的戏剧吗,就安排陪同蒙哥马利看这出戏。蒙哥马利看完后表达他的看法,认为这出戏不好,怎么能让女人当元帅呢? 熊向晖解释说:"这是中国民间的传奇,群众很爱看的。"

蒙哥马利不以为然地说:"爱看女人当元帅的男人不是真正的男人,爱看女人当元帅的女人不是真正的女人。"

熊向晖听了很不服气,当场不甘示弱地反驳他:"英国的女王也是女的,按你们的体制,女王是英国国家元首和全国的武装部队总司令。"这样一来,蒙哥马利被驳得十分窘迫,不吱声了。

(6)1993 年国际大专辩论赛决赛,复旦三辩严嘉在自由辩论中反驳对方说:"按照对方的这种逻辑,那么教化应该是非常容易的,每个人都是'心有灵犀不点通'了?"

(7)郁达夫经常手头拮据,但他总处以乐观的态度。一次得了一笔稿费,便请朋友去饭店吃饭,饭后,他从鞋垫底下抽出几张钞票递给侍者。朋友奇怪地问:"你把钱藏在鞋底,是不是怕贼呀?"

郁达夫笑了,说:"金钱过去一直压迫我,一有机会,我也要压迫压迫它。"

(8)某寺院甲、乙两僧素有嫌隙。甲僧心胸狭窄,总想伺机攻击乙僧,又苦于找不到借口。甲僧于是从乙僧的小徒儿身上打主意,他向方丈诬告说:"今天在大雄宝殿念经拜佛时,乙僧的小徒跪在最后一排做鬼脸,亵渎佛祖。"

方丈大怒,准备第二天早晨做佛事时当众惩处这个小徒。小徒听说后,急得哭哭啼啼地去向乙僧求救。乙僧低声向徒儿说了八个字,小徒破涕为笑。翌日,方丈在佛事完毕后叫出小徒,责问此事。

小徒问:"我在后排做鬼脸,何人所见?"

甲僧抢前一步,气势汹汹地说:"我亲眼所见,你还要抵赖?"

小徒又问:"请问师伯当时站在哪里?"

甲僧说:"大家知道,我是站在前排。"

小徒于是亮出师父教给他的八字法宝说:"你不回顾,怎见鬼脸?"

甲僧顿时羞得脸上一阵红一阵白,感到无地自容。

2.请对下面的一些观点进行反驳,并说出反驳的方法及过程。

提示:不论什么辩论,都要求参与者头脑冷静,思路开阔,考虑问题全面。

反驳时不必面面俱到,可从对方的论点、论据、论证中任何破绽入手,抓住本质,痛击要害。

(1)一个女佣到主妇家去做工,主妇对她说:"如果你不介意,我就叫你阿莲,这是我以前的女佣的名字,我不喜欢改变我的习惯!"女佣轻轻地回答说:"我很喜欢这个习惯,……"

(2)有一个年轻人想到大发明家爱迪生的实验室工作,爱迪生问他想进行哪方面的科学实验,他对爱迪生夸口说:"我想发明一种万能溶液,它可以溶解一切物品。"

爱迪生听了可能会这么说:"……"

(3)苏联外交部长维辛斯基出生于贵族,是能言善辩的著名外交家。一次在联合国大会上,英国工党的一名外交官向他挑衅说:"你是贵族出身,我家祖辈是矿工,我们两个究竟谁能代表工人阶级呢?"

维辛斯基不慌不忙地从座位上站起来,走上讲台。这时会场上气氛很紧张,大家以为这位苏联外交部长一定会就一个人的出身并不能代表他的立场,进行一番长篇大论的批驳。然而,完全出乎人们的意料,他十分平静地扫了对手一眼,仅仅说了一句话就反驳了对方,并赢得了热烈的掌声,他可能会这么说:"……"

(4)有一次,剧作家萧伯纳派人给丘吉尔送去两张戏票,以幽默著称的他随戏票附上一短笺:"亲爱的温斯顿爵士,奉上戏票两张,希望阁下能带一位朋友前来观看拙作《茶花女》的首场演出,假如阁下这样的人也会有朋友的话。"

丘吉尔看了不甘示弱,马上写了一张回条让侍者带给萧伯纳,聪明的丘吉尔可能会这么写:……

提示:可以模仿对方的逻辑和语言形式。

(5)东汉光武帝刘秀的姐姐湖阳公主,丈夫去世后,看中了朝中的大臣宋弘。刘秀故意召见宋弘,对他说:"俗话说,'位高换友,富贵换妻',是人之常情吧?"刘秀运用俗语来劝说宋弘娶湖阳公主。宋弘是个品德高尚的人,不为所动,但又不能直接拒绝,所以宋弘也用引证法委婉地回绝光武帝:……

(6)1934年,北平青年代表队与天津代表队就要不要控制出生率进行辩论。北平队为正方,天津队为反方。开始北平队咄咄逼人,天津队理屈词穷。这时天津队一队员说:"我们的国父孙中山先生,就是排行第五,如果控制出生率的话,国父何在?"于是天津队占据主动,反败为胜。

现在假定你为北平队一队员,请你反驳天津队队员的观点。

(7)一天,一学生折了校园里的花。教师见了,说:"你为什么要折花?"

学生说:"因为我爱花。"

教师说:"古人说,爱花人不折花。可见你不是真正爱花。"

学生说:"老师,周敦颐在《爱莲说》中说:'晋陶渊明独爱菊。'看来陶渊明是爱菊的吧?"

"当然。"

"可是,陶渊明有'采菊东篱下,悠然见南山'的诗句。他自己说折了菊花,能说他不爱菊吗?"

教师:"……"

现在,假如你是教师,请批评教育这位学生。

提示:陶渊明采的要么是野花,要么是自己种的花,而校园里的花是公共财物,这是不能等同的。

还可用归谬法去设想一下:大家都爱花,大家都去采花,将会怎样?

3.运用立论技巧,处理下面的辩题,使之对己方有利。

(1)宽松式教育有利于青少年成材
　　压迫式教育有利于青少年成材

(2)青年人更应有自我意识
　　青年人更应有群体意识

(3)一山能藏二虎
　　一山不能藏二虎

(4)高薪不能养廉
　　高薪可以养廉

(5)都市化对于人类发展利大于弊
　　都市化对于人类发展弊大于利

提示:首先要判断辩题类型,明确辩题性质,初步确定论辩方向等问题,接着要把握辩题中每个词义,找出关键性的概念,并对它进行有利于己方立论的"定义",最后巧妙立论、设计逻辑框架。

4.举行一次辩论赛。选择一种辩论模式,赛前做好准备工作,除了审题、立论之外,还要搜集材料、撰写辩词,等等,比赛后作好互评或教师点评,以明确成功和失误之处,提高辩论水平。

5.辩词欣赏

(1)法庭辩词

苏珊·B.安东尼(1820—1906),是美国女权运动先驱,国际妇女理事会和国际女权运动联合会的创始人。生长在马萨诸塞州的一个开明的家庭,她曾是一名小学教师。她强烈地意识到妇女需要个人人格和经济上的独立。在当时的美国,妇女无权参加选举,就连参加投票都是非法的。苏珊决定要改变这样的状况,它多次在纽约的北部进行演讲,主要观点是妇女也是合众国公民,因为1868年通过的第十四条修正案中所提到的:"凡在合众国出生或归属于合众国者"均为合众国之公民,且享有一切公民权。1872年的总统大选中,苏珊以实际行动实践着自己的理想,她带了一群纽约州罗彻斯特的妇女到那些投票地点参加投票。她也因此遭逮捕并受到审讯。但她在法庭上为自己的理想、对自己的正义行动进行了强有力的辩护。虽然最终她被判有罪并加以罚款一百美元,但她拒绝认罪、拒付罚金,事实上也没有人向她索款要罚金。事实上,那些男性统治者们的内心已被她的言辞、思想、精神所折服。下面就是她精彩的法庭辩护:

妇女是人,当然也是公民

我今晚站在你们面前,被控在上次总统选举中犯有所谓无投票权而参加投票的罪。今天晚上我想向你们证明,我投票选举,不但无罪,相反,我只是行使了我的公民权。这项权利是国家宪法确保我和一切美国公民都享有的,无论哪一州政府都无权剥夺。

联邦宪法的序言有如下词句:"我们合众国的人民,为组成一个更完美的联邦,确立公理,保障国内安宁,提供共同防务,促进普遍福利,永葆我们及子孙后代得享自由,特制定此美利坚合众国宪法。"

组成这个联邦的,是我们,是人民,但不是我们的男性白人公民,也不是我们男性公民,而是我们全体人民。我们组成这个联邦,不仅为了使人民得享自由,而且要保障自由;不仅为了给我们中的一半及子孙后代的一半人以自由,而是给全体人民,给男子,同时也给妇女以自由。投票权是这个民主共和政府保障公民自由的唯一手段,要是妇女不得运用投票权,那么向妇女奢谈自由的赐福就是莫大的讽刺。

任何州政府，如果以性别为参加选举的条件，必然会剥夺整整半数人民的选举权，这等于通过了一项剥夺公民权的法律或一项事后追认的法律。因此，这样的做实在是违反了我国的最高法律，令妇女及其后代的所有女性永远被剥夺自由。对于女性来说，这个政府并未具有得自人民赞同的正当权力。对于她们来说，这个政府不是民主政体，也不是共和政体，它是可憎的专制，是可恨的性别独裁，是地球上所有专制中最可恨的专制制度。相形之下，有钱人统治穷人的富人独裁，受教育者统治未受教育者的劳心者独裁，甚至撒克逊人统治非洲人的种族独裁，人们或许还稍能忍受。但是，这种独裁却使每家人的父亲、兄弟、丈夫、儿子得以统治母亲、姊妹、妻子、女儿。使一切男子成为统治者，一切妇女成为奴婢。这种独裁给全国的每一个家庭带来不和、纷争和反叛。

韦伯斯特、伍斯特和保维尔都认为，公民的定义是有权投票和有权在政府供职的美国人。

那么，现在要解决的唯一问题是：妇女是不是人？我很难相信，反对我们的人中有谁敢说她们不是。妇女既然是人，也是公民。无论哪一州都无权制定新法或重新执行旧法以剥夺妇女的权利或特权。因此，现今无论哪一州的宪法或法律，一切歧视妇女的法律，正如以往一切歧视黑人的法律都是无效的、非法的。

赏析①：

本篇论辩最鲜明的特点是大概念铺底，也就是把"妇女是人，当然也是公民"这个大概念作为整个论辩的立论基础。

开头开门见山提出问题和自己的观点：我被控犯有无投票权而投票的罪行，但是我认为我是美国公民，我有投票权，所以无罪。问题的焦点是妇女是不是人，因为人就是公民，只要是公民就有投票权。把自己的观点天衣无缝地融合到问题之中，可见苏珊头脑冷静，思维敏捷，论辩技术高超。只不过这个概念的确定必须具有权威性和普遍认可度，苏珊非常精明地把宪法抓来："我们合众国的人民，为组成一个更完美的联邦"，这是一个不可讨论的论据！组成联邦的是合众国的全体人民，不是男性公民，也不是男性白人公民。因为如果没有女性公民，就不能说是全体人民，就违背了宪法。

苏珊借机进一步陈述危害，这不仅损害了一半的现在的公民的利益，而且损害了未来无数代的一半的公民的利益；这不仅仅是简单的利益，而是自由与权利的基础，如果这个无法保障，所有属于女性的所谓权利都是空谈和无言的讽刺。

---

① 资料来源：李天道. 外国辩论词名篇快读. 成都：四川文艺出版社，2005 年，第 109 页。

越具体的事物越好把握。家庭是社会的细胞,要使社会稳定就必须至少使大部分家庭稳定。而性别独裁统治是世界上最糟糕的统治秩序,因为"这种独裁给全国的每一个家庭带来不和、纷争和反叛"。就在这个概念问题上,苏珊做了个尖锐的对比:将富人统治、教育统治以及种族独裁统治跟性别独裁统治进行对比,前三者是一个阶级、阶层对另一个阶级、阶层的统治或者是一部分人对另一部分人的统治。但是,他们不会涉及每一个家庭。俗话说"不比不知道,一比吓一跳",通过这一对比任何人都能发现这种统治秩序隐含着使整个社会发生巨大变化的反叛力量,一旦爆发出来,整个现有的秩序将全面崩溃,代之以新的人类所需要的平等的秩序。

最后,苏珊引经据典,引用三位名人的共同认识:"公民的定义是有权投票和有权在政府供职的美国人。"所以投票权是公民的一项基本的标志性的权利;同时妇女是人,是公民,因此,理所当然地拥有投票权。所以我们妇女参加投票是合法的,所以我们是无罪的。

总体看来,本篇辩论词环环相扣、步步紧逼,结构严谨、思路明晰,产生了巨大的逻辑力量;同时语言上排比、反问等句式运用恰当,有力地配合了强大的逻辑攻势,形成咄咄逼人的气势,使对方明显无理、哑口无言,显示了女权运动先驱的革命风采和运用概念辩术的精深技艺。

(2)竞选论辩

1992年美国总统竞选,参选者是时任美国阿肯色州州长的克林顿、时任美国总统的布什、无党派人士佩罗。克林顿最终入主白宫,克林顿精妙的语言、高超的辩术可以说起了重要作用,这一点我们可以从竞选的第一次电视辩论赛中得到印证。

1992年美国总统竞选第一次电视辩论赛

第一回合

问:布什总统,你认为你与其他两位候选人之间有什么重要的突出的个性差异?

布什:我认为美国人民是最好的评判者。而且我想性格差别也是一项很重要的参考。前些时候,我曾表示,我认为对自己国家不认同而示威抗议,或在海外组织团体向自己国家抗议是错误行为。我犯错时我会承认,但是克林顿也犯错却不愿承认。我对身为一个美国人却在国外组织反对美国政府的活动,觉得十分不可思议,也许你会说那是陈年往事了,但是当你成为三军统帅,面临重要问题做抉择时,如同我下令出征巴拿马和科威特时那样,那时要有一个小伙子和你说:"我才不去,连三军统帅都曾在海外组织反政府示威,我为什么要去?"那时你又如何处理? 所以我认为这点特性是我与其他两位最大的不同。

佩罗:我认为美国人民的眼睛是雪亮的,他们自己会评断。当然,任何入主白官的人都该具有入主宝座的特点,但是事件发生的时间、地点也是一个重要因素。是在年少不更事的人格成型的时期发生,还是已是资深的联邦政府官员。当你已是联邦政府的资深官员,手握数以亿计纳税人钱的预算大权时,那时你已是个成熟的个人,犯了错就不能等闲视之。现在该是我们把玩忽职守的人换下来的时候。

克林顿:我要答复布什先生对我的爱国心质疑的问题。你曾经在白官召见右派国会议员,共商如何以我于1969年至1970年时在俄罗斯的事情来攻击我,其实当时已有五万名美国人去过俄罗斯。我对你在"二战"时的表现致敬,我也对佩罗先生和其他每个身着军装的为国服务的男女致敬,包括曾经担任你的参谋长联席会议主席,现在转而支持我的克劳上将。但像麦卡锡那样周游全国,攻击他人不爱国的做法是错误的。当时一位来自康涅狄格州的参议员挺身反击麦卡锡,他就是令尊……他攻击我不爱国是错误的,我反对战争,但是我爱我的国家,我们需要的是一位能够使国家团结的总统,而不是分裂它。我的经济计划是我们所要的那种改变。我们要实施这项计划的方法是,我们要有崭新的国会,许多国会议员因涉嫌丑闻而被唾弃……我要与他们,不论是民主党人或共和党人,共同为我们提出的美国复兴计划而努力,这才是真正的变革。

第二回合

问:克林顿州长,请问您对"家庭"定义如何?

克林顿:一个家庭至少应包括父母之一,无论是亲生或是收养关系,还有孩子。好的家庭是父母身教、言教,将爱心、纪律和正确的价值观等传递给下一代。在家庭里,成员感到像座避风港,也感到自己是最有价值的人。毋庸讳言,美国现今很多家庭相当不健全。我想布什总统会将人们辛勤工作归之于为家庭付出了,但我们为何牺牲家庭幸福,而去努力上班?上班族的家庭应该享有合理的税制以及再进修的机会,更应享有繁荣的经济成果,布什总统一直不愿意如此做,是因为他说这不可能做到,不必花费力气。

我说我最了解家庭的价值,而且从中受益良多。我的家庭价值最佳的展现是今晚是我们夫妇结婚十七周年纪念,我谨祝福内人快乐,并感谢女儿也能出席辩论会。

布什:现在美国都市风气的败坏源自于家庭,因此我们应该多多重视家庭。当内子芭芭拉抱起患有艾滋病的儿童,她展现的是对家庭的同情。我认为尊重纪律和法则应对儿童广为宣传,不仅经由学校教导,更应通过家庭亲自实践,我为高度的离婚率担心,我们有必要学习尊重家庭。

佩罗:我认为要解决目前国内的所有问题,重建工作伦理、学校教育学,唯有加强每个家庭的成员关系,让孩子们感到被爱、被保护、被鼓励。如果每个家庭不能维持良好关系,国家也不可能强盛。

赏析①:

有人曾经说过:"外交场是没有硝烟的战场。"政治家们运用词汇出神入化,论则高屋建瓴,斥则风云突色,或攻或挡,妙语连珠,让人玩味。而美国的总统竞选论辩讲则更为精彩。"它既是杂耍般的轻松喜剧,又是充满诬蔑谩骂的滑稽闹剧。"用口才优势攻击政敌、保护自己就显得尤为重要了。

在第一回合中,克林顿迂回侧击,化干戈为玉帛。首先遭遇来自布什的非难:在越战中,他曾经躲避兵役的责任,"我才不要去,连三军统帅都曾在海外组织反政府示威,我为什么要去?"很显然,躲避兵役是"爱国"与"卖国"的分水岭,一个"卖国"者怎么能入主白宫、问鼎宝座呢? 所以,布什的语言富有极大的挑逗性和攻击性,可谓刺中了软肋。面对布什的恶意攻击,克林顿也不回避这个固有的现实,而是巧妙地用五万人曾去过俄罗斯作挡箭牌,虚晃一招之后,谦和地向参战人员致敬,向两位政敌致敬,博得选民好感,同时转向"攻"的战略,用克劳上将的"倒戈"有力地证明了自己优于布什,再用布什父亲亲身经历反驳,不可谓不高明。克林顿又巧妙地将"爱国"与"反战"统一起来,化解自己以前曾逃兵役之事实。最终,记者在此提出这个问题真是直逼要害。克林顿从容自如,他提出经济复兴计划,给在海湾战争结束后的美国人因为经济衰退而对未来表现出悲观的态度带来了转机,无疑较之布什、佩罗的发言显得略胜一筹。

在第二回合中,克林顿大智若愚,动之以请,晓之以理,以不变应万变。候选人的隐私生活尤其是婚姻家庭等问题向来是关注的焦点,因"桃色事件"而功亏一篑的不乏其人。他首先给了"家庭"一个得体的概括,"成员感到像座避风港,也感到自己是最有价值的人",多有人情味儿! 然后有条不紊地指出上班族的利益、待遇应给予重视,这种为人民鼓舞与欢呼的又如何不得人心? 最终,借结婚十七周年纪念,对妻女的祝福与感谢溢于言表,表现出为人夫为人父的亲切、关爱与责任感。从而树立起自己良好的形象,克林顿的亲民形象给人们留下了深刻的印象,赢得了选民的尊重。相形之下,佩罗与布什死板乏味,缺乏人情味和感染力。

克林顿在政敌百般责难、十分被动的情况下,镇定自若。或侧击,或大智若愚,从而取得了大选的最后胜利。正如英国广播公司第一电视台(BBC1)的记者评价的那样:佩罗似乎是江郎才尽,布什总统表现平平,只有克林顿最为沉稳,是这次辩论的大赢家。

---

① 资料来源:李天道. 外国辩论词名篇快读. 成都:四川文艺出版社,2005 年,第 252~253 页。

第五章

求职面试口才训练

在毕业生双选就业过程中,一般单位都要求对毕业生进行面试。所谓面试,顾名思义就是对应聘者进行当面的考试、测试,一般以口试为主。在当今社会,招聘单位在注重学历层次的同时,更看重的是应聘者的能力。而应聘者的很多才能和素质可能会因条件限制无法展示,口才则是一个人的综合素质的表现,一个人的经历、专业知识、职业技能、组织领导才能、沟通协作能力等等都可以通过你的口才得以展现。因此在不知不觉中口才成了面试中检验大学生基本素质、能力的一个标准。对毕业生来讲,如何在短短的面试交谈中,很好地表现自己,给用人单位留下一个美好而深刻的印象,是自我推荐能否成功的关键。

第一节　求职面试的类型

一、求职面试的类型

毕业生在求职过程中碰到的面试有很多类型、方式,根据不同的分类方法可以分成不同的种类。

(一)根据一次接受面试对象的多少可以分为单独面试和集体面试

1.单独面试是求职竞聘中最常见的面试形式,是求职者单独一人面对招聘考官(通常是一个招聘面试小组)的面试。

2.集体面试是指多位求职者甚至是所有求职者同时进入面试现场,一起面对招聘考官接受面试,在规定的时间内完成同样的面试问题。当某一单位、某一职位需要面试的求职者较多的时候,招聘单位为提高工作效率或招聘单位有意通过这种形式发现人才时,会将所有求职者分成若干小组进行集体面试,层层筛选出优秀者进入下一轮面试。

常见的集体面试形式有:多个面试者就考官给出的某些问题展开自由讨论;根据

特定的角色及背景资料去进行讨论,然后回答考官的问题;由多个面试者共同完成某项任务或游戏,等等,考官从自由讨论或活动中发现人才或从回答问题中判定求职者的个人素质,等等。

集体面试中,考官比较注重面试者以下的一些素质与能力:

(1)独立思考问题与解决问题的能力。

(2)逻辑思维及表达能力。

(3)沟通能力,即处理人际关系的能力。

(4)团队协作精神及组织能力。

(二)根据面试时所营造的气氛可分为紧张型面试和宽松型面试

1. 紧张型面试也称压力面试,这类面试考官的提问会显得毫不留情面或显得缺少应有的礼貌,甚至故意刁难面试者,比如面试一开始就指出你的缺陷、不足,指出你的学历太低不适合这一职位等,给应聘者造成压力。有时考官还会用很快的速度连续发问并要求迅速回答,不给应聘者思考的时间等等方法使应聘者高度紧张。事实上,有时这是面试考官故意通过这种形式的面试来考察应聘者是否有足够的自信、是否沉着冷静、反应是否敏捷,面试者只要顶住压力,沉着自信,不卑不亢就能顺利闯关。

2. 宽松型面试,考官会创造一种看似宽松、友好的气氛,面试者可能感觉像是在闲聊,考官会和你谈社会新闻、体育运动、个人爱好、天气情况,等等,甚至会邀请你共进午餐或喝茶,在面试者并不在意的情况下完成对你的面试,所以面试者切不可因这种宽松、友好的气氛放松警惕,过于随意或刻意奉迎,你的一言一行都会受到面试考官的评判。所以应聘者在这种面试中既要注意自己的言行举止要尽量适应并融入这种"宽松、友好"的气氛中,但又不能完全松懈,解除戒备。

(三)根据面试内容可分为一般面试、情景面试和特色面试

1. 一般面试是最普通、最常见的一种面试形式,通常是在事先规定的时间、地点进行 15～30 分钟的简短面谈。这类面试问题涉及的一般都是传统的内容,了解一些基本情况,提一些常规问题。采用传统型面试,通常招聘的是一般的岗位职位和一般性的员工。有时也用作对众多应聘者的初步筛选,通过基本情况的了解及初步的评价判断,挑选出符合条件的应聘者,参加下一轮的面试或其他形式的考核。

2. 情景面试是指在进行一般面试基础上,问一些招聘职位的工作性质、工作职责等有直接关联的问题。情景面试的问题比较具体,有很强的针对性,如要求面试者马上进入求聘职位角色、进入工作状态,在考官给出的问题情景中现场处理这些工作中的问题。

3. 特色面试是指招聘单位根据本单位实际情况或拟招聘职位对人才素质的特殊需求而进行的一些各具特色的面试。比如:一些学校在招聘新教师时,除了进行传统的面试之外,还可能进行"说课"、"试教"等特殊面试。

除了上述所列出的面试类型之外，另外还有根据面试决策程序分为"筛选型面试"、"决策型面试"；根据见面与否可分为"直接面试"、"间接面试"（如"电话求职"）；根据招聘单位是否与你有面试约定分为"正式面试"、"随机面试"（如上门面呈求职信、递交个人资料以及参加各种人才招聘会等，单位接待人员与求职者进行的也是一种"面试"场面），等等。

二、求职面试口才原则

要成功求职，面试时必须遵循以下原则。

1.目的性原则

求职竞聘本身是一种有目的的主体行为，所以求职面试口才展示的目的就是有效地推销自己，成功求职。面试者根据考官的问题考虑如何回答时，"合目的"应该是思维和语言组织的出发点和归宿，所有的准备都应该围绕并完全服从成功求职这一目的。有这么一个例子："请回答 $1+1=$ ？"一位应聘公务员的求职者自信地回答："你需要它等于几，它就等于几。"结果他被淘汰了。而在一次企业部门经理的招聘中，同样是这个问题，一位应聘者的答案与公务员应聘者一样，却被录用了。仔细审视这两次应聘，题目一样、答案一样，结果却截然相反，原因就在于回答问题时是否符合目的，第一位求职者应聘公务员一职，实事求是是公务员的必备素质，而求职者的回答只注意了要答得"巧"，而忽视了不同职位的不同素质要求，他的回答与公务员的素质要求格格不入，自然被淘汰。第二位求职者应聘的是企业部门经理，企业当然希望利用有限的资本和有限的时间创造尽可能多的利润，他的回答与职业素质要求正好一致。

2.诚实性原则

求职面试中"合目的"的口才展示，必须遵循诚实性原则，切不可为达到目的而不择手段。诚实是人的品行与修养的基本要求，是一个人的健全的、完美的人格的一种体现，许多单位都将诚实视为第一重要的品质。

求职者在面试时如果有意隐瞒、存心欺骗、刻意伪装，难免会自相矛盾、前言不搭后语，而一旦被面试考官识破，即使你的才华再出众也不会录用你的。就算你能说会道，侥幸骗过面试考官，得到了自己想要的职位，而一旦被发觉或在接下来的工作中你不能适应、胜任，那么你也很快会被这个原本就不适合你的职位所淘汰。

不诚实是求职者的一大素质缺陷，是令用人单位不能容忍的素质缺陷。相信每个人都不愿被人看成是这样的人。因此求职面试口才展示既要符合目的性原则，同时也要符合诚实性原则，应该是合理地达成合适的目的。

3.准确性原则

求职面试要符合目的性原则，还必须注意面试口语表达的效果。要达到好的表达效果，重要的一点就是口语表达必须符合准确性原则，即求职面试者应该准确传达出自己的意图和观点、自己的应聘条件、自己的竞聘优势,准确展示自己的综合素质以及与所应聘职位的相关度。

4.积极性原则

要符合"目的性原则",求职者在面试中要坚持积极性原则,即你的回答要能表现出对应聘单位和应聘职位的热情和兴趣,要有利于自己更好地更有效地达成求职的目的。要善于使用积极的、正面的、富于建设性的言辞来陈述自己的情况,表达自己的观点和意见,努力给面试考官留下一个你在积极争取应聘职位的印象。

5.礼貌性原则

参加求职面试,实际上是参加一种重要的社交活动,求职面试者和面试考官之间应是一种平等对话,求职者没有必要感觉像接受审判,更没有必要刻意奉迎、阿谀奉承,但也不能失礼,面试时还要注意礼貌性原则,要尊重面试考官。比如,见面时的问好;面试结束时说几句表示感谢的话语;面试时不随意插话、不贸然打断面试考官的话;不与面试考官争论,甚至与之比嗓门;面试时不左顾右盼,答非所问;面试时不纠缠盘问考官,如确实有必要问的问题,应使用祈使句"请问……"、"能否告诉我……";面试时不能只关注主考官,而忽视其他考官;面试前应关掉手机,等等。

很多求职者往往因不拘"小节"而与所谋求的职位失之交臂,而一些注意礼貌性原则的聪明的求职者或许会因自己的礼貌而得到一个惊喜。

第二节　面试准备及礼仪

一、面试前的准备

面试前的准备工作虽不是面试成功的决定条件,但是,"不打无把握之仗"是军事指挥家共同的信念。对刚刚走上求职竞聘之路的毕业生而言更应重视面试前的准备工作,知己知彼是成功面试的开始。面试前的准备工作通常有以下几点:

1.通过多种渠道了解你拟应聘的单位及拟应聘岗位的各种情况、信息。通过电脑网络、报纸杂志、亲朋好友、老师同学等途径全面了解该单位或企业。包括风格、行业的地位、财务状况、研发的方向与实力、市场的现状与前景、员工培训与发展的机会等。从中,你不仅可以了解到该单位的大致发展情况,还可以获得该单位或企业的人才需求信息,以便达到知己知彼的地步,从而提高面试成功率。

2.精心准备简历。简历是应聘成功的敲门砖,制作简历要注意:

(1)简历要简洁明了、朴素大方、重点突出,要突出与所应聘的"职位"相关的信息。最好将简历的全部内容写进一页纸,最多不超过两页。

(2)简历的表述在用词、语法等方面应规范、准确、恰当,不能有差错。

（3）简历的内容必须真实。

3.准备好面试考官可能要查询的各种获奖证书复印件、外语水平等级证书复印件、计算机水平等级证书复印件、普通话水平等级证书复印件、发表的作品及论文复印件、学历学位证书复印件等有分量的佐证材料,可以装订成册。如果用人单位没有要求随简历提交,则不必与简历一起投送。但面试时一定要带上。

4.熟悉自己的简历,准备可能出现的相关提问。对自己的简历,要能在任何面试场合清晰、流畅、自信地说出来。根据自己的简历及对拟应聘单位、职位的了解,尽可能地设想面试中可能出现的提问,并思考自己的回答。（可能出现的相关提问及分析,详见:第三节二、面试中常见问题的回答技巧）

5.对自己仪表方面的准备。

6.准备好面试的心态。竞聘时,大家都希望成功,害怕失败,这种心态会导致患得患失,精神过度紧张,而不能发挥正常的水平。所以面试前要做到:

（1）对竞聘有一个正确的认识。有竞争,就会有成功和失败,关键是要正确对待失败,最好是抱着锻炼自己的想法参加面试,成功了固然可喜,失败了能从中悟出点道理,在竞争中锻炼自己,使失败也有价值,使失败变为成功的开始。要有顽强的精神和不甘落后的进取精神。

（2）对自己要有一个恰如其分的客观的评价,最好根据自己的实际情况寻找适合自己的拟应聘单位、应聘职位,提高面试成功率。

（3）最重要的一点,面试时一定要自信。自信不是盲目自大、目中无人,而是对自己的学识与才能的确信,对自己综合素质的确信。既要在心里相信自己,也要在公众面前表现出这种自信心。如果对自己没有信心,就不要走到面试考官面前,因为结果是可想而知的。

另外,尽量避免和父母、亲戚及其他朋友同去面试,以免给面试考官造成一种信心不足、缺乏独立行事能力的不良印象。

（4）等待面试时如果心情紧张,要运用自我暗示、想自己以前最成功的一件事、想一些愉快舒适或可笑的事等方法消除紧张心理。轮到自己面试时,深吸一口气,自信地走向面试现场。

7.熟悉面试的场所,把握好面试的时间,在约定的时间 5~10 分钟前到达,切不可迟到。

二、面试要注意的礼仪

英国卜内门化学公司的亚太地区人事部经理曾谈及有关面试方面的问题,这位颇有研究的人事部经理说,她在面试应征者时,往往在与应征者见面的最初 30 内就形成了是否录用这位应征者的决定。国外的调查表明,有 1/3 的应征者被淘汰是因为服装不妥或忽视修饰或姿势不佳。而统计数字同时又告诉了我们一个事实,即外貌漂亮的应征者受雇较快,能获得较好的职位且薪水一般也比较高。这初听起来似乎令人难以置信,但其中却反映出应征者的外貌、举止对能否给面试考官留下一个良好的印象,从而在求职竞争中获胜起着十分重要的影响。

俗话说:"佛要金装,人要衣装。"如果你注意并善于修饰你的外貌和举止的话,你会发现在你原来的基础上会有很大的变化。要切记的是,你的修饰打扮要同你的求职目标相一致,使你未来的雇主见到你后便从心里感到:你就是我们要找的人!

下面我们来谈谈面试要注意的礼仪。

1. 衣着打扮

面试是一种较为正式的活动,无论是男生还是女生,面试时都应整洁大方。宝洁(中国)有限公司的一位负责人曾就面试者的服饰指出:"在面试时,不一定要穿得很好,但一定要得体、大方。一般情况下,穿深颜色的衣服合适,这样会让考官觉得你真诚、踏实;和别人着装比较相近的情况下,你可以用一点小的东西来装点自己,让你更有活力,比如说小丝巾等;而白色的衣服只适合去应聘娱乐类的工作。"因此面试衣着打扮要做到:

(1)穿着应该尽量正式一些。服装的款式要大方得体,要注意合体性,服装颜色以淡雅或同色系的搭配为宜,不要穿太暴露或太短的服装。

(2)留意把指甲修剪整齐、干净,头发梳洗干净整齐。鞋子擦亮、不沾泥沙,但应避免穿太时髦的鞋子。

(3)女生应略施脂粉,千万不可浓妆艳抹,不要擦拭过多的香水,不要佩戴过多的饰品,甚至一有动作,浑身叮当乱响。女大学生要展现自己青春亮丽的自然美。

另外在求职过程中,根据不同的情况,可以稍微改变一下自己的形象,对面试的成功或许会有帮助。例如:

一位成功应聘的女生说:"这是一家韩国大公司,当时和我一起去参加面试的大都穿着学生装,而我根据过去主持的经验,挑了一套能让自己显得成熟的套装,化了点淡妆。果然,当我和其他人一起走进面试厅时,对方将更多的目光投给了我。"

从该例中我们可以看到,假如你的形象看上去太年轻了,会显得你无法胜任所要求的工作。在这种情况下,你可以设法塑造一种成熟的形象,穿着职业套装或穿着深色保守的服装,戴上眼镜等,谈话时放慢语速,以减轻看上去太年轻的缺点。

2. 握手

这是你与面试官的初次见面。如果他/她伸出手与你握手,你知道该怎样正确地握手吗?你握起手来应该是坚实有力的,但不要太使劲,一个坚定、有力、短暂的握手,会传递握手人的力量、性格,并且这种手势也包含了信任和友谊。这样的握手与只是轻轻地接触一下的握手,给人的感受是不同的。前者是真诚的、认真的、自信的;而后者是敷衍的、随意的、胆怯的。还有,你的手最好应是温暖、干燥的。

3. 姿势

所谓站如松、坐如钟,意思就是让你表现出精神和热忱。进入面试现场,考官请你入座之前,不要随便坐下。如确实需要,可以礼貌地问:"请问我能坐下说吗?"当考官请你坐下时,应该先向考官表示谢意,然后坐下。一般情况下,面试双方会隔着一张桌子而坐,但假如面试的环境没有桌子,应与面试考官保持 1 米左右的距离,距离太近会让面试考官感到自己的"区域"受到侵犯。与面试考官交谈时,身体稍向前倾,表示对谈话的兴趣。假如要移动椅子,尽量不要发出声音。斜靠在桌椅上这种没精打采的姿势看上去显得疲惫不堪或漫不经心。

一位刚刚毕业的王小姐在参加某外资公司的招聘面试时,主考官让她将椅子挪近一点坐时,她并没有在意,放椅子时发出了较大的响声,结果使她失去了这份工作机会。事后,这位王小姐深有感触地说:"我当时把应聘可能考虑的细节全都注意了,当时衣着整洁干净,自荐材料制作精美,回答问题也可以说是干净利落,但万万没有想到主考官要我挪椅子竟然是一种考法。"其实像王小姐的遭遇并非个别现象。目前,有许多用人单位在招聘自己需求的人才时,都设置了一定的"门槛",他们不仅要求人才具备较高的学历、专业知识以及技能,同时还要求人才具有较好的修养和心理素质。

第三节　面试语言表达的技巧

一、回答的步骤及语言表达

1. 面试中回答的步骤

步骤一:要听清楚究竟问的是什么问题以及提问中隐含的问题,即清楚雇主的真正意图。

步骤二:按照"目的性原则"、"诚实性原则"、"准确性原则"、"积极性原则"、"礼貌性原则"迅速理清思路、组织语言。

步骤三:用简明扼要的语言清晰、响亮地回答问题。

2. 求职面试者的语言表达

第一,有声语言的表达。

(1)求职者的语言要简练。要做到用词准确、规范,语言简洁,还可以用"第一……第二……第三……"或"首先……其次……最后"这种明晰的提要性关联词,以使表达更富有条理性、逻辑性,重点更突出,把自己的想法、意图准确地传达给对方,达到最佳效果。

(2)谈话要富于幽默。自然而幽默的语言能表现出你优雅的气质和风度,也会给交谈增添轻松愉快的气氛,尤其是当你遇到难以回答的问题时,幽默的语言会使你化险为夷,表现出你的机智和聪明。

(3)面试者的语言表达要"口语化"。面试者与面试考官进行的是一种即时性的口语交流,因此面试者的表达应尽量做到"口语化",避免过于雕琢、过于书面化的语言,但这并不意味着"口语化"就是日常口语,甚至在面试中口不择言,粗话、俚语、口头禅也一起展示出来,损害自己的形象。

(4)注意语气、语调、语速和音量。谈话中不仅要做到措辞恰当、内容丰富,还应注意语气语调一定要自信得体,口齿清晰,表达流畅,语速适中。这样才能更好地表达自己的思想,而且会给人以美的享受,给对方留下良好的印象。

求职面试者展示的口语,应该是一种符合目的的高级的口语表达。要做到准确、规范、流畅、自然,同时声音清晰、音量适度。

第二,态势语言的运用。

(1)坦诚的目光交流。与对方交谈,眼睛要注视对方,当你的目光左盼右顾、东转西移时,对方就会立即感到你的心不在焉、缺乏诚意或是心虚自卑。当然,注视对方不等于凝视(目光注视超过五秒钟就成了凝视)对方。过多的凝视,往往会给对方形成心理压力,不利于交流和沟通思想。因此,面试时,通常采用虚视和注视相结合,注视时眼睛对着主考官鼻尖下方到嘴唇上方的那个部位,这样,对方在说话时就能够注意集中精力地去听,并能够快捷地调动思维,做到准确及时地回答问题;而且表情不会有所拘谨,可以始终保持自然,可以适当采用虚视。目光能体现一个人的修养、道德情操。人们对目光的感觉是非常敏感、深刻的。面试时要一方面通过自己的眼神向对方显示出自信,一方面要让对方从你的眼神中感受到你的真诚、友谊、热情。

(2)自信、真诚的微笑。人的外貌最重要的部分是面部表情。而能使人愉快的面部表情便是微笑。在面试时,你要尽量保持脸部的笑容,微笑会使你的脸更美、更添光彩。多数应聘者在面试中往往是紧张的。由于内心的紧张也使面部表情显得紧张和严肃。怎样才能在面试中做到"内紧外松"呢?真诚、自然的微笑能使你看起来自信而热诚。交谈中不时配以真诚的微笑,对考官所说的话表示能够理解和认可,这样双方就能谈得很融洽,应聘就会变得顺利。所以,当你走进面试现场时,你必须要融化、松弛紧张的脸,并使自己真正地微笑!

(3)自然适度的手势。说话时做些手势是很自然的,得体适度的手势会使你的表达更明确、生动。但手势过多、幅度过大会分散人的注意力。而一些消极的手势如摸鼻子、捂嘴巴、搔耳朵、扯衣角、玩钢笔等则不仅会影响你的表达,同时也会使面试考官认为你较胆怯、不自信。

二、常见问题的回答技巧

尽管不同的单位面试的程序和模式会有所不同,面试考官的风格各异,但是有些问题是面试中一定会涉及的,有些问题是大多考官比较喜欢问的。知己知彼百战不殆,即将走上求职竞聘之路的大学生们如果能对一些常见问题做些准备,那么面试成功率会大大提高。下面我们对大学生求职竞聘面试中经常遇到的一些问题做一些分析。

1.为什么不谈谈你自己?(介绍一下你自己)

分析:这是个开放性问题。从哪里谈起都行,但是滔滔不绝地讲上一两个小时不是雇主所希望的。这样的问题是测验你是否能选择重点并且把它清楚、流畅地表达出来。显然,提问者想让你把你的背景和想要得到的位置联系起来。可以介绍学历、简历,强调专业优势、职业技能优势,指出自己的理想、向往与所求工作的投合之处。要简练,不要过多涉及其他方面,讲三四分钟即可。

2.你最喜欢的大学课程是什么?

分析:最好说与你应聘的职位相关的课程,一方面可以说明你的专业对未来的工作有益,一方面可以表现出你对应聘工作有热诚。

3.你参加过什么社会实践活动?

分析:所有用人单位对有工作经历的应届毕业生(无论参与过什么样的工作)都较看好。一家就业服务机构的负责人说:"读书时期有过工作经历的人容易与人相处,他们会更好地安排时间,更务实,而且更成熟,与我们有更多的共同语言。"因此,假期的社会调查、家教经历、短期打工等都可以说,并能从你的这段工作中得到对你有启示的东西。

4.你有哪些主要的优点?

分析:从辨证的角度看,优点和缺点是可以相互转化的,有些优点对某些工作来说可能恰恰是缺点。所以面试之前,应了解自己拟应聘的岗位的职责和素质要求,你的回答应当首先强调你已具有的技能和专业知识有利于该岗位,而"我的学习能力、适应能力很强"、"人际关系很好"等都是可提出的优点。另外,有的岗位要求的素质是"独立工作能力强",有的是"具有团结协作的精神",有的是"成熟稳重",有的则是"具有开拓进取的精神"……在回答时就要视具体情况把你的优点告诉面试官。

有人这样回答:"我具有朝着目标努力工作的能力。一旦我下定决心做某事,我就要把它做好,例如,我的志愿是成为一个出色的公关经理,我喜欢接触不同的人,为了实现这个目标,我目前正在修读有关课程。"

5.你有哪些主要的缺点、不足?

分析:回答问题时的态度比回答的内容更重要。对正要走向工作岗位的毕业生来说,有些普遍性的缺陷是无法掩盖的,比如缺乏实践经验、社会阅历较浅、学校教育与社会现实发展不同步造成的知识结构不甚合理,等等。对这些缺陷要坦然承认,实事求是地回答,并表示你弥补缺憾的决心,比如相信自己会很快适应,迅速成长起来,会在工作中不断学习,丰富充实自己的知识储备。这样可化不利为有利,提高求职成功率。

每个人都难免有这样或那样的个性方面的缺点和不足。IBM公司充分尊重员工个性,同时也承认人性中不可避免会有弱点,他们不信任一个自称没有缺点的人,也不欣赏一个不敢承认自己缺点的人,因此对于此道必答题,应聘者不说自己缺点或将缺点"技术处理"为优点的人,如回答"我经常对工作忧虑过多,有时我会干到很晚以确保把工作做好","我需要学会更耐心一点。我的性子比较急,我总要把我的工作赶在第一时间完成"以显示工作认真负责、热情高等"优点",他们会毫不手软地予以排除。

另外,回答这个问题要注意讲一两个不太严重的缺点,如"我经常忽略一些小事,不细心","我有时太固执己见"以及补救的办法之后就应打住,否则会让人觉得你能力不够或性格有很大缺陷,对应聘不利。

6.说说你一次失败的经历。

分析:回答这个问题千万不能说:"我想不起我曾经失败过。""很遗憾,我还没有失败的经历,让您失望了。"也许你真的一帆风顺,但面试官不会因此认为你能力、才干过人。要知道失败的经历也是一种财富,一种可遇而不可求的财富。一些大公司,甚至愿意最早淘汰那些没有体验过失败的求职者。深谋远虑的"伯乐"们,可能担心你一旦遇到挫折和失败将缺乏承受能力,无法从挫折和失败中迅速走出。他们一般都不愿等你到了他们公司才经受这种锻炼。所以,充满人生智慧的回答应该是,说出一次不太严重的失败经历,然后强调你因此得到了很好的锻炼和成长。

7.你的老师、朋友对你的评价如何?

分析:通过这个问题面试考官想知道你的适应能力如何,你是否容易相处,你是否是个好学生等等。把你的老师、朋友对你的中肯的评价说一说,还可以参考"你有哪些主要的优点"、"你有哪些主要的缺点、不足"两个问题的分析来回答。

8.为什么你要应聘我们的公司?(你如何看待本单位?本公司吸引你的究竟是什么?你为什么要找这样的职位?)

分析:如果可能的话,在面谈前,你要事先尽可能地对该单位进行了解。回答问题时要显示你对公司的兴趣及对该岗位、公司和行业的认识,客观地说一说你的观感和印象,以及自己的专业知识、职业技能、个人素质等与该岗位的投合度并将对公司的贡献。说该单位的优势和有发展前途的同时,如果你确实意识到对方的弊端或缺陷时也可以适度、善意地提出,并在最后说"若在××方面再加以注意也许会有较大的改善",会让人觉得你有观察力,又有宽宏大量的气度和改善面貌的欲望与能力,这是会受欢迎的。

9.你对以后有什么打算？（你如何规划自己未来的事业？你的事业目标是什么？你在今后的五年中要达到什么职位？）

分析:这个问题是在考察你的工作动机,面试官想知道你的计划是否与公司的目标一致,是否可以信赖你把工作长久地干下去,而且干得努力、踏实。

很多没有经验的应聘者会落入这个圈套中,有的同学回答"管理阶层",因为他们以为可以以此来表明自己的雄心壮志。其实这会立即引发一系列大多数应届毕业生无法回答的问题:管理阶层的定义是什么？一个经理的基本责任是什么？做什么领域的经理？

最保险的回答应该先说明你要发展或进取的专业方向,并表明你脚踏实地的工作态度。如"我的事业计划是勇于进取,所做的事情必须是能够将我的精力与专业知识融入我所在行业与我的工作单位所需要的地方。因此,我希望在今后几年中,成为一名内行的专业人士,很清楚地理解自己的公司、行业、最大的挑战以及机会之所在。到那时,我未来的发展目标应该会清晰地显露出来。"类似于这样的应答会使你远远地高于你的同龄人。

10.你对哪类职位感兴趣？

分析：这是一个试探你的服从性的问题,不一定直接回答,可以表示你服从安排:"我对这些初级岗位感兴趣,可以从中学到公司内外的业务,并能给我发展的机会,当我证实了自己的实力之后,可以沿着专业方向或管理方向发展。"

11.我为什么要雇用你？

分析:这是个直接、正面的问题。面试官最主要的是想通过这个问题了解你对自己的才能、优势是否了解,是否有足够的自信和勇气。所以应聘者应介绍自己的职业技能、专业特长、组织管理等综合素质与所应聘的职位的相关度,回答问题直截了当,并且做到自信而稳重。既不可茫然不知所措、吞吞吐吐,又不能狂妄、自负。"我找不出你们不聘用我的理由。""放弃我将是你们最大的失误。"这些话最好轻易不要说。

12.你觉得作为你应聘的第一家单位,是否要考虑你在学校时的分数？

分析:如果你的分数很高,应答时显然要答"是";如果你的分数并不高,你就得多加考虑了:"当然,用人单位要全面考虑,要看分数,同时也要考查一下应聘者的工作积极性和服从性、对开发业务的理解及实际工作经验。总体来看,经历与专业技能要比分数更有价值。"

13.你有何业余爱好？

分析:这个问题看似很简单,但往往有更深一层的意义,你的业余爱好是否有助于你的工作,你的娱乐活动是否会干扰你的正常工作。

如果一个人下班后就知道柴米油盐,那么他可能被看做是缺乏情趣和格调的人。

这种人不大重视情操的培养与陶冶，习惯于单位—家庭的线性生活方式。但过于倾慕在业余生活上的人，也会有太爱吃喝玩乐不务正业的嫌疑。在回答这类问题时，应该不温不火，既要显示自己的情调与修养，又能展现自己的事业心，以此为原则说明实际的情况。

面试者可以这么回答："我平时在课余时间喜欢踢足球、看电影，但从未因此影响过学习、工作。"

14.你想得到的薪水是多少？（你对薪水的期望值如何？）

分析：贸然回答是错误的。除非你是对方急需的人才，一般的，让你去"面试"的单位是不会与你在此有很大的谈判余地的。也就是说，你只能按照其薪酬标准行事。应届大学毕业生在面试中谈薪酬是个大忌。在一般大公司看来，没有经验的大学生没有资格谈薪水。况且新人的起薪都一样，你谈了，人家也不会给你加薪，反而会招致反感。即使对方问你对薪水的期望，你也应谨慎应对，可以说："各单位都有自己的规矩，依单位的规定。""我对工资没有硬性要求。我相信公司在处理我的问题上会友善合理。我注重的是找对工作机会，所以只要条件公平，我则不会计较太多。"或者干脆用"我相信公司会承认我的工作价值"之类的话，这样，既回避了相对敏感的问题，同时也体现了你的修养和对对方的尊重。

如果一定要谈这个问题，商谈之前应了解自己所从事工作的合理的市场价值，另外商谈薪水的时机不应在面试时，而应在对方已基本认同你，准备和你签订协议之前。

15.今天的面试就到这儿，你还有什么问题吗？现在你可以向我提关于公司的任何问题。

分析：这是求职面试者最后一个表现自己的机会，千万不要说："没有。"这样的回答可能会被理解为求职者对该公司没有多大的兴趣。你应该回答："当然。"并通过你的问题进一步了解这家公司、这次面试和这个职位的信息。下面这些问题可以供你参考：

(1)这项工作的具体职责是什么？

(2)您考虑这个职位的合适人选应有一些什么素质？

(3)如果我获得通过，谁是我的上级？

(4)关于我的资格与能力问题，您还有什么要问的吗？

(5)我大概在什么时候可以得到关于这次面试的消息？

另外，如果你确实对该公司进行过深入的调查、研究，并有自己的看法，你也可以在最后向面试官谈你的建议或指出对方的不足。

通常情况下，求职应试总是要说恭维话，以引起对方的好感而达到谋职的目的。但一味说好也未必能打动人，指出对方不足之处，且令对方口服心服，常常也能达到求职的目的。南京大学天文学系一名女毕业生在参加宝洁公司主考官最后一轮面试时，大胆指出宝洁公司的不足并列举国外的事例加以佐证,使对方不得不折服,结果她被首先选中。

面陈其"过"之所以能胜过别的求职者,不仅是因为技巧新,由"贴金"转变为说不足,而且表明:一、你已经在关心、研究该单位,并投身于该单位未来发展之路的探索了;二、你想到这个单位来态度是认真的,目标是专一的,而不是抱着"进得了再说,进不了拉倒"的心态来随便试试看的。另外,你说得令人信服,还表明你研究之深、水平之高。这些都能帮助你获得求职的成功。但必须注意,面陈其"过"必须态度诚恳,着眼于对方做得更好,具有建设性,且实事求是,说到点子上,具有可行性,切不可故弄玄虚,不懂装懂,否则适得其反。

三、挑战性问题的回答技巧

从某种意义上说,面试过程是一个智力较量的过程。面试该出什么样的题目,既无硬性规定,也无统一定式。面临激烈的市场竞争,许多单位对人才的素质要求愈来愈高。不仅要求应聘者具有基本业务能力和一般的素质,还要求能从容自如地面对各种困难,积极妥善地解决比较棘手的问题。因此常别出心裁地出一些富有挑战性的偏题、难题、怪题,有意"刁难"应聘者,通过"察言观色"考察一个人的品质、潜质、创造性,考察应聘者的快速反应能力、逻辑思维能力以及特殊情况下的应变能力等,甚至包括自我控制能力与情绪稳定性。面对这类问题最重要的,是要透过现象看本质,看清楚、弄明白出题者的本意,别让刁钻面试乱了方寸。应聘者只要站在人格的立场上,冷静地整理好思路,就可以从容作答了。

1. 机智反问

一个求职者去应聘一家电视台的记者一职,面试中考官指出:"你说你爱好写作,可是我看了你填的报考表,在'自我评价'栏中居然出现了三处语法错误,现在没有多余的表格,也不准涂改,你怎么办?"该应聘者听了吃了一惊,心想写自我评价时自己是字斟句酌的,怎么会有三处语法错误呢?但面试时不允许他多想,他思索了一下,镇定地回答:"为了弥补失误,我可以在表后附一张更正说明,上面写上:'某某地方出现了三处语法错误,实属填表人的粗心,特此更正,并向各位致歉。'不过——"他顿了一下说:"在发出这份更正说明之前,我想知道是哪些错误,因为不能无的放矢,错误地发出一份更正说明,我不愿再犯这种错误。"

听到他的机智反问,面试考官笑了。事实上他的自我评价中并没有错误,这只是考官设下的一个圈套,他用机智的回答证明了自己的自信和敏锐的反应能力,赢得了考官的赞赏。

2. 预设前提

面试考官提问有时会布下"陷阱",巧妙伪装,让你上当。面对这类问题,应想办法避开"陷阱"再作回答。

比如"你是计算机专业的,肯定是这方面的专家,请你谈谈目前计算机方面发展的趋势。"其实这里就有一个"陷阱"。有的同学说:好的。这是等于承认自己是专家。讲得好,是理所当然;讲得不好,就是自己故意卖弄。对这种问题最好预设前提,可以这么回答:"不,我不是专家,作为计算机专业的学生,我可以谈一点粗浅的认识。……"这样谈得不好,也没很大的关系;谈得好,反而让人觉得你很谦虚。

"你明天要去旅游,机票已订好,公司突然要求你去加班,你怎么办?"不少同学说:"把飞机票退了,明天去加班。"如果这样回答,肯定不会被录用,考官会认为你在喊口号,口号叫得越响到时候跑得越快。最佳的答案应该是根据具体情况作答,所以应该预设前提,可以这样回答:"我可以先问一下,这个加班是不是非得我去,其他同事可不可以代替,或者等我旅游回来再去,如果两者都不可,我只能将飞机票退了,去加班。"

再如有考官问:"如果录用你,你能长期工作,不跳槽吗?"这个问题如果简单回答:"我不会跳槽。"不仅把自己给套住,而且易给人造成也许能力不强的错觉。如果回答"会跳槽",那么肯定不会录用你。有一位应聘者采取了预设前提的方法委婉回答:"前几天我看到一篇文章,叫做'流行跳槽的年代,我不跳槽'。因为文章的主人公找到了自己满意的工作,有能发挥自己才能的环境和丰厚的收入,我很赞同他的看法。就我求职的愿望而言,我想找一份对口的、满意的工作,我将为它献上我全部的心血。"他的回答巧妙而得体。

3. 坚持己见

许多用人单位喜欢有主见的下属,而不是会说话的机器人。有一家公司招聘办事处人员,老总对每位通过初试者都说了这样一句话:如今像我们这样好条件的单位不多,你运气真好,已经跨进了一只脚。结果所有赞同此话的应聘者均被淘汰,只有一位持不同意见者反倒入选。她说:"其实我并不觉得贵公司条件有多好,只是感到比较适合我的专业,而且我觉得最后能不能入选,关键在实力而不在运气。"老总对此大加赞赏,认为像这样有主见、敢于提出不同看法的表现,难能可贵。

摩托罗拉公司会故意问你几个难堪的问题,如结婚否?啥时要小孩?男朋友标准?你乐意性开放吗?以问题为个人隐私为由拒答者,公司持赞赏态度,他们认为这些应聘者不会因个人的眼前利益而屈服压力。有个性,有尊严,表现在工作上就会少受诱惑,坚持原则,始终以公司利益为先。甚至"老板叫你去跳楼,你跳不跳?"这样的问题或许正是从另一个角度考察应聘者是否有独立个性,是否有人格魅力。

4. 顶住压力

面试中也可能会出现"你的学历层次太低,达不到我们的要求,你还是到别的地方看看吧","你的专业根本不适合这项工作,你认为呢","这个职位来应聘的优秀的人很多,你被录用的可能性很小。你还要坚持进行面试吗"等"呛人"问题。

迈克尔·吉利奥尼在《英文简历与外企面试技巧》中写了这样一则趣谈:一位29岁的女学生,在一家福利待遇都很不错的大型英资企业接受面试。她说自己在面试室等了30多分钟以后,才被带去见一位经理模样的人。经理的问题是:"你的简历根本没分量,我们公司需要的是能力很强的人,你认为能胜任这个工作吗?""你没有我想要的工作经验,我为什么要雇用你?""看看你的年龄,如果我们雇用你,得花钱送你去培训,而不久你就要辞职结婚,我们为什么要在你身上浪费时间呢?"女生被这些呛人的问题吓蒙了,只说了几句话就哭着出来了。她走的时候,那位经理对她说:"走吧,等你长大了再来吧。"事后这位经理说他期待的反应是:"对不起,我认为自己就是这个职位的合适人选,我的理由是……"

从上述例子中我们可以看出,这些"呛人"的问题很可能是故意给你施加压力,看你的自我控制能力、你的情绪稳定性如何,看你是否有足够的自信。因此遇到这类问题要顶住压力,迅速调整自己的心态,沉着、自信地回答面试考官。

因此对"我觉得你的经验不足,不太适合我们的位置",可以这么回答:"对于刚刚走出大学校门的我来说,在工作经验上的确欠缺,但是我的专业知识扎实,而且我相信我的勤奋一定会弥补这方面的不足。"

对"你的学历层次太低,达不到我们的要求,你还是到别的地方看看吧",可以这么回答:"是的,但是——",然后把你在实践经验、专业基础、通用技能等方面的优势展示给他,这样一来就可以把学历问题避开了,还可以告诉他你很愿意在该公司的支持下通过进修获得所需的学历。

四、女性求职如何回答敏感问题

不可否认,在现代社会中,很多用人单位在招聘职员时依然存在男性优先的想法,在招聘女职员时,常担心婚姻和家庭会影响女性的工作和对事业的追求。

有一位已婚女士到一家大公司与总经理面谈求职。公司经理虽然对她很满意,但在众多应聘者中考虑到她已婚并有小孩会影响工作,实际在心里已准备淘汰她,并婉转地告诉她:"总的来说,我对你的各方面素质都很满意。不过,你已经成家这一点,公司方面还得考虑一下。"这位女士听后稍顿一下,微笑着说:"总经理慎重考虑是有道理的,如果我是您的话,可能也会这样想。公司的任务重、工作忙,谁也不愿意职工为家事耽误了工作。但我想,一个母亲与一位未婚女子对生活、工作、责任心的理解不会相同。我绝不会因家庭琐事而影响工作的,这一点请经理放心。"总经理十分赞赏她的思维敏捷,当时就拍板决定录用她。

用人单位在面试时往往会针对女性提出一些与婚姻、家庭、工作相关的问题。因此,能否回答好这些问题,直接关系到求职是否成功。下面是几个常见的问题,即将走上工作岗位的女大学生应有所准备。

1.你觉得家庭和事业哪个更重要？

无论对谁来说，家庭和事业都是重要的，缺少了哪一部分，都不是完整的人生。选择家庭，会让人觉得你没有事业心；选择事业，要么让人觉得你口是心非，要么被人看成是缺乏生活品位的工作至上主义者。所以在两者之间作出选择，通常都是上了面试官的当。事实上，理智的面试官，希望你能尽最大的努力做到两者兼顾。尽管这难以做到，甚至不太现实。

可以这样回答：我会恋爱、会有自己的家庭，但同时我认为现代女性要有自己的追求和事业，要保持经济上的独立和生命的活力。同时我相信，我的家人也会支持我的工作的。

有一位勇敢的女性求职者曾这样回答：既然女性注定要肩负两副重担，那我必须勇敢地挑上，谁让我们是母亲呢？

2.如果公司派你到外地出差，你的男友不同意，你怎么办？

这个问题也是对女性求职者的性别顾虑，你可以这样回答：单位安排我出差，是工作上的需要，我和我的男友都是热爱工作和事业的人，相信他会支持我。如果他不同意，我会说服他的。

3.你和你的男友分处两地，如果他要你过去，你会怎么办？（面试官了解到你与男友分处两地这一情况。）

可以这么回答：我之所以来到这座城市，就是因为这儿对我有很大的吸引力，这座城市充满机遇。我来之前同我男友商量过，如果我在这儿找到适合自己的发展空间，那么他也会到这儿来寻找机会。

4.你怎样看待工作中的大事和小事？（或你怎样看待工作中诸如打开水、扫地这些琐事？）

回答这类问题容易陷入"处事不分轻重大小"或"不屑于做具体工作"这样的陷阱。可以这样回答：要看是在什么情况下、什么样的事情，有时候小事就是大事，同样必须认真对待，及时处理。

5.你怎样看待目前社会上存在的一些性别歧视？

回答这一问题，要坦然承认这一事实，同时体现作为女性的自尊、自信。可以这样回答：这种现象确实存在，但我认为这种看法会随着社会的发展而逐渐消失，现在社会上越来越多的女性证明了女性的能力并不比男性差。但就目前的情况，作为一名女性，我会用加倍的努力，以此来证明我们的能力、价值，获得社会的认同和尊重。

【实践与训练】

1.下面是几则求职交谈的片段,分析它们的优劣,并说明原因。

(1)主考官:你的成绩不错,平时一定很用功。

应聘者:没什么,在学校考试有时是瞎蒙,而且分数不能说明问题。

主考官:啊,你有什么特长吗?

应聘者:(拿出书法作品)一点小爱好。

主考官:你的书法不错呀!

应聘者:没什么,没什么。

主考官:看得出,你是下工夫练习过的。

应聘者:差远啦,信笔涂鸦而已。

主考官:……

(2)一个人到报社求职。

主考官:你从事新闻写作多少年了?

应聘者:时间不长,三个多月。

主考官:只三个多月?

应聘者:是的。您看看我的文章吧。

主考官:(一目十行)写得不怎么样。

应聘者:请相信我没有借鉴别人的写法,这些都是我经过多次采访写出来的。

主考官:(又拿起来看)嗯,写法是与别人不同。

应聘者:谢谢您的鼓励。

主考官:你独立采访,有闯劲,也有创造性。很好。暂时录取,试用3个月。

(3)小郑是通信学院 2000 级毕业生,大二暑假在一家电脑公司打工,大三开始和同学合伙开了一家自己的"公司",专门为大学生提供各项电脑服务。毕业参加求职面试那天,小郑已经排了3个小时的队,眼看晚上和客户约好的见面时间就要到了,而前面依然长龙蜿蜒,小郑略加思索,便毅然走进面试会场。

主考官看了他一眼,冷冷地说:"请这位同学遵守秩序,排队好吗?"

他坦诚地对主考官说:"对不起,我知道插队很不道德,但我真的赶时间,我自己的公司今晚和一个客户预约好的。一个成功的企业一定是信誉第一,我认为贵公司需要我这样的人才。"

主考官问:"你愿意去离你家很远的深圳工作吗?"

"好男儿志在四方!"

主考官:"那公司要是让你去偏远山村基层工作,你愿意吗?"

"我是一块砖,哪里需要往哪里搬嘛。"

2.根据自己的实际情况对教材中列出的求职面试中的常见问题做一些必要的

准备。

3.模拟面试场景,由几个同学扮演某单位的面试官,另一些同学作求职面试者,进行面试训练,不仅要提面试中常见的问题,而且面试官要在"全面了解求职者情况"之后提个别"意想不到"的问题,以训练同学们的应变能力。

训练时要注意:

(1)有声语言的表达:

准确、规范,语言简洁

面试者的语言表达要"口语化"

语速适中,音量适度

(2)态势语(特别是目光)的运用:

坦诚的目光交流

自信、真诚的微笑

自然适度的手势

第六章

行业口才训练

美国著名演讲理论家戴尔·卡耐基曾经说过:"一个人的成功,约有百分之十五取决于技术知识,百分之八十五取决于人类工程——发表自己意见的能力、担任领袖的能力和激发他人热忱的能力。"而口才,正是一个人各种能力的综合体现。

第一节　教学口才训练

传统教育理念下的教学,往往是教师为中心的活动过程,教学中话说得最多的是教师,因此,以前的教学口才的内涵往往是指教师独白性的教学语言。随着教学改革的不断推进,教师的教育教学理念不断地发生着变化,人们普遍形成一种共识:教学是教师与学生共同作用的活动,是教师与学生以某个问题作为辐射点而进行的对话的过程。基于对教学的新的理解,在本书中,我们不再着重于教师自身语言的训练,而是更倾向于教师如何根据课堂情况与学生进行对话的组织、启发等的才能的训练。

一、教学口才的基本要求

作为教师,教学口才必须具备一定的基本要求,只有具备了这些基本要求,课堂对话的实现才是有可能的。

1. 普通话标准

普通话标准是对教师的最基本的要求。普通话的内涵包括三个方面,即语音、语汇和语法。教师语言,要求语音标准、语汇正确、语法规范。有的老师将"船上"说成"床上"(an-ang 不分),将"贤惠的母亲"说成"行贿的母亲"(ian-ing 不分),有的老师从头到尾不停地"啊"、"然后",口头禅不断,这些都将对学生的学习产生误导,影响学生的学习效果。因此,作为教师,必须努力地学习普通话知识,克服方言的影响,使普通话水平达到国家规定的标准。国家要求教师的普通话要经过全国统一的普通话测试,语文教师要求达到二级甲等,即 87 分以上;其他教师要求达到二级乙等,即 80 分以上。

2.表达准确明确

表达准确主要针对教师语言的内容有没有错误,明确则主要针对是否将内容明晰地表达了出来。各门学科都具有自身的学科特点,也具有该学科特定的一些专门术语。要让学生很好地领悟知识的精要,获得技能的训练和情感的熏陶,教师就必须具备准确、明确的语言表达能力。例如:

有一位小学生向老师请教:"老师,'但是'是什么意思?"老师回答:"'但是'就是拐弯的意思。"后来这位小学生用"但是"造句,造了这样一个句子:"出了学校门往东——'但是',再往南——'但是',就到我家了。"

在这个例子中,教师所指的"拐弯"是指"但是"一词的语法意义而言的,而学生理解中的"拐弯"是指其实际意义,这就造成了运用上的错误。如果教师将解释的重点说准确、说明确,即针对"但是"在语用中的作用而言,学生就不会出现这样的错误了。

3.逻辑严密

教学语言要求逻辑严密,首先是指前后不出现矛盾现象;第二是指前后语言之间要环环相扣,不出现思维的断档现象。尤其是理科教学中,要特别突出教师语言逻辑严密这一要求。例如:

有一位二年级的数学老师,在讲万以内的加法时,讲了 1242+134 这道题目之后,是这样总结法则的:做万以内加法时,一定要注意先把数位对齐,再从个位开始加。之后,学生在排竖式时,很多同学都出现了错误。

事实上,这些错误的根源在于教师语言逻辑的不严密,使学生对法则模糊不清。如果教师将"把数位对齐"说得更严密些,即说成"把相同数位对齐",那么学生就不会出现这样的错误了。

二、教学艺术语言的训练

教学艺术语言,是指在教学语言的基本要求的基础上,使教师的语言更具有艺术性,使语言自身成为影响学生、为学生提供示范的一种重要的资源。

1.充满情感

亚里士多德说过:"自己很感情化的演说家,即情感丰富的演说家,才能打动别人去思考和行动。"教师语言要达到深深打动学生的效果,就必须饱含感情。我们来看一位教师在教学鲁迅的《故乡》时设计的一段开场白:

故乡,这个令人感怀的名词,多少文人骚客歌咏过她,多少普通人产生过"美不美,故乡水;亲不亲,故乡人"的感慨。鲁迅先生 18 岁时离乡求学,探求救国救民的良药,很少回到故乡,对故乡及儿时的伙伴有着深深的怀念。阔别故乡 20 年后,鲁迅回到故乡绍兴,但故乡已不是记忆中的美丽故乡了,小

　　伙伴也面目全非。作者悲凉感愤于故乡的一切，一年后写下了经过艺术加工的《故乡》这篇短篇小说。

　　这是一段充满情感的导入语，这段导入语能够对学生的心灵产生深深的震撼，促使学生带着一种悲凉感愤的心境进入文章的学习之中。

　　优秀的教学语言具有中心明确、内容恰当、全身心投入的特点。伯特·戴克曾对此有一个精彩的比喻，他说："比较一下火箭的两个部分！箭头是最小但也是最有价值的部分，它是火箭待发的真正原因。这就好比发言内容是站起来发言的真正原因。但是助推器必须使箭头推离地面。如果助推器失灵的话，箭头的价值也就无从谈起。发言的助推器就是你的口头表达和视觉表现——即发言的激情与活力。你发表观点时的全身心投入就像火箭助推器，一定要有充足的动力。"这里所言及的全身心投入体现在语言上就是指语言的情感性。

　　2. 运用幽默

　　幽默是教学中使师生获得轻松活泼状态的一种重要的语言技巧。我们的教师由于受传统的师道尊严的影响，往往不苟言笑。但是随着人们对教学规律的日益认识，幽默的重要性越来越被广大教师所吸收并积极采纳。的确，幽默在教学中起到的作用是显而易见的。例如：

　　　　国学名师沈谦教授有一次到台中静宜大学演讲，讲题是"中国古典式的爱情"。到了演讲现场休息室，主办同学对他说："沈教授，您知道吗？前两个礼拜余光中教授也来我们学校演讲，他的讲题，跟您今天的一样。"沈谦教授一听，心里有些不舒服，他心想："既然请了余光中，又何必请我？而且，既然请了余光中，又请我，就不应该告诉我！再说，如果想告诉我，演讲会后再说也不迟啊！"不过沈谦教授风度很好，脸上也没有露出不悦。但他说，要临时修改题目——"中国古典式的爱情"变成副题，正题是"茶、酒、辣椒、冰淇淋"。演讲开始了，沈谦教授踏上讲台，对大家说："听说前两个礼拜，余光中教授也在这里跟我讲一样的题目。不过，他讲的正题是我今天讲的副题！"这时，台下有人笑了。沈谦教授接着说："余光中教授是研究西洋文学的，他来讲中国古典式的爱情，绝对是个外行；不过，他的学问很好，一定讲得很内行。而我是学中国古典文学的，我来讲中国古典式爱情，绝对是内行；不过，我的学问差一点，也许讲出来会有点外行。而且余光中是诗人，他往台上一站，大家都'醉'了，陶醉在诗人的风采里；我是教书匠，往台上一站，大家都'睡'了……"讲到这里，台下又是哄堂大笑。沈谦教授继续说："还好，我没有和余光中教授一起登台演讲，否则在座的各位，一个个都要'醉生梦死'去了！"沈谦教授妙语连珠，使全场呈现出很热烈的气氛。

　　又如：

美国哈佛大学经济学教授高伯瑞,应台湾哈佛大学同学会之邀,来台访问,并公开演说。在演讲前,主持演讲的台大校长孙震,花了近五六分钟时间来念他的经历及出版资料。念到后来,连孙校长都念累了,只好说:"我们一般人一辈子都念不完这么多书,真奇怪,他是怎么写出这么多书来的?"孙震一讲完,全场哈哈大笑。

上面列举的两个例子,充分证明了幽默在教学中所达到的效果。幽默不仅仅是博得学生的一笑,更重要的是,幽默中体现的是教师的学识和智慧,而这,正是令人折服的所在。

3.注意声音处理

教学中,影响学生注意力的因素是很多的,其中一个特别重要的因素就是教师声音的变化。一个教师,"他一站上台,就是一个'演员',他必须透过声音的变化、高低起伏、抑扬顿挫、细声粗音或速度快慢,来使整个故事的语言表达,像说书演员一样,淋漓地发挥其'语言艺术'"。要使教师教学的声音达到紧紧吸引学生的良好效果,就必须在呼吸、共鸣、重音、节奏、速度、语气等方面进行相应的训练。当然,这些外在因素要表现得到位,教师必须对教学内容和教学语言所传达的信息进行认真的研究,确定语言信息的情感倾向、情感基调。只有这样,才能够正确地表达出有磁性的声音,任何不以思想和情感为依托的语言,都不可能具有生命力,这也就是语言表达中经常说到的"以情带声"。

三、教学口才分类训练

教学是一个由学生和教师组成的对话过程。在这一过程中,学生是课堂的主人,但是教师在其中的作用却是任何学生都无法替代的,对话式教学中教师的行为主要体现在教师如何激发学生的学习活动、教师如何评价学生的学习活动两个方面,下面我们就从这两个方面展开阐述。

(一)激发学生学习的口才训练

1.确定学习的主题

学习的主题是由教师和学生双方确定的。但是,很多时候,教师出示的主题往往对学生的学习具有重要的引导作用,因此,要在课堂中收到很好的学习效果,教师就必须精心设计高质量的学习主题。一般来说,我们可以将下列问题作为学习的主题:

(1)以重点和难点问题为主题。教学目标设计,要包括"知识目标、能力目标、情感目标",教学重点和难点是在实现教学目标过程中必须重点解决的、牵一发而动全身的问题和学生在理解感受上存在困难的问题,这些问题的解决情况关系到整个教学内容的学习,因此在课程实施中要给予它们更多的时间,将学生的学习引向深入、更有广度。

(2)以焦点问题为主题。焦点问题,并不仅仅是指教材内容本身,更是指由教材内容而触及的社会政治、经济、文化等方方面面的人们普遍关注的问题。教学中,完全可以引导学生就这些问题阐述自己的观点,开展对话。

(3)以热点问题为主题。热点问题,是指学生普遍感兴趣的、与现实接近的话题。对于这样的话题,学生往往心中有材料,有话可说,促使学生积极地参与到学习活动之中。

(4)以疑点问题为主题。疑点问题,是指学生感到迷惑不解的问题。通过这种问题的学习,将使学生解除疑点,豁然开朗。而且,很多疑点问题是学生学习的关口,关口解决了,许多的问题也就迎刃而解了。

(5)以歧义问题为主题。歧义问题,指学生与教师、学生与学生之间认识出现分歧的问题。歧义,是碰撞的基础,也是实现沟通、培养多元意识的契机。

2.呈现主题的语言组织方式

(1)关注个性体验的语言组织

关注学生的个性体验是教学改革区别于传统教学的本质所在。教学改革的核心理念是以学生发展为本,让学生参与教学是课程实施的核心。因此,教师在呈现主题时,要有意识地关注学生个性体验。这样的主题呈现方式有:

"你最喜欢课文中的什么内容？是怎样体会的？"

"下面请你一边听音乐,一边看一段录像,想想这首诗所描写的是一种怎样的春天景色？"

"水乡的人们正在放声歌唱呢！如果你是水乡的一个小娃娃,你想唱什么呢？你还想说些什么呢？"

……

在这类语言中,出现频率最高的一个词语是"你",这是教学改革中一个突出的现象。

(2)关注学习方法的语言组织

在现代教育中,让学生掌握正确的、良好的学习方法是一个重要的教学任务,因此,主题的呈现方式应该重视对学习方法的提示。例如:

"这首儿歌写得美,我们读得也美,我们还可以唱一唱呢！"

"围绕'为什么人们把这儿称作鸟的天堂'这一话题作进一步研究。请同学们读课文,你对课文的哪一部分最感兴趣,这一部分就是你研究的重点。读的时候,用笔画出关键的词句,边读边想:为什么说这儿就是鸟的天堂？"

我们经常说的"授人以'鱼',不如授人以'渔'",指的就是要教给学生学习的方法。在上述例子中,教师突出了对学习方法的引导,尤其突出了研究性学习方法的运用,这是符合教学改革要求的。

(3)注重创造性思维训练的语言组织

创造性思维是现代教学中着力培养的一种思维方式,主题的呈现必须注重对学生创造性思维的培养。例如:

"风除了可以吹掉落叶,吹红梅花,吹起波浪,吹斜竹林外,还可以干吗?分小组用你喜欢的方式表达一下。"

"春姑娘来了,她用春雨滋润我快快成长,然而可恶的杂草也趁机冒了出来。那可怎么办呢?小朋友们可要帮助我呀。"

在这些问题中,教师关注的是学生能够通过自己的思考和实践,创造出与众不同的、别人没有想到的问题,这对于培养学生的个性思维、培养创造性人才具有很好的作用。

(4)关注推想性对话的语言组织

推想性对话是指教师和学生根据教学内容,结合自己的生活经历和认识水平进行合理的想象和推导,从而产生更加深刻的认识和感受。例如:

"同学们想一想结果会怎样呢?请大家都来当一回小作家,把故事继续编下去。"

想象是人类的天性,是人类发明创造的源泉。在传统的教学中,教师们对学生想象力的培养不够重视,导致越教想象力越糟的现象。我们有必要加强推想性对话的设计,以培养学生思维的灵活性和创造性。

(5)关注大胆质疑的语言组织

创新是在传统的继承和批判基础上产生的。在传统教学中,我们更多强调了学生对传统的服从,却缺乏提供孩子们对传统进行批判的意识、精神和能力,这是创新精神培养中的一大阻碍。在教学改革实施中,我们要特别注意这一问题。例如:

"这是课本上的观点,谁有不同意见,请用事实或理论论据发表你的观点。"

事实上,许多问题都可以从不同角度得到完全不同的理解,教师的教学语言必须注意引导学生学会通过自己的头脑获得对事物的个性化的理解。

(二)评价学生的语言技巧

在教学中,对学生影响最大的是教师的评价语言,教师语言中占据时间最多的也应该是评价语言。但在以前,这并没有得到人们足够的重视,而是简单地将评价语言划定为批评和表扬两种。

1.评价学生的原则

第一,准确性原则。这一原则主要适用于自然科学领域的课程,也适用于人文科学中一些已经普遍认为是真理的认知常识。

第二,鼓励性原则。评价的重要目的是激发学生的学习兴趣和学习热情。因此,我们评价学生时,尽量不使用否定性评价,而是要努力地去发现学生学习过程中的闪光点,进行鼓励性评价。

第三,拓展性原则。评价语言的拓展性,指的是教师在运用评价语言时,不应孤立地为评价而评价,而应该将评价与教学的环节过渡、学习方法的指导、课程主题的升华等方面进行有机的结合。

第四,平等性原则。平等性原则主要是指教师在评价学生的过程中,一定要以公平的心态来对待每一个学生,不能因为自己的喜好而在评价中流露偏袒的意味。

第五,区别性原则。区别性原则是指根据学生的心理素质、性格特点、学习程度、认知水平等多方面的因素对学生采取因人而异的评价。区别性原则和平等性原则并不矛盾,平等性原则重在对学生人格的尊重,而区别性原则重在讲对学生评价方法的采纳。它们的共同之处在于都立足于对学生人格的尊重的基础上,着眼于学生的可持续发展。

2.评价语的类型

就大的范围来说,评价语可以分成两大类即简单式评价和复合式评价。简单式评价是指教师针对学生的回答进行直接的、简短的评价。比如:

师:"死海不死"这个题目有什么特点?

生:简洁。

师:对! 简洁。因为题目只有四个字。回答也很简洁,只用了两个字。还有吗?

生:我觉得这个题目很新颖,看起来是矛盾的,读起来又并不矛盾,跟一般的题目不一样,有奇特之处。

师:讲得好。

简单式评价常用的语言还有:

真认真、真会动脑筋、真聪明、你真了不起、很善于思考、回答很正确、讲得很好、分析有道理、表述得很准确、读得很好、读得真有感情、好极了、绝妙的想象,等等。

复合式评价是相对于简单式评价而言的。指的是在简单评价的基础上,对学生的学习信息的反馈(主要是对问题的思考和回答)进行指点、概括、扩展、提升、过渡。主要包括商讨式评价、概括式评价、扩展式评价、提升式评价和过渡式评价五种。

(1)商讨式评价

商讨式评价也就是指点式评价。运用"商讨式"这一概念,主要突出在学生学习出现问题的时候,教师不是以批评的语言进行评价,而是运用商讨的口气。比如周凌老师在《鸿门宴》、《垓下之围》研究性学习课堂教学中这样评价:

这组同学能从传统文化的角度来解释项羽失败的原因,体现了同学们思考的深度。但我们论证时，在逻辑上要有合理性，要有严密的推理。关于鸿门宴时项羽刘邦他们的座位次序的问题，如果完全用"义"来解释，就可能显得牵强些了。司马迁在这里所写的一笔，我想可能基于这样的考虑，在天下大乱时候，双方的力量决定各自的地位，这里主要是表现出项刘两方力量的悬殊，同时也点出了项羽阵营的自满情绪，这为以后项羽的失败埋下伏笔。我的意见仅供参考。

在这段评价语中，教师热情地肯定了学生的优点，同时也委婉地表示出自己的认识，对学生如何全面地解释项羽失败的原因提供了一种方法。更让人敬佩的是在末尾周老师所说的"我的意见仅供参考"的坦然，这无疑在给学生渗透一种正确的认识世界的方法：你可以参考别人的观点，但别人的观点永远不能取代、统治你自身的观点。

（2）概括式评价

概括式评价是指教师运用简短概括的语言对学生的回答内容进行归纳。程继伍老师在教学《冬天之美》一文时是这样评价学生的学习的：

生：冬天才会下雪，下雪为我们的生活增添了无穷的情趣。

师：情趣盎然，浪漫无限。

生：我出生于冬天，冬天跟我结下了不解之缘，因此我特别喜欢冬天。

师：不了的情缘，永远的冬天。

生："梅花香自苦寒来"，寒冬是孕育生机和理想的季节。

师：诗情画意，志趣高远。

（也有不少学生不喜欢冬天，理由是：）

生：因为冬天太冷了。

生：因为冬天老阴沉着"脸"，地上湿漉漉的。

生：因为冬天满目萧条，并不美丽。

……

师：切身感受，现实主义者。

在这段简短的教学实录中，程老师的评价语极其简单而概括，但是往往会使学生漾出会心的一笑。在这样宽松的课堂教学氛围中，学生畅所欲言是必然的事实。

（3）扩展式评价

扩展式评价是指教师在评价的基础上进行能力、方法等的概括和提升，使学生通过评价语获得更多的相应信息。沈江峰老师在教学《项链》这一小说时这样评价学生的学习：

刚才许多同学发表了自己的意见，归纳起来共有四种意见。一是玛蒂尔德性格基本变了；二是基本没变；三是既变又不变；四是作者只是客观地向我们展示这么一个故事，并不是要表现她变还是不变。我想告诉大家，这些问题,也是专家、学者、老师仍在争论的学术问题。今天我们在课堂上进行讨论,许多同学已经形成了相当深刻的认识。不管是哪种观点,结论并不重要,我们只是借助这些问题的讨论来加深对小说的认识和理解。下面谈谈我的理解,只是一家之说……

这段评价语言的一个重要特色是教师在学生学习的基础上,帮助学生拓展了思路,开阔了眼界,而且使学生获得学习的成就意识,促动学生更加执着地投入研究。

(4)提升式评价

提升式评价主要是针对情感而言的,教师根据学生的回答在文章的思想情感上进行升华,使之产生更强烈的震撼力量。例如:

在教学徐志摩的《再别康桥》时,教师让大家就诗歌意境构思一幅画并进行描述。有一位学生说:"刚才同学的构思中,画面里都出现了诗人的形象,我觉得没有人更耐人寻味。通过景物的描写,让看的人自己去感受。我的设想是一条船在康河中缓缓地前行,然后镜头对向河畔的金柳、粼粼的柔波、波光里的艳影和水底软泥上的青荇。船,只出现一个船头,然后用全景,拍河畔和康河,最后用远景拍船渐渐远去,直至消失。"教师的评价语是:"这种创意的确含蓄,耐人寻味,诗人依然在,可是躲到了幕后。是啊,他既然要把这份别离之情藏在康桥的一草一木中,为何不首先把自己藏起来啊,你的构思独到!"

这段评价语中,教师对学生的回答与诗歌的内容进行了很好的整合,通过"要把这份别离之情藏在康桥的一草一木中"一语,对诗歌的艺术化创造过程进行了指导思想上的提升。这种评价非常有利于学生举一反三以点及面的学习习惯的形成。

(5)过渡式评价

过渡式评价是指教师的评价语可以起到教学环节的链接和过渡作用。例如:

大家刚才对文章的理解都很有自己的思想,那么就让我们循着刚才的感受,来看一看课文是如何进一步来阐述这个观点的。

这段评价语,既对学生进行了充分的肯定,同时又引出接下来要学习的内容,使学生的学习呈现出循序渐进的特点,同时也激发学生继续保持旺盛的学习精力和浓厚的学习兴趣,能够收到很好的效果。

当然,评价语的设计是可以多种多样的,但是不管是哪种评价语,都要特别注意以表扬和鼓励为主,因为爱听表扬和夸赞是人的天性,无批评式的评价语,能够极大地激发学生学习的积极性和主动性,使学习始终处于最佳状态。

下面是教师经常使用的部分评价语:

你朗读得真棒,可以和电台的播音员相媲美了。

读得真好!准确、流利,还很有感情!

你那富有感染力的朗读,把我们带进了一个美妙的世界!

你读得很流利,声音也很响亮,如果能带着高兴的语气来读,肯定很精彩,试着再读一遍,好吗?

我知道你能做得更好。

虽然我们班男子汉居多,可巾帼不让须眉,对吧,女孩?

老师真为同学们的智慧感到惊叹! 这说明,只要我们肯动脑筋,想办法,就没有解决不了的难题。

这节课,你表现得真好! 老师为你的进步而高兴。

机遇并不偏爱那些聪明的同学,只要你肯动脑筋,成功一定会属于你!

口头表达是你的强项,如果在作业中,将你的字写得再认真些,老师会更喜欢你。

你已经把这段话的大概意思说出来了,能不能抓住重点词句,概括得再简练一些?

请大家欣赏一下××同学的演唱。

只要你认真地做,你能行。

好! 人小志不小。

我相信,你要是认真想一想,准能答好这个问题。

你的回答虽不全面,但可看出你是个爱动脑筋的孩子。

你的想象力真丰富。

问题回答得虽然不够完整,但老师也为你的积极动脑感到高兴,下次努力!

你太了不起了,小小的年龄毛笔字就写得这么工整,让人看后佩服不已。

每次批改你的作业时,我总是要多看一会儿,欣赏你写的那漂亮的字体。

第二节　导游口才训练

随着人们生活水平的提高、交通的发展以及人们对自然的向往、对文化的热衷,旅游业作为一种新的行业正蓬勃地得以发展。导游就是一项引导旅游者参观、游览的职业。导游工作包括旅行过程中的生活服务、景点的讲解服务、交通住宿服务等等,在这些服务过程中,大多需要通过语言的交流来实现。要使旅游者在旅游中始终拥有一份好心情、有收获、留下深刻印象,导游员就很有必要锤炼自己的语言,训练口才。

导游语言贯穿于导游工作的始终,我们谈及导游语言的内容,可以包括欢迎词、解说词、交际词、欢送词等多种。

一、欢迎词

欢迎词一般包括五个部分,即欢迎光临、自我介绍、介绍工作伙伴、表达服务意愿和祝福。我们来看下面的例子:

(欢迎光临)各位朋友,大家好! 欢迎大家来到×××旅游。(自我介绍)我是××旅行社的导游王××,大家可以叫我小王,也可以叫我王导。(介绍工作伙伴)这位是我们的司机李师傅,李师傅是个好车手,一路上我们将由他为我们把握方向。(表达服务意愿)×××是个美丽的城市,有着与众不同的自然景观和丰富的人文底蕴,我们希望能够在旅程中尽我们全部的诚意和最大的努力来做好导游工作,使×××能够给大家留下美好的印象。(祝福)同时也祝愿在座的各位朋友在旅游中都有一份好心情,都能有所收获。

欢迎词是游客与你第一次见面时所说的话,一定要给游客留下美好的印象,因此致欢迎词一定要态度热情、精神饱满、面带微笑,给人以很强的亲和力。同时应该注意以下几个问题。

1.针对游客特点设计欢迎词

(1)职业不同

不同职业的游客,人生阅历、知识修养、理解能力都会有不同,因此在致欢迎词时要区别对待。

对医生的欢迎词,如:

大家上午好! 我是×××旅行社的导游员×××,非常荣幸能够为各位提供服务。据我所知,各位都是医生。医生是世间最美好的职业,我一出生就对医生有特别的感情,因为我是难产儿,多亏了医生我才得以死里逃生。其实,对于任何人来说,白衣天使都是生命、幸福和安康的象征,在与"非典"作战的日子里,你们更是给大家留下了极其崇高的形象。所以能够为医生导游,我有一种特殊的感受,我希望我的导游能够为在座的各位白衣天使带来快乐,带来收获。

对教师的欢迎词,如:

大家上午好! 我是×××旅行社的导游员×××,非常荣幸能够为各位提供服务。在座的都是人类灵魂的工程师,从事着太阳底下最崇高的职业,因此在座的各位都闪烁着耀眼的光芒。而我,被这些耀眼的光芒环绕着,感到特别的温暖和荣幸。其实,在我还是个学生的时候,就对教师充满着无限的敬意,因为是老师教会了我怎样获取知识和能力,怎样做人,我始终对老师充满着一份感恩的情怀,那就让我在这几天的导游工作中为各位受人尊敬的老师提供最热情的服务,让老师们高高兴兴地度过这快乐的时光吧。

(2)年龄不同

针对不同年龄的游客,也需要设计不同的欢迎词。

对老人的欢迎词,如:

> 尊敬的各位朋友,大家好!我是导游×××,大家可以叫我×导。虽然在座的各位从年龄上讲已经是老人了,但事实上,你们个个红光满面、精神焕发,洋溢着青春的朝气,有一句歌词这样唱:"最美不过夕阳红。"我想老年朋友的美,就是美在成熟,美在人老心不老,美在精神的蓬勃奋发。所以能够为你们导游,是我最大的荣幸,因为从你们身上,我可以获得很多人生的启迪,获得青春的活力。在这儿,也希望各位朋友能够对我的工作多加指导和帮助,让我们共同度过一段美好的时光,共同拥有一段美好的回忆。

对儿童的欢迎词,如:

> 各位可爱的小朋友,大家好!我是这次带领你们游览的导游×××,大家可以叫我×阿姨。这两天我们将前往游览杭州的西湖。关于西湖,大家都知道些什么呀?(小朋友回答)对呀,大家可真是多见识广!中国有一句话叫做"上有天堂,下有苏杭",杭州是一座非常美丽的城市,我相信我们通过游览,一定会给你们留下非常美好的印象。

2.针对自身性格特点设计欢迎词

每个导游的性格特点、语言风格是不一样的,有的比较内向,有的则外向,有的善于调侃,有的则善于抒情。如果不顾性格和语言风格,随意搬动他人的欢迎词,结果往往是失败的。

风趣式欢迎词,如:

> 各位(稍作停顿)叔叔阿姨、大爷大妈、哥哥姐姐、弟弟妹妹、老少爷们儿们!(大家鼓掌,笑)我叫××,本次行程的导游,来自于××旅行社,大家可以叫我小×,等以后我准备留一个大胡子,到那时候大家就别叫我小×了,当然也不是老×,(众笑)叫我×导,我从小就有一个梦想,就是希望自己能当导演,虽然导演没当成,我最起码做了导游!(大家笑)

> 作为一名导游,我最大的职责就是把欢乐带给您!不过这次没有想到,还没等我把这欢乐带给您呢,诸位的这种欢乐的气氛先感染了我,让我自己都特别兴奋!为什么呢?有三点原因:一、出乎意料——为什么这么说呢?原以为大家坐了14个小时的火车应该十分疲惫,而且沈阳是大家旅途中的最后一站了,我猜想大家难免会有一点归心似箭的感觉。不过没想到各位竟然神采奕奕、面带喜色,似乎对于今天的行程有些迫不及待了。这真是让我出乎意料!第二,我得知大家来自于江苏省江阴,一种亲切的感觉油然而生,大家不用误会,我老家不是江阴的,我是正宗的东北爷们儿!(掌声又起)但

是大家别忘了啊。你们江阴可是我们导游的祖师爷徐霞客的故乡啊！来自于我祖师爷故乡的客人，我能不感到亲切吗？（又一阵掌声）第三点，小×我目前还没有女朋友呢，谈一个一个不成，见一个一个没戏。我就纳闷，差哪呢？按理说小伙儿我长得也可以啊！后来有人告诉我，说现在全国有两个地方的男人最受女孩子欢迎，第一是我们东北，说东北人粗犷豪放，是男人中的男人；第二就是江南，江南出才子啊！说我这个人，典型的东北人性格——豪爽有余，柔情不足，所以就特别希望通过今天一天的接触，让我也能沾染一点诸位身上江南才子的灵气！最好是在工作之余，把自己的终身大事也解决了！（众人热烈鼓掌，大笑）

会谈式欢迎词，如：

各位来宾、各位朋友，大家好！欢迎大家来宝峰湖风景区观光游览。我叫小×，是宝峰湖风景区专职导游员，能和大家一起在宝峰湖度过一段愉快的旅游时光，我感到十分荣幸，希望大家多多配合和支持我的工作。在此需要提醒大家的有三点：第一，宝峰湖是特级防火区，除了休息时用的吸烟点，其他任何地方都严禁吸烟，敬请为我国烟草事业作出重大贡献的烟民朋友委屈一下；第二，"路边的野花不要采"（唱），敬请各位朋友手下留情，不要随意攀枝摘花，拈花惹草哟；第三，游览途中，敬请您随时注意讲究景区内的环境卫生和保护好自身的人身安全。

宝峰湖风景区隶属于世界自然遗产——武陵源风景名胜区，是武陵源风景名胜区内唯一以水为主的观光游览区，以高峡平湖的特点著称于世，因有佛教圣地宝峰山而得名，由宝峰湖和鹰窝寨两大部分组成，湖光山色融为一体，人文山水交相辉映。我们今天的游览路线是先爬鹰窝寨，再去宝峰湖泛舟，大约需要四个小时时间。俗话说得好：倒吃甘蔗节节甜。我们今天就要先爬山，后游湖，先苦后甜啦。不过等我们爬上鹰窝寨顶，饱览南海石林绝境之后，所有的苦和累都会跑得无踪无影。

抒情式欢迎词，如：

各位朋友，大家好！欢迎大家来到八达岭长城参观游览。我是××旅行社的张××，大家就叫我小张吧。我们都知道，长城是世界闻名的奇迹之一，她像一条巨龙盘踞在中国北方辽阔的土地上。她是中国古代劳动人民血汗的结晶，也是中国古代文化的象征和中华民族的骄傲。每一次，当我带领着来自五湖四海的朋友登上长城，心中都会涌起无限的自豪感。"长城，一头托起大漠边关的冷月，一头连着华夏儿女的心房。""太阳照，长城长，长城雄风万古扬。"那么今天，就让我带领在座的各位朋友，前去感受长城的雄风，感受中华民族的灿烂文化。

3.针对不同的时间和地方特色设计欢迎词

欢迎词如果能够突出特定的时间和地方特色,将会更具有吸引力。

体现时间特点的欢迎词,如:

(春节)各位游客朋友大家好,我在这里给大家拜年了,祝大家在新的一年里,事业上扬鞭催马,生活中洋洋得意,羊年发洋财!

("三八"节)各位女同胞,大家好!今天是"三八"妇女节,首先祝大家节日快乐。今天我们前往的是国际大都市上海,我猜大家到上海来旅游,除了观光之外,还有一个重要的目的就是将自己装扮得更加美丽动人,在这儿,小方先祝大家能够心想事成,满载而归。

体现地方特色和民族特色的欢迎词:

有一位老人到了武陵源旅游,风光和导游都给他留下了深刻的印象。之后,在他的一篇文章中这样讲述道:

导游是土家族姑娘,长一张淳朴的笑脸,有一张甜甜的嘴,那脆脆的歌声就是不经意间不断从那张嘴里飘出来的:

韭菜花开细茸茸,哥哥有情我不嫌穷,

有心跟了哥哥去,冷水泡茶慢慢浓……

这首土家民歌是她的开场白,欢迎词。我们都已年逾花甲了,歌词说我们是年轻"哥哥"!那么,我们也只好算是"花甲青年"了,就由她把我们带进了仙境、梦境。

她说,我姓杨,叫我小杨好了。接着小杨那只小喇叭就对我们讲起了张家界,讲起了土家的习俗风情。解说词里,一木一石,都一口一个"我们的";她滔滔不绝,一颦一笑,都一口一声"请各位";她吐字清晰,吐的是自豪感;条理清楚,条条有感染力;她的导游词是有声的画卷、无韵的诗歌。汽车驶近索溪峪镇附近一个山庄时,她朝一座房舍一指说:"我家是新砌的楼房,里面有新熏的腊肉;各位如有兴趣,我请大家进屋吃土家腊肉!"带点羞怯,带点微笑,嗓音清脆,比唱歌更甜。

这段回忆反映出的就是极具有民族风情的欢迎词。我国是个多民族的国家,56个民族有各自的民族习惯,如果在致欢迎词中能够结合民族风情,那将给外地游客留下极其深刻的印象。

二、解说词

解说词是在导游员陪同游客欣赏旅游景点时进行解说的语言。毫无疑问,能够在对景点的观光中获得收获和感受是旅游者最期盼的,因此解说词是导游语言中最重要的部分。

(一)解说词的基本要求

1.内容翔实丰富

解说词内容丰富,才能让游客了解凭借他们的眼睛看不见的景点内涵。所以,解说词的内容一般包括景点的规模、类型、历史渊源、独具的特色,同时对景点所涉及的历史人物的活动情况(包括留下的诗文等)都需要进行详实地讲解。

2.语言通俗易懂

解说词在解说之前要进行充分的书面语阶段的准备,但是,一旦导游将解说词通过口头语言表达出来,就必须做到通俗易懂。因为口头语言是一种口耳相传的语言,一进入游客的耳朵,就应该能够让他们理解并接受。通俗易懂的口头语言往往具有长句少短句多、抽象少形象多、白话多文言少的特点。

3.表达富有变化

事实上,在解说景点的过程中,导游不可能完全依据自己事先的准备完整地将解说词说出。因为在解说的过程中,会遇到观众提问等一些意外情况,因此在表达过程中,一定要依据实际情况适时地调整内容和解说方式,使解说灵活多变,富有对话色彩。

(二)解说词设计方法

下面,我们将列举一些优秀的解说词,对其中的设计方法进行概括和提升。

1.围绕一个主题设计解说词

一个景区的各个景点,尽管呈现出不同的内容,但其内涵往往是统一的,在设计解说词时,要注意将各处的景点内涵进行整合,使其呈现出主题的一致性。无锡的统一嘉园建设有其特殊的意义,体现着全国人民对两岸统一的渴盼,设计解说词时围绕这一主题,就会收到很好的效果。

(总介绍)我们公司在项目建设的引资过程中,通过与台湾一些知名人士、台商的广泛接触,深深感受到台胞心中有着强烈的传播中华民族传统文化的渴望,其中对劳动人民的守护神"妈祖"尤其崇敬、景仰。他们表示,希望利用统一嘉园这一与台湾风光极为相似的景色,在无锡建一个具有台海风景文化特色的景区,以扩大两岸文化交流,让大陆人民更加了解宝岛台湾的历史文化和自然风光。由此,一种强烈的责任心、事业心在我们公司董事长心中油然而生。他感到,作为一个民营企业能为推动两岸三地文化交流,将园区建成国内绝无仅有的宝岛台湾文化的教育基地,责无旁贷,意义重大。中央和省、市有关方面领导和权威人士在听取公司的汇报后表示赞赏和肯定,并专门题词勉励支持。由此,命名为"统一嘉园"。

(金门殿)金门殿是统一嘉园的标志性工程,建筑主体为我国古代典型的三重檐皇家宫殿建筑,两边龙墙沿公路围筑,形成双龙拱珠格局,四亭呵护,雕梁画栋,巍峨雄伟。它表现景象清明、金碧辉煌的太平盛世。

(在"同根桥"畔看"梅梁峰瀑布")"梅梁峰"是一组人造假山瀑布群,总落差约30米,垒积假山水帘洞,大家可循曲径,上石阶,穿洞穴直达瀑布上层,附近点缀"日月亭",下面衔接"同根桥"(就是我们现在站的桥),寓意两岸本是同根。大家注意到没有,这里充分利用园林山坡清幽雅静的天然环境,让我们大家能充分享受自然美景的同时,欣赏瀑布的气势、假山的变幻、洞穴的深幽。

(古闽堡)建筑是福建南部圆形土楼形式。因为台岛大部分土著居民和"原住民"多是闽南移民,以此唤起他们的思乡寻根的热情。内圈拟辟孔子塑像,设置儒家文化的内容,上下环墙分别装饰"中国古代神话传说"与"中国古代文化名人"两幅长卷壁画,显示中国悠久的文化;外圈陈设三百六十行工艺作坊,制作表演,买卖参与,行行出状元。

(盼归亭)"盼归亭"是滨临湖边的望海亭,它重檐宽展,檐牙高筑,视界开阔,亭中置郑成功塑像,以祭祀他驱逐外夷、收复台湾的丰功伟绩和郑氏子孙带领台湾人民回归祖国,完成中华一统,不忘祖先爱国遗训的传统美德。

在这段解说词中,导游员注意到了在各个景点的介绍中都突现出"统一"的主题,有时仅仅是一句,也都能够体现出前后照应、浑然一体的导游风格,给游客留下深刻的印象。

2.针对不同天气设计不同的解说词

在许多名山,往往因为山间的特殊气候环境而使天气出现一天变三变的状况,因此游客在什么天气中游览并非是一件完全可以事先确定的事,但不管哪种天气,都应该让游客满意而归。因此导游应该设计不同的解说词,突出不同天气中的不同特色。比如湖南张家界金鞭溪讲解词可以这样设计:

晴天:今天真是个好天气,秋高气爽,阳光明媚。在这样的好天气之下,相信大家的心情也不错!带着这样一份好心情,让我们走进金鞭溪,领略一下"名川大山处处有,唯有金鞭奇上奇"的美丽风景吧。

小雨:今天老天爷不太赏脸,有点儿小雨。可能他老人家也嫉妒我们来到了张家界这个美丽的人间仙境了吧?这倒正好,这霏霏细雨就像一层轻纱一样,给我们金鞭溪这个美女更加增添了一份妩媚。

大雨:好大的雨啊!各位可能担心这瓢泼大雨会影响我们欣赏金鞭溪美丽的风景吧?您尽管放一百个心,大家如果细心一点的话就会注意到,前面刚刚游完金鞭溪的游客身上淋湿的地方并不多。这要归功于我们张家界98%以上的森林覆盖率了!正是这茂密的森林给我们撑起了一把巨伞,让我们就像作家李健吾所写的《雨中登泰山》一样,"有雨趣而无淋漓之苦"地好好欣赏一下雨中的金鞭溪吧!

　　雪天:各位今天一早起来就发现了,今天张家界下了今年的第一场雪。大雪虽然给我们的旅行带来了一定的影响,但也未尝不是件好事。您知道张家界什么时候最美吗?对了,就是雪中的张家界最美!这可不是我瞎说,许多摄影师专门选下雪天来张家界拍风景照呢!不信的话,大家就亲自去体验一下雪后的金鞭溪是什么样子的吧!

针对不同的天气设计不同的解说词,一个最需要重视的地方就是要想游客所没有想到的进行引发,获得游客的情感共鸣。

3.融入导游情感

情感是语言能够打动人的生命所在,一个冷冰冰的解说词是无论如何不能打动游客的心灵的。例如:

　　(陕西临潼秦始皇陵兵马俑)虽然英雄一世、创立无数丰功伟绩的秦始皇早已去世2000多年了,但是,这些现存的兵马俑留给人们的思考是什么呢?或者说,我们能从上述事物中吸取到什么呢?我想,敢创历史先河、为国家统一不惧死亡的韬略和勇气是我们应该吸取和效仿的。嬴政横扫六国、统一中国的非凡气度和魄力仍不失为我们今天克服前进道路上障碍的巨大动力。一个民族、一个国家想要富强,没有这种气魄是不行的。

这段解说词,将自己内在的情感和景点的特色进行了恰当的融合,使解说词更显示出非同寻常的品位,使游客也不由对之产生深深的思索。

4.注意语言的音乐性

解说词语言的音乐性的内涵主要包括语言组织的节奏和对称。我们来看无锡统一嘉园的一段解说词:

　　我们统一嘉园风景区地处太湖之边,三面环山。在造园时就有意识地打"生态牌",发挥真山真水的环境优势,因势布局,巧妙点缀,融情入景,恰到好处,所谓"三分人意,七分天然"。园区建筑集中国古代民居之大成,鸿篇巨制,古韵神来,构思精绝,料实材真。园林风光借景造景的绝妙,可圈可点。其林深径曲,幽趣独传,可比青城之隐;天台观日,渔光帆影,可比庐山秀美;更有绝妙者,湖上千米长廊,重檐迭构,廊腰缦回,檐牙高啄。徜徉在园内,浸情于山水湖景怀抱之中,天上人间,盛世清明。

这段解说词以四字句为主,间或插用多字句,这种整散句相互融合使用的方法,使语言呈现出匀称之中有变化的节奏感,呈现着一种灵动美。

5.突现地方特色

游客外出旅游,多是为了了解更多的与自己生活之地完全不同的风俗民情,因此,导游解说词的设计应该突现出地方特色,来满足游客的这种需求。下面是海侨东南亚

风情园的讲解词:

(表演馆)我们现在来到的地方是海侨东南亚风情园表演场馆。在我们父辈的年代,这里还曾是一个拿来煮盐的场所。发展到今天,大家可以亲眼目睹这片土地已成为一个等待我们参观游览的地方。现在,大家请跟我来。我们去欣赏富有印尼、越南、泰国、马来西亚等国家民族特色的风情舞蹈表演。如果哪位团友有兴致的话,还可以即兴登场,学回那么"一招半式"来,也不枉此行。在这里,我先简单介绍一下几个国家的民族特色。说起印尼,它是一个伊斯兰教的国度,传统来说,人们在迎接贵宾到来时,常以拥抱礼仪表示欢迎,而一般民众间的礼仪则是:男士以右手掌扶于胸前微微鞠躬,女士以微蹲的礼仪表示。他们的舞蹈以爪哇土著舞最为出名,也最为难学。舞蹈中,以头的摆动方法最为讲究。而大家现在看到演员们的服装也极具特色,都是我场归侨回印尼探亲时在当地收集回来的。在印尼,民族的蜡染服饰有着悠远的历史文化,图案独具特色,尤其是男装上衣的美丽图样和女士所穿着的裙上的图案都是用手工、以一种颜色一道工序蜡染出来的。此外,大家看到男演员的打扮——男士帽和男士围裙(简裙)的穿着都非常讲究。接下来大家所看到的越南风情舞蹈是反映该国最大民族——京族的风情特色……

6.融合名言名句、诗词和神话传说
在解说词中融入名言名句、诗词、神话传说,可以丰富景点的文化内涵。

(龚滩乌江画廊)乌江为长江九大支流之一。有剑门之雄、三峡之壮、峨眉之秀,畅游乌江有"船在画中行,人在画幅中"之感,誉为千里乌江画廊之一自然美景。江中水急滩险,江水清澈,波涛汹涌,两岸绝壁,灌丛密布,具有险、古、幽、奇等特点。"乌江画廊"不是三峡胜似三峡,清代诗人翁右梅赞赏道:"蜀中山水奇,应推此第一。"乌江至涪陵汇入长江,全长103公里。其中龚滩到万木100公里,为千里画廊中的精品河段——"乌江三峡"。第一峡"土沱子"、第二峡"白芨峡"、第三峡——"荔枝峡"。

(女儿靠)传说毛姓大户人家有一女儿非常漂亮,每天都住在自家绣花楼上。一天鲤鱼池一位俊俏的小伙子在江中捕鱼,被这家姑娘在绣花楼上看到,几天后,这小伙子也同时发现这吊脚楼上的姑娘。此后,小伙子每在江中捕鱼,船到毛家下面就靠下,两人这时产生爱慕之心,相互遥望。有一天,这姑娘突然从楼上跑下,被他父亲发现叫住,并叫一丫环每天看着他这位千金。他父亲告诉丫环,如她女儿跑下来,不准出大门,所以这位姑娘每天跑下楼来,只好靠在门边,等待这位纯朴憨厚的俊俏小伙子,将自己的爱慕之情埋藏在心中。因此得名。

7.运用其他修辞手法

修辞手法运用得当,能够使导游解说词呈现出各种不同的表达效果。

(四川九寨沟卧龙海)我们再看卧龙海中,乳黄色的钙化堤横卧于深22米的湖心中,宛若一条腾飞的游龙。卧龙海海拔2215米,面积61838平方米。当卧龙进入了静谧的梦乡的时候,卧龙海是宁静的;而当微风掠过,湖面荡起涟漪,龙体徐徐蠕动;当山风稍大的时候,卧龙摇头摆尾,跃跃欲飞,活灵活现。

这段解说词,巧妙地将无风、微风和大风时卧龙海的景色用一组排比句式表现出来,充分展现了卧龙海的美景。同时,又运用了拟人的手法,赋予卧龙海以人的情态,使其更加显得生动可爱。

(北京故宫太和殿)清朝末代皇帝溥仪在1908年登基时,年仅3岁,由他父亲摄政王载沣把他抱到宝座上。当大典开始时,突然鼓乐齐鸣,吓得小皇帝哭闹不止,嚷着要回家去。载沣急得满头大汗,只好哄着小皇帝说:"别哭,别哭,快完了,快完了,快完了。"说来也巧,3年后清朝就果真灭亡了,从而结束了我国2000多年的封建统治。

这段解说词,巧妙地运用了双关的修辞手法,将"快完了"的表面意思(仪式快结束了)引申为"清朝快完了",又结合历史的巧合,就具有很好的表达效果。

(湖南长沙马王堆汉墓)下面我们就要到地下室去参观马王堆一号汉墓的主人——西汉女尸辛追了。在下楼之前,我想先提醒各位一件事。辛老太太已经在地下埋藏了两千一百多年,睡得正香呢!咱们看的时候得安静点,别打扰了人家的美梦。如果您不小心将她老人家吵醒了,后果可得自负!

在这段解说词中,导游运用夸张的方法(说辛老太太会被吵醒),巧妙地提醒大家保持安静,语言显得别出心裁,收到很好的提醒效果。

8.借景达意设计解说词

在云南昆明大观楼有一副号称"海内第一长联"的对联,全文是:

上联:五百里滇池,奔来眼底。披襟岸帻,喜茫茫空阔无边。看:东骧神骏,西翥灵仪,北走蜿蜒,南翔缟素;高人韵士,何妨选胜登临。趁蟹屿螺洲,梳裹就风鬟雾鬓。更苹天苇地,点缀些翠羽丹霞。莫辜负:四周香稻,万顷晴沙,九夏芙蓉,三春杨柳。

下联:数千年往事,注到心头。把酒凌虚,叹滚滚英雄谁在?想:汉习楼船,唐标铁柱,宋挥玉斧,元跨革囊;伟烈丰功,费尽移山心力。尽珠帘画栋,卷不及暮雨朝云。便断碣残碑,都付与苍烟落照;只赢得:几杵疏钟,半江渔火,两行秋雁,一枕清霜。

借着这副对联,一位导游设计了这样的解说词:

各位朋友,现在您看到的就是号称"海内第一长联"的大观楼长联。作者是清代昆明寒士孙髯。孙髯自小博学多才,但他目睹科举考试的黑暗,愤然不再参与考试。他未任过一官半职,却关心国民生计,寻求根除昆明水患的良策。他虽是个诗赋名家,却不局限于文学天地,时时关心百姓疾苦。他生活清贫,晚年不得不靠算命为生,有时还断粮。但他坚毅乐观,傲然不屈。他与社会各阶层有着广泛的接触从而敏锐地感受到封建王朝危机四伏、大厦将倾的时代气氛,并将这深刻的感受熔铸在这副长联中,以苍烟落照中的断壁残碑,以萧瑟零落、凄风冷雨的自然景物,形象地预示了封建统治的必然没落。

这段解说词是导游员自身的内在体会,而此时借着这副对联抒发出来,这种由内心发出的真实的感受,往往能够得到游客的强烈的心灵共鸣。

9.创设问答情境设置悬念

解说的过程并非是一种单向的语言活动,很多的时候,它更具有双向对话交流的特点。问答方式往往有"客问我答、客问客答、我问我答、我问客答"等四种方式。对于前两者往往要根据游客的实际情况来定;而对于后两者,主动权在于导游员手中,导游员在设计解说词的时候,就可以有意识地设计一些问题,达到设置悬念的效果。

(湖南长沙岳麓山爱晚亭)我们湖南自古以来就是名人辈出的地方,尤其是在近现代时期,无数湘籍革命先辈在中国革命史上留下了不朽英名。我想请问大家:"您认为中国革命史上功勋最卓著的湖南人是谁?"没错,毫无疑问是毛泽东同志。那么您又知道当年毛泽东同志在长沙生活期间最常去的是什么地方吗?这位朋友说中了,就是我们面前的岳麓山爱晚亭。

这段解说词,导游员巧妙地设计了两个问题问游客,使游客的注意力集中到这一点上,引起了游客游览的浓厚兴趣。

三、交际词

交际词是指在与游客的平常交往中展开的对话语言。我们先来看下面的例子:

导游员:"刚才我们已经吃了到这里的第一顿饭,您觉得怎么样?"

游客:"还挺好的,不过似乎稍微辣了点。"

导游员:"这是特意为大家这样安排的,因为我们湖南湘菜的特色之一就是——辣。"

游客:"味道还不错,不过据我所知,辣椒吃多了容易上火呀。"

导游员:"这是有道理的。但是我们湖南人在全国号称'怕不辣',与四川的'辣不怕'、贵州的'不怕辣'齐名。湖南人做菜特别爱放辣椒,这里面还挺有讲究呢。"

游客:"是吗?说来听听。"

……

一般来说,旅游中的交际词话题范围很广,从日常生活的吃穿住行到地方风俗、个人兴趣爱好、对某个问题的看法等等,都可以成为交谈的内容。当然,在与游客交流的过程中,一定要注意以下几个问题:

1.以引发游客的兴致为目的,让游客在欣赏美景的同时得到愉悦的心情,切不可在交流中伤人自尊,引起不欢而散的后果。

2.要尊重游客,说话要有礼貌,切不可因为自己对游览之处的熟悉而出现不屑一谈的心理状态。

3.要注意根据对方的职业、文化程度、籍贯、性别、年龄等选择合适的话题,称谓要得体。

4.要注意处理好说和听之间的关系,游客有说的兴致时,你要学会认真地倾听,当游客想通过你的话语了解更多的旅游信息时,你就应该多说。

四、欢送词

欢送词是指在旅游活动将结束、游客将返回时导游员面向游客说的话。事实上,和欢迎词一样,欢送词在整个导游的过程中的作用也是不可忽视的。欢送词的好坏,将影响游客对整个导游工作的整体印象。

例1

要和在座的各位说声再见了。此刻,我的心情既激动又难过,在这次旅游过程中,我还有许多应该做好而没有做好的工作,我能向你们说些什么呢?只有一句话,那就是——谢谢各位给我的支持和帮助,我要努力工作,或许来年我们有缘再次相会,我将提供更好的服务……

例2

承蒙各位的鼎力相助,使我们度过了美好的时刻,在这里我要向各位表示衷心的感谢,是你们的支持使我增强了信心,是你们的帮助使我增加了力量,是你们的理解使我增强了战胜困难的信心,请允许我再一次地向你们表示感谢,愿我们的友谊天长地久……

例3

只有在离别的时候,才深深地感到我们相处的时间太短。在此期间,大家亲如兄弟,胜过亲人,得到大家的关照,使我顺利地完成了任务。说真的,我真有点舍不得离开你们,我会想念大家的。将要分别时,我想送给大家一首自编的歌曲,来表达我此时此刻的心情(唱根据《路边的野花不要采》改编的歌):"送朋友送到飞机场,有句话儿要交代。虽然旅游已结束,但我们的友谊却永存在。记住我的情,记住我的爱,记住我们有缘还会来相会,我呀衷心期待着这一天,千万不要把我来忘怀,欢迎大家再来玩。"

从以上欢送词中我们可以看出,欢送词的内容包括简单回顾本次旅游活动留下的整体印象和感受,表达自己的感激之情、惜别之情和渴望相逢的感情,献上自己对游客的最美好的祝福。另外,在表达上述感情的时候,一定要注意自身情感的真实性,切不可用虚假的感情来敷衍游客。

第三节 推销口才训练

一、什么是推销

推销就是从事产品或服务的销售工作。从事这项工作的人员就是推销员。在市场经济条件下,推销越来越显示出对企业、个人和社会的巨大影响。美国学者桑德尔认为:推销已经成为企业成功的决定性因素,它主宰着利润、投资、生产和就业。

但是,在许多人的眼里,推销的内涵仅仅是推销产品。事实上,推销产品只是推销员外在的显性的任务,除了推销产品,推销员还承担着建立公司良好形象、搜集市场信息、沟通公司与顾客良好关系、为顾客提供一系列与产品相关的服务等等。也有一些人认为推销员仅仅是公司的代言人,因此将推销员与顾客对立起来,这样对于顾客接受公司的产品是极为不利的。事实上,推销员应该是公司与顾客之间的桥梁与纽带,对公司和顾客均负有责任。推销员应该在推销过程中,在公司利益和顾客利益之间找到共同点,应该让顾客得到应得的利益,也使公司的利益得到维护,只有这样,才能得到顾客的信赖,才能使推销活动得以成功。

在树立了上述正确的推销理念后,我们才有可能深入地探讨如何提高推销口才的话题。

二、推销成功的基本要素

推销的过程是一个人各种素质和能力得以综合体现的过程,只有全方位地思考推销必备的基本素质,才能保证推销的成功。

1. 不断增进人际交往技能

很多人都有这样的切身感受,当有人向你推销产品时,你会很下意识地设置一些人为障碍,以此影响推销的进程。因此,推销事实上是一种特殊的人际交往过程,在这其中运用好交往技能将使你为被推销者所理解,甚至使他被你吸引,从而达到推销的目的。

2. 不断丰富商务知识储备

推销的过程中,必然要向顾客介绍有关商品的方方面面的知识,包括性能、原理、价格、公司情况、售后服务等,如果你由于缺乏商务知识的储备而对这些顾客关心的问题无从回答,那么,你很可能失去顾客的信任最终导致推销活动的失败。据美国一家杂志对 1000 家工业企业采购人员的调查,所有采购人员都认为,具有丰富的产品知识是优秀推销员最重要的特征。推销人员必须了解"产品是怎样生产出来的? 产品具有哪些特征? 怎样使用产品? 怎样与相关产品配套使用? 产品能为顾客带来哪些利益? 企业能够为顾客提供哪些服务? 谁是我们的竞争对手"等方方面面的问题。

3. 不断提高语言表达能力

"如果你想把推销成绩提高到最大限度,那么你首先应该做 95% 的推销员都没做的事情——语言训练。"这是美国著名推销专家齐格·齐格勒对广大推销员的忠告。语言表达能力是推销员的基本能力,一个语言含糊、表情达意不准确不明确、不善于说服顾客的人很难承担推销的重任。关于推销的一些语言训练,我们还将在后文中作阐述。

4. 不断增强自信心和自我控制能力

自信心是成功的重要保证。在推销的过程中,一定要不断提醒自己:"我是最棒的。"在推销中,我们也经常会遇到具有反对甚至抵触情绪的顾客,在这样的情况下,具有很强的自我控制能力显得尤其重要,学会控制自己的情绪,始终以平和热情的态度面对各种顾客。内心不能丧失自信心,要知道,被拒绝、被抵触在推销活动中是寻常又寻常的事情。当然,自信心更是来自于你的知识和对信息的掌握程度,所以不断地学习是培养自信心的重要举措。

5. 不断增强观察能力和应变能力

有人将推销活动中顾客对推销的态度分成五个阶段,即"感觉阶段、知觉阶段、认识阶段、记忆阶段、形成态度及采取行动阶段"。的确是这样,在推销中,推销员遇到的顾客是形形色色的,职业不同、年龄不同、性别不同的顾客对于推销、推销员的态度会不同,对产品的好奇点也不一样。作为推销员,要具有敏锐的观察力,能够通过顾客的穿着、言谈举止等快速估计其兴趣点、心理、动机,并且及时应变自己对产品的介绍方式,这是推销成功的重要保证。

三、推销语言的基本要求

1. 准确

准确是指推销人员发出的指令要符合市场、产品的实际情况,不能夸大其词、无中生有,尤其不能有因为语言信息的不准确而导致对顾客利益的损害的事件发生。

2. 明晰

明晰是指推销员的推销语言应该能够让顾客明确地接受和理解其中的含义,因此要避免语音不清、语句过长、语义含混、逻辑杂乱等现象。在对行业术语的运用上也要注意顾客的可接受性,要学习用顾客熟悉的语汇进行阐释,使自己的每一句话都成为影响顾客作出决定的积极的信号。

3.简洁

推销员往往是能说会道的。但是,事实上,顾客没有时间听你的长篇大论,他们希望听到一语道破的语言,推销中语言的简洁性是非常重要的。简洁是使会谈进入佳境的最佳途径。有人用这样的方法训练推销员语言的简洁性:手持一根点燃的火柴,让推销员在火柴烧完之前把所推销的产品的优点说出来。

4.沟通

推销过程中,虽然更多的时候是推销员在说话,但是千万不能忽视,推销过程事实上是一个双向交流的过程,要善于让顾客说话,善于倾听顾客的话语。虽然很多时候顾客并不是以有声语言的形式而是以眼神、表情、动作等来呈现思想,但推销员一定要学会与顾客的无声语言进行交流,根据顾客的反应灵活变通自己的说话方式。

5.真诚

乔治·马修·亚当斯曾经说过:"一个聪明的推销员总是直率地说出实情。他会真诚地看着他的客户,这样会给人留下深刻的印象。即使是第一次不能成交,他给人留下的也是真诚。要小聪明的招数愚弄不了第二次,巧舌如簧并不能取胜,而真诚的言语才能打动人心。推销员的目光中包含着无声的语言,包含着推销员打动人心的率真的神情。真诚永远是最保险的,也是最好的办法。"要取得别人的信任的一个条件就是决不做连自己都不信任的事情。

6.谦和

推销中,态度谦和是极其重要的,它体现出了你的人格修养,使顾客能够信任你、乐于接受你。那种趾高气扬、不可一世的态度只能导致顾客对你的拒绝和排斥。运用商榷的口吻比命令口吻效果要好得多。比如你这样说:"嘿,我说,你们的办公设备已经过时了,如果使用我们的设备,一天可以节省几个小时的工作。"就不如换一种口吻说:"假如我有办法使您的办公效率提高三分之一,或者说可以使您七天的活五天就能干完,那么您对此有兴趣吗?您想听听有关这方面的详细情况吗?"

7.激情

在许多世界推销大师的回忆中,都会讲到"激情"。沃尔特·克莱斯勒认为成功真正的秘密就是激情:"是的,我宁愿把热情说成激情,我愿意看到人们激动,当他们自己变得激动了,这就会使顾客受到感染,也变得富有激情。双方一致也就成交了。"

四、推销的语言技巧

推销过程的本质在于说服和诱导潜在顾客接受你的建议。因此,推销中的语言技巧就是说服和诱导的技巧。

1.引用最新信息

市场是在变化的,信息的更替以非常惊人的速度呈现。很多时候,顾客并不了解你们公司产品质量和销售业绩的变化,此时,及时提供相应资料是重要的。例如:

顾客:"我对目前使用的产品很满意,没有必要另换一个供应商。"

推销员:"A公司的确是一家不错的公司,但去年我们的销售比最接近我们的公司还高三倍。最近由权威机构所做的一项调查表明:求购我公司产品的企业比任何同行都要多。"

2.提供详细资讯

提供有关产品的详细资讯是获得顾客信赖的重要方法。例:

顾客:"该机的微处理器怎么样?"

无效的回答:"很可靠。"

有效的回答(详细提供具体信息):"该机使用的是Intel公司的32位微处理机。Intel公司是世界上最大的微处理机生产商。"

3.坦言产品缺陷

人们对消费产品的决策往往取决于对已用产品的功能和售后服务。这里就要特别注意,如果使用结果与人们预先的期望值有差距,那么人们往往对产品产生不信任感,这种不信任感将直接影响他对这种产品的选择决策,甚至将带动周围一批人对该产品的选择决策。所以,为了赢得永远的顾客,我们不能歪曲或回避产品存在的问题,而应该以诚信、以高度的责任感将这种问题告知顾客。当然,怎样呈现问题也有一个技巧问题。例如:

美国房地产巨商霍尔默先生曾经承担了一笔令他烦恼的房地产买卖。这块地皮接近火车站,交通便利,但是由于他紧邻一家木材加工厂,电动锯木的声音是许多人无法容忍的。霍尔默对各位买主竭力宣传这块地皮的优势,掩饰它的弊端,但终究都由于他没有如实相告而失败。为此,霍尔默进行了反复的研究,决定换一种推销方式,他对顾客说:"这块土地处于交通便利地段,比起附近的土地来,价格便宜得多了。当然,这块土地之所以没有高价卖出,是因为它紧邻一家木材加工厂,噪音比较大。如果能容忍噪音,那么它的交通条件、价格标准,都和您的要求非常符合,确实是您理想的购买之地。"

不久,霍尔默带着这位顾客去现场考察,结果顾客非常满意,最后将它买了下来,他对霍尔默说:"上次你特别提到了噪音问题,我原以为很严重。那天我去观察了一下,发现那种噪音对我来说不算什么。我过去住的地方重型卡车来往不绝,可这里的噪音一天总共只有几个小时,而且有车辆经过时门窗并不震动。总之,我很满意。你这个人很诚实,要换上别人或许会隐瞒这个事实,光说好听的。你这么如实相告,反而使我放心。"

4.体现人文关怀

推销中的人文关怀是推销员将顾客的需求放在第一位的体现,这种关爱会促使顾客消除对你的戒备心理,最终接受你的建议。正如克莱特曾经说的:"推销最重要的秘诀在于找出其他人的需要,然后找到满足他们需要的最佳方式……如果你心中时刻不忘这条原则,推销就变得很容易了。"戴尔·卡耐基也曾经说过:"天下只有一条途径可以让别人接受你的推销,那就是你要仔细想想别人需要什么,除此之外别无他途。"下面的案例很好地体现了这一点:

美国新泽西州一对老夫妇准备卖掉他们的住房。他们委托一位房地产经济商承销。这家房地产经济商请老夫妇出钱在报纸上刊登了一个广告。广告的内容很简短:"出售住宅一套,有六个房间,壁炉、车库、浴室一应俱全,交通十分方便。"

广告刊出一个月都无人问津。老夫妇又登了一次广告,这次他们亲自拟写广告词:"住在这所房子里,我们感到非常幸福。只是由于两个卧室不够用,我们才决定搬家。如果您喜欢在春天呼吸湿润新鲜的空气,如果您喜欢夏天庭院里绿树成荫,如果您喜欢在秋天一边欣赏音乐一边透过宽敞的落地窗极目远方,如果您喜欢在冬天的傍晚全家人守着温暖的壁炉喝咖啡时的气氛,那么请您购买我们这所房子。我们也只想把房子卖给这样的人。"广告登出不到一个星期,他们就搬家了。

对比前后两则广告,我们可以看出,前者尽管准确明晰,但是并无多大特色而不能引起人们的注意;而后者则带有深厚的人文色彩,突出的是住在房子中的人的感受,关注的是人的生活质量。这种意识使这对老夫妇和顾客之间产生一种心灵的碰撞,似乎能够给我们这样的意识:与其说是在给房子找新主人,不如说是在为房子的主人找知音。

循着顾客的需要进行推销的确很有效果,我们不妨再来看看下面的例子:

鲍尔先生想买一幢房子,找了一位房地产商。这位房地产商先和鲍尔闲聊,不久就知道了对方想付的佣金,还知道了鲍尔先生想买一幢带树林的房子。然后,他开车来到了一所房子的后院。这所房子很漂亮,紧挨着一片树林。他对鲍尔先生说:"看看院子里的这些树吧,一共18棵呢!"鲍尔先生夸了几句那些树,开始问房子的价格,房地产商人回答道:"价格是个未知数。"鲍尔先生一问到价格,那个商人就开始数那些树:"一棵、两棵、三棵……"最后鲍尔先生和那个房地产商成交了,价格自然不菲,因为有那18棵树。而这正是鲍尔先生所需要的。

5.运用举例反诘

在推销的过程中,经常会遭到别人的拒绝,这时运用举例反诘是一种有效的方法。

例如：

　　一位口香糖推销员一开始推销就遭到了顾客的拒绝,于是他提出了一个问题:"您听说过威斯汀豪斯公司吗?"零售商和批发商都会说:"当然,每个人都知道。"推销员接着又问:"他们有一条固定的规则,该公司购买人员必须给每一位来访的推销员一小时以内的说话时间,您知道吗? 他们是怕错过好东西。您是有一套比他们更好的采购制度,还是害怕看东西?"

推销员彬彬有礼地列举了一个知名企业的做法进行反诘,促使顾客反思自己的行为,引起他对你所推销的产品的关注。

6.托言请教的方法

如果你的推销对象是您所推销产品领域内的专家或者对您的产品相当的熟悉,那么,你可以采用请教的方法推销。比如你向一位女士推销化妆品,你不妨这样说:

　　梅小姐,在您真人面前,我不说假话,就化妆知识而言,您是第一流的专家。有关这几种化妆品的使用方法,请您当面指教。

7.托言调查的方法

托言调查法是指推销员运用为顾客调查产品需求情况为契机达到推销的目的。

例如:

　　辛厂长,听说贵厂准备利用电子计算机进行科学管理,这是管理现代化的必然趋势,您可是先走一步了! 我公司经营各种电子计算机,品种多,性能好,但不知贵厂适用哪一种型号的。您知道,如果不适用,再好的设备也是废物。为了提高最佳服务,我想先做一些实际调查,您看怎样?

又如:

　　小李是一名儿童用品推销员。她向一位有个两岁小孩的年轻妈妈推销儿童用品:"××女士,您好! 我有件事请您帮忙。我想请问一下,像您这样正在带小孩的人,最想给孩子买什么东西?"

　　年轻妈妈说:"比如我来说吧,我孩子现在两岁,我最想给他买的就是具有开发智力作用的玩具,还有一些有助于他日后成才的学习资料,比如简单的识字表、识物图、视听教材等。"

　　"您的意思是说,您现在最想要的是智力玩具和学习资料,是吗? 巧得很,我现在手中就有许多这方面的东西,我想您一定会喜欢,您看看好吗?"

8.承接顾客的话茬

承接顾客的话茬是指在顾客发表自己的看法之后,推销员表示对他的看法的认可并在其话语的基础上引发出自己的见解,对顾客未想到的一面进行巧妙的提醒。例:

　　顾客说:"价格又涨了。"

　　推销员:"是的,价格是涨了,而且以后还得涨,现在不进货机会就丢掉了。"

9.换一种自我介绍方式

在现代社会,由于推销市场中存在的一些问题,使顾客与推销员之间无形中产生一种心理距离,在这种情况下,改变一种自我介绍方式将有助于你走进顾客的心理世界。例如:

"我是××保险公司的风险管理师,我的工作是帮助顾客转移风险,帮助顾客更好地规划人生。"(保险业推销员)

"我是××公司的健康咨询顾问,我的工作是帮助顾客培养健康的身体,远离疾病的困扰。"(保健品推销员)

10.真诚地赞美顾客

法国作家安德列·莫洛亚说:"美好的语言胜过礼物。"每个人都有一些自以为是的东西,并常常引以为自豪和骄傲,希望为人所知,受人称赞。推销员真诚地赞美顾客,就会满足顾客的自尊心,获得顾客好感。当然,赞美要注意态度的诚恳、要具体、要实事求是、要自然。20世纪推销大宗师法兰克·贝特格曾经回忆自己的一段推销经历,颇能给人以启发:

一天,当我离开一位年轻律师的办公室时,虽然他对我所推荐的保险没有什么兴趣,但我所说的话却让他产生了很大兴趣。我说:"巴内斯先生,我相信您前程远大。我并不想打扰您,如果您不介意的话我会继续和您保持接触。"巴内斯先生问道:"你所说的前程远大是什么意思?"听他的口气似乎我在巴结他。我说:"几星期前我听过您在州长会议上的演讲,那是我所听过的最好的演讲,这并不只是我一人这样认为。我希望您也听听演讲结束后我朋友是怎么说的。"他听了这些话之后,不仅仅是高兴,简直有点喜形于色了,我问他是怎么学会在大庭广众之下演讲的,他跟我聊了一会儿。离开时他说:"欢迎您随时来访,贝特格先生。"

11.寻找顾客未曾想到的切入口

法兰克·贝特格还有过这么一次经历:

有一天,他去拜访费城一家大食品店的经理约翰·斯科特先生。

"斯科特先生,我叫贝特格。您曾向我们公司索要过一些材料,这是您要的材料。里面有您签名的名片。"

"年轻人,这不是我要的材料,你们公司曾经答应给我准备一些商业文件。"

"斯科特先生,您所要的那些商业文件从没有让我们公司多卖出几份保险。可是这些商业文件却造成了让我们接近您的机会,您是否可以给我一个机会让我给您讲讲人寿险?"

"我的办公室里有三个人正等着我。我必须节省谈话时间,跟我谈人寿保险简直是浪费时间。我已经 63 岁了,几年前我已停止买保险了。以前买的保险已经开始偿付,我的孩子们也已成人,他们可以很好地照顾自己了。现在只有妻子和一个女儿和我住在一起,如果我有什么不测,他们可以有足够的钱舒适地生活。"

"斯科特先生,像您这样在事业上成功的人,肯定会在家庭或事业之外有一些兴趣,比如对医院、宗教、慈善事业等进行有意义的资助,您是否想过当您过世之后,这些由您资助的事业就会无法维持了?"话说到这儿,斯科特先生没有回答我的问题,但我看得出来,我的话起了作用,他等着我把话继续下去。

"通过我们的计划,斯科特先生,无论您是否在世,您资助的事都会维持下去。如果您在世,从现在起七年后,您可以按月收到 5000 美元的支票,直到您过世。如果您不需要这笔钱,自然可以随意处置,但如果您正需要那笔钱就可谓雪中送炭了。"斯科特看了看手表说:"如果您能等一会儿,我倒愿意问几个问题。"大约 20 分钟后,斯科特先生让我到他的办公室去。

在这个例子中,贝特格以斯科特没有想到的通过保险在过世之后继续资助慈善事业为切入口,唤起了斯科特先生新的关注点,自然就产生了兴趣。

12.运用形象比喻

运用形象比喻可以使认识从抽象转为形象,由复杂转为简单,起到意外的效果。看下面的例子:

通用电气公司几年来一直在说服小学校更换教室黑板的照明设备。开了无数次会议,说了无数好话,可仍然毫无结果。一位推销员想出了一个主意,使问题迎刃而解。他手拿一根细铁棍站在教室的黑板前,两手握住铁棍的一端,说:"先生们,你们看我把这根铁棍用力弯曲,不过一松手它就又变直了。但是如果我用力把它弯到超过了断裂的临界点,它就会被折断。在学校上学的孩子们的眼睛每天都像就要弯断的那根铁棍,如果超过了临界点,视力就会遭到永久性的损坏,就不可能再恢复了。"结果学校立即拨款,更换了新的照明设施。

13.几句特别重要的话

根据世界推销大师们的经验总结,下面几句话是特别重要的,在推销过程中应该高频率出现。

第一句:为什么?

第二句:除此之外,还有其他什么原因吗?

第三句:您是怎样开创您的事业的?

首先,多问几个"为什么"将使顾客形成你对他很尊重的良好印象,同时,在顾客回答问题时,你也可以获得更多的信息。很多时候,让顾客给你提供答案比试图让他们按照你的思维方式思考问题更加有效。

第二,顾客拒绝你的推销,原因往往有很多,但是请注意,有些时候,说出口的原因并非是其真正的内在的原因,这时候,你如果问一句:"除此之外,还有其他什么原因吗?"将使你获得意外的收获。来看下面的例子:

> 有一位年轻人,刚到公司上班就遇到了一个棘手的问题,上司要求他把两年前神秘地失去业务联系的一家大客户找回来,他跑了很多次,打了许多电话,但没有丝毫进展。后来,在贝特格的帮助下,他运用了一个简单而有效的办法。下面就是他们的对话:

> "总裁先生,早上我离开您的办公室后,我接到我们公司总部的指示要我立即再次来见您,并要弄清楚为什么会失去您这样重要客户的一切细节。我们公司肯定您有充足的理由不再与我们合作,我们公司里有的人也肯定做错了什么。您能告诉我这一切吗?"

> "以前我已告诉过你了,我已与另一家公司合作了,他提供了更优惠的条件,我不准备再变了。"

> "总裁先生,除此之外还有其他原因吗?是不是在您说的背后还有别的什么?如果有请您告诉我,即便是我们无法满足您,您也会因为没有不给我们机会而感到宽心。如果您能尽弃前嫌,给我们一个改正的机会,您也会感到满意的。"

> "如果你真想知道我就告诉你。你们公司在不再提供特殊的优惠条件之前连个招呼都不打,所以我无法再与你们合作。"

> 这才是真正的原因。

找出顾客拒绝的真正原因,才能够对症下药,收到推销的良好效果。

第三,同样地,当你面对一个顾客时,你应该学会尽量让他开口而不是你在那儿喋喋不休,让你的潜在顾客说说自己的创业史,说说他喜欢的事情,做一个忠实的听众比做一个滔滔不绝的演讲家更能获得人心。

第四节 谈判口才训练

"谈判是社会生活中不可缺少的交往协调方式,不管你喜欢不喜欢,愿意不愿意。每个人都会不知不觉成为一个谈判者,并经常参与这样或那样的谈判。谈判形式多样,大到关于国家独立和民族统一的纷争,小到家庭之间的家务分配商讨,都要通过谈判解决。此外,还有引进投资、导购推销、招商投标、租赁承包以及商品买卖、求职谋薪、民事纠纷,等等,都时有谈判活动发生。谈判范围之广,可以说涉及人们生活的方方面面,它无处不在、无时不有。"

一、什么是谈判

谈判是指当人们对某一个问题或某一项活动产生分歧或矛盾时,需要彼此之间作出一定的妥协和让步,最终使分歧和矛盾得到解决,达成一致的活动。因此,"谈判就是一系列共同决策的代名词——过程决策"。谈判是否成功的标志是谈判各方是否达成了各自都会保证履行的协议。

但是在生活中,人们往往对谈判存在着一些错误的认识。首先,许多人认为谈判是一项充满火药味的竞技比赛。事实上,谈判并非人们所理解的仅仅是一种竞赛、一种智力大比拼,相反,谈判更是一种合作,一种协商性的合作。因为这种活动在很多时候受一些共同利益的驱使,其结果往往是"共享"性的。因此,谈判能否成功,取决于谈判各方的共同努力,这种努力除了为自身的利益据理力争外,还需要彼此站在对方的立场上考虑,尽可能地拉近谈判各方的距离,以最大限度地满足各方的利益,才能达成最后的共识。正如美国谈判大师荷伯·科恩指出的:被我们称之为合作谈判的,决不是通过施展各种手腕和诡计,争个你死我活或两败俱伤的概念,而是谋求一致,皆大欢喜,使谈判双方达到最大限度上的共鸣。

也有的人认为谈判的最终目的是最大限度地追逐自身利益。的确,以利益基础为导向的谈判是当今社会中常用并且十分高效的一种谈判方式,但这种方式需要大家共同关注的是自身的利益和谈判其他各方的共同利益和个别利益。事实上,一个成功的谈判会使谈判的双方都从中受益同时又彼此都受到各项条款的约束,那种一边倒的谈判是不存在的。一个让其中一方不满意的协议在实施过程中会受到极大的阻碍。

第三种错误的认识是说谈判是一种口才的较量。当然,当我们谈起经典的谈判片段,也往往为其辩才所折服。但事实上,言语只是一种外在的表现,支撑言语的内在的因素是个人的知识深度和广度、思维品质、心理品质、品行修养等。谈判中的语言不是事先可以作好周密的计划和安排的,它是一种双边的交流活动,在其中会出现许多你所没有预见的情况,这就需要你在第一时间迅速地调动整合你大脑中储存的所有信息和能量,这种本领不是仅仅口才好就能获得的。一般来说,一个谈判者必须具备良好的语言表达能力、观察注意力、记忆力、判断力、应变能力、决策能力。具体地说,应该具有正确健康的谈判意识、丰富的社会经验和广泛的理论知识、机智幽默随机应变的水平、礼让温存胸怀坦荡的风度、善于思索精于判断、敢于积极进取但不得寸进尺、具有耐心、思维缜密、刚毅果断敢于负责、做事认真细致。

二、谈判的思维策略

1. 避免一味被动

谈判中几方的立场往往会有"主动—被动"的交替现象,这是正常的。但是如果一味地处于被动立场,被对方牵着鼻子走,对方问什么,你就回答什么,缺乏提问的意识、缺乏控制全局的能力、缺乏主动把握谈判方向的思维意识,这对你的谈判是非常不利的。

2. 把握最低限度

谈判是彼此作出一些妥协和让步的决策活动。但是,作为谈判者,对于涉及国家政策、法令等内容和其他原则性问题时,必须把握一个坚定的立场,不允许妥协和让步,不给对方以任何可乘之机。同时,还应该明确自己在谈判中要获得的基本需求(即根本需求或首要需求)和派生需求(即次级需求)分别是什么,这样才能在谈判中灵活把握什么是必须保证的,什么是可以舍让的。如果你的需求是多方面的,那么你就需要对这些需求按其强烈程度进行排队,使自己对谈判的进程心中有数。

3. 灵活变通立场

"立场"是指谈判的立脚点。谈判中,双方刚开始都是站在不同的立场上开始发言。我们可以作一个简单的假设,如果双方都死死抱住自己的立场不放,那么谈判中的让步是很难实现的,谈判的成功也往往会付出更多的艰辛。另一方面,谈判中灵活变通立场并不等于放弃自己的立场,而是学会从不同的思维方向重新考虑这个问题,也许会收到"柳暗花明又一村"的出人意料的效果。

4. 关注长远利益

中国有一句古训:"人无远虑,必有近忧。"谈判中的利益有的是短期利益,有的是长远利益,作为一个聪明的谈判者,他更应该关注的是长远利益。

5. 关注各方利益

中国还有一句古训:"知己知彼,方能百战百胜。"只有明白对方需要什么,我们才能够在允许的范围之内进行从容的进退。同时,这样的思维方式能够保证你学会站在对方的立场上思考,了解对方的期望值,对谈判进行整体的认识,以更广阔的思维空间和视野全盘考虑,使整个谈判过程更多地呈现其合作的性质。这样,也能够获得对方为你的利益的考虑,从而保证谈判的顺利进行,使谈判的结果令各方满意。

6. 寻找共同因素

谈判是在观点不一时开展的决策活动。很多时候,谈判会因此陷入僵局,影响其进程。在这种情况下,"寻找各方共同因素"是一个可行的办法。共同因素是指各方共同感兴趣的话题,这一话题可以是谈判范围之内的,也可以是谈判范围之外的,包括共同的饮食爱好、运动等,都可以是其中的好内容。这些共同因素可以拉近谈判者的距离,缓和谈判过程中的情绪,从而推进谈判的顺利开展。

三、谈判中的注意点

1. 学会认真倾听

心理学研究发现,在语言交流中,人们更愿意被倾听。因此,对于谈判者来说,不仅需要运用机智幽默的语言阐述自己的观点,同时还需要养成一个重要的优秀品质,那就是认真倾听对方的话语。这一方面体现了你对对方的尊重,体现了自身良好的人品修养和人格魅力,给对方以人格力量的威慑;同时,也能够在认真倾听之中把握更多的你所需要的信息,及时把握对方在语气、眼神、态度、观点等方面的变化,以适时调整自己的谈判策略。再者,你对对方的尊重也能够换取对方对你的尊重,对方也会像你重视他们的观点一样重视你的观点,从而增强你对谈判的信心,这在谈判中是很重要的。

2. 保持充分自信

莱登.B.约翰逊曾说过:"自信使人心服。相信你在谈判论辩进程中的表现。如果你做不到这一点,你就失去了机会。"的确,我们无法想象,一个畏畏缩缩的人如何在谈判中获得成功。那么自信从哪里来? 自信来源于谈判前的充分准备和谈判中的沉着与微笑。谈判前的准备可以包括积极分析资源(资源的分析包括"利我资源、利他资源、弊我资源、弊他资源",等等)、搜集主题信息(在现代社会中,获取信息的速度和容量与机遇和财富往往是成正比关系的,如果你对于所谈判主题有关的各种信息的把握比对方更加迅疾和丰富,那么你在谈判中往往会占主动地位,你将能够明晰地指出对方的问题所在而迫使对方作出让步)、丰富相关知识(包括谈判的技巧知识和谈判主题所涉及的方方面面知识)。

3. 积极控制情绪

尽管谈判桌不是战场,但是对不同的观点进行辩论、妥协,总会出现许多情绪异常激动的场面。在这样的情况下,你必须很好地控制自己的情绪,什么时候该收敛情绪,什么时候可以爆发情绪,都要根据谈判的进程而定,千万不能让情绪主宰了你,而使自己成为情绪的奴隶。

四、谈判语言要求

(一)有声语言要求

1. 表情达意准确明确

(1)准确规范。谈判中,要用准确、规范的语言陈述自己的观点。要求说话清楚、吐字准确、措辞得当,语言完整,逻辑层次明晰,使用的语言没有歧义,概念的运用准确无误。

(2)明确明晰。谈判中,要尽量避免话中有话的语句(除非在特殊情况下有这个必要)。能够根据自己表情达意的需要正确处理语句的停顿、重音、节奏和速度,让对方能够明确把握你所表达的意思。

(3)注意修辞效果。谈判中的语言运用还要注意表情达意的修辞效果,不仅将话语说对,还要说得好,说得让人容易入耳。有这样一个例子:西方有位教士询问主持:"我们祈祷的时候可以抽烟吗?"主持听后大动肝火,批评他不虔诚,竟然在祈祷的时候还想着抽烟。过了几天,另一位在祈祷时想抽烟的教士问主持:"我们在抽烟的时候可以祈祷吗?"这一次,主持不仅没有批评他,反而大加赞扬,因为他认为这位教士在抽烟的时候都不忘记祈祷。从这一例子中我们可以看出说话技巧的重要性。

2.态度真诚不卑不亢

谈判各方应该是一种平等对话的关系,谈判者怀着真诚的态度,只有做到说话时不温不火、不卑不亢,才能赢得对方的尊重,要注意说话距离的保持,多用礼貌用语,泰然自若、从容自信,话语逻辑有条不紊。在谈判中,要以理服人,不能过于亲昵,也不能咄咄逼人,应该强调的是绵里藏针。石油大亨亚马尼就是这方面的典范,与他谈判过的人们这样评价:"亚马尼谈判时心平气和地重复问题,低声细语,把你搞得精疲力竭,他是我打过交道的最难对付的谈判人员。"可见,心平气和很要紧。

当然,有时候,根据谈判的具体情况,你可以通过增强语势、长时间停顿、突然放慢速度等与原先语言完全不同的方式,提示大家注意你的态度的变化,以引起大家对你所谈及的问题的高度关注。

3.语气委婉礼貌

委婉礼貌是谈判中的语言原则,甚至当你不同意或不明白对方的观点时,你也不能用气势汹汹或者不屑一顾的语气,而应该用委婉礼貌的语气阐述自己的看法。比如你直接地问:"你的要点到底是什么?"就显得不礼貌和沉不住气,你不妨换一种语气说:

"我发现我对您的思路不甚了解,不知道下一步您将把我们的话题引向何方? 您能否更加直观地为我解释一下?"

"与其我们这样来说 A、B 和 C,还不如稍微改变一下 A、B 和 C 的说法,您觉得怎么样?"

"刚才所论述的问题听起来并没有引起大家的关注。我们是否可以考虑重新表述一下?"

为了做到委婉礼貌,一般的说,谈判语言的语速、音量、节奏等都应该把握在中度状态,过快、过重、过慢、过轻都不利于谈判。

(二)无声语言要求

无声语言即指人的身体语言。在谈判中,无声语言运用得好,将会给你的谈判带来意想不到的效果。

坐姿：两脚着地，膝盖成直角，身子适当前倾，不能靠在椅背上，坐沙发时双脚侧放或稍叠放。在谈判过程中，可以随着讲话人的内容不断调整自己的姿势以表示对其话语的兴趣。女士就座时不能跷二郎腿，更不可以将腿叉开。

走姿：双肩平衡，目光平视，面带微笑，双臂伸直放松、自然摆动。

倾听对方谈话：双眼注视对方；可以边听边在记录本上作些记录以示重视；可将双手合拳按在前额或下巴表示沉思；也可以点头表示赞成，微微摇头表示不赞成。

表示厌倦或愤怒：眼神不专注，左顾右盼，皱眉，人往椅背上靠，整理案前材料，看表，把玩身边的小物件，画一些不相干的图画，作出欲离开的样子等。

整体上看，谈判中的无声语言应该很好地体现出你的人格修养，这样对你的谈判的成功与否将起到重要的作用。

五、谈判口才技巧

(一)设计好开场白

开场白是指进入双方交锋前陈述我方观点的语言。开场白的设计要注意将我方的观点清晰明确地进行阐述。一般的说，开场白包括下面内容。

1.用一句话概括你的核心内容。如：

　　"在下面的一刻钟里，我将从我们所作的市场调查情况及因此而形成的
　　我方的立场进行阐述。"

2.谈及具体的观点。要注意观点的数量不能过多，因为过多会分散听者的注意力，也不利于自己最关注的中心问题的阐述。另外，在各个观点之间应该运用具有明显承接作用的连接词，使自己的观点逻辑严密、层次分明，比如"第二个调查结果是……"。

3.内容的转承。在一块内容陈述结束转入下一块内容时，要有明确的语言提示。比如：

　　"上面我对市场调查的情况进行了介绍，接下来我将结合这样的市场调
　　查情况谈谈我方的观点和拟订的方案。"

4.总结。在结束你的开场白的时候，要注意总结自己的发言，尤其要突出你特别想引起对方关注的观点。

在说开场白的时候，还应该特别注意语气的果断自信、从容不迫。

(二)巧妙地引出话题

谈判中的主题往往比较多，而各方关注的话题又有可能存在差异，这时候，你需要巧妙地提出你所想谈判的中心话题。话题的引出方法包括下面三种。

1.直接引出。直接引出即开门见山，直接地说出自己的观点。如：

"根据我们的市场调查情况和数据分析,我们认为这项协议的制定对我们双方都将是一件十分有意义的事情。"

2.间接引出。间接引出是指双方在其他问题(比如生活习惯、兴趣爱好、天气情况等)的交谈中引出。

3.循着谈判的具体进程适时引出。如:

"我想我已经很好地明白了您的意思,但是请不要错认为这意味着我也同意您的看法。正如我将要解释的那样,在您的建议和主张中,我还有很多地方与您存在差异,比如说……"

(三)高效地提出问题

提问是谈判过程中一个非常重要的环节,问题提得好坏,不仅决定了谈判的发展方向,同时也关系到对方对你的水平的估计,从而会促使他们改变谈判策略。谈判中的提问一般包括两类:

1.封闭式提问。封闭式提问是指简单判断式的问题,即仅仅需要对方回答"是"或"不是"、"对"或"不对"的问题。在封闭式提问中,要注意对对方思维的引导性,比如:

"讲究商业道德的人是不会胡乱提价的,您说是不是?"

这个提问暗含着这样的意思:如果您胡乱提价,您就是没有商业道德的人。封闭性提问还可以对信息进行证实和建议,如:

"您刚才说对目前正在进行的这笔生意可作取舍,这是不是说,您拥有全权同我谈判?"

"我们请教了××先生,对贵公司的这种产品有了较多的了解,请您考虑是否将价格再降低一些?"

2.开放式提问。在谈判中,更多的是应该提开放性的问题。开放性问题往往给对方提供了较为开阔的思维空间,也能够使对方认真考虑你的问题并不能回避,必须给予回答。我们来看两个例子:

例1:"您认为您的主张对谈判的推进有帮助吗?"

例2:"您认为您的主张将对我们谈判的进程产生什么样的影响? 为什么?"

很显然,面对第一种问法,对方只需回答"有",这个问题的答案太简单了,对方会因此而对你的水平产生轻视,这对你的谈判是不利的。而第二个问题显然需要进行一番仔细的斟酌。又如:

"您说有了A可以使B工作得更好,那么您可以描述一下A的特征吗?"

"如果将两者结合起来考虑,那么最终将会产生什么样的影响? 这对约束期限又有什么潜在影响?"

(四)回答的技巧

在谈判中,对于你心中有数的问题的回答往往是比较容易的。但是很多时候,你对对方提出的问题可能心中不太清楚,或者你觉得没有必要回答,或者对方的思路比较混乱,或者对方的态度让你不愿意回答,这时候,你如何回答就显得很重要了。在这些情况下,你必须坚持的一个原则是避免冲突,给自己留下回旋的余地,通过思考后再给予答复。在这其中,我们一般运用变通迂回的方法。变通迂回是指通过各种方式为自己赢得回旋的时间和机会。比如,在你对对方提出的某个想法持反对意见但又不便明说的时候,你可以这样说:

"抱歉,我已被告知,只能按既定原则谈判,如果你们要修改,那只有终止谈判,以便我回去向领导请示,不过这样,签合同就要延期,这对双方都有影响。另外,您提出的条款确实能增利,但能否实行是未知数,这个利到手时能不能补得上延期的损失,也得盘算一下。"

"这件事我会作认真的考虑。"

"我们所谈的已经是另一个主题了,等一下再来讨论吧。"

"我非常喜欢你们的产品,可惜我们的费用预算太少了。"

"我方完全赞同您的意见。如果加上这一条……那就更理想了。"

"对您提的这个要求,我没有权力给予答复,需要请示一下上司。"

当你对对方提出的意见不赞成而想通过语言表示出来的时候,不要简单地说:"你的方案是不可行的。"这样会使自己处于被动的地位,你可以通过提问的形式表示自己的意见。比如:

"您的方案在实际操作中会获得怎样的效益呢?"

当你觉得你们暂时还不需要对方的产品时,一定要记住:下一次你很可能再与他做生意,友谊长存是明智的选择,因此,你可以这样说:

"您处理问题很有魄力,让人佩服。希望我们下次谈判成功。"

(五)面对激烈冲突时

谈判各方由于观点的不合,往往会在谈判过程中出现情绪激动、言辞激烈的状态。在这种情况下,采用冷却迂回的方法将是你明智的选择。美国谈判技巧培训有限公司的奠基者和领导人史蒂夫·科恩对此有个形象的比喻:谈判双方就好像是"两股波浪迎头相撞。如果两者相遇的话,那一定激起千层浪。但是如果你能够引导其中的一股躲避对方的袭击,那么两股波浪相遇之后水面将变得趋于平静"。的确,当一个人的情绪处于极其激动的情况下,任何理智的劝说和分析都将是毫无效果的,此时此刻,最佳的方式是面对他的激动而保持沉默,让他在发泄之后情绪趋于平静时能够主动进行自我反省,在这样的情况下,别人的进言才有可能起作用。同样,"如果你的谈判对象一出现就给你提出不可接受的要求或者让你感到十分震怒,让他屈服并做出一定的妥协是不可想象的,那么此时最好的方式就是在他面前保持沉默。板着个脸坐在他的面前,不流露出半点情绪。因为人们在面对沉默的时候总是倾向于做出某些反应。他们可能就会首先问问自己:'我说了些什么?''我对他讲了什么让他这样连声也不出?'"当然,沉默的办法不能用得多而滥,不然将会适得其反。

有时候,你也可以通过变通的方式说:

"我们去喝一杯吧。"

"我们先放松一下,明天再谈怎么样?"

例如:

我的好朋友托尼是一名律师,他主要是处理由于交通事故等原因,汽车销售公司被消费者告上法庭等类似的案件。当他接下一个案子的时候,他会进行很充分的准备和研究,预防可能在法庭上被提及的问题和可能出现的情形。在 4 月 15 日的中午,托尼打电话通知销售公司,因为他已经和起诉方交换了意见。"我正在处理琼的案子。如果我们能够提供 6 万美金的话,那么这个问题基本上能够平息下来,这样可以为公司节省起诉方面的相关费用,还可以减少一旦我们对簿公堂失败而被要求赔付更多的风险,最重要的是挽回了我们的面子。"但是对方的回答却是:"要求的偿付的最高限只能是 3 万美金。"

托尼并没有说什么。他把电话筒从左边移到了右边,然后继续了其他的案例研究,双方直到 4 点半也没有进行任何通话。直到 4 点 45 分,双方还是没有一句话,一刻钟之后,电话铃再次响起来。托尼终于听到了另外的声音:"晚上好,我是查理。明天见,不要工作得太晚了。"当然,托尼和查理没有说其他的话题。最后,在 10 分钟之后,查理说话了:"好吧!我同意了,你可以给付 6 万美金,但是绝对不能超过这个限度。"然后他放下了电话,只是保持缄默不语,托尼最终还是达到了他的目的。因为这种态度让查理不得不再次思考一下,权衡利弊。通过另一种方式,托尼最终还是促成了问题的解决。

(六)学会妥协与争取

美国前国务卿基辛格曾经说过:"任何成功的谈判都必须建立在一种相互均衡让步的基础上,但如何达到这种均衡却是一个复杂的过程。作出让步的先后顺序是关系重大的,如果在对方相应的让步明朗化之前,自己一方坚持一步不让,而不是把每一让步作为全局的部分来看,那么谈判就有可能失败。"在谈判前,我们必须事先就哪些可以让步哪些应该争取做好全局考虑;而在谈判中,如何争取却有语言技巧在其中。

1.趋重避轻法

正如前面所说,在谈判诸问题中有核心问题也有次要问题,很多时候,我们可以在次要问题上做些让步,并借着"作了妥协"的名义要求对方在其他的对于我们来说是核

心的问题上向我们妥协,我们可以这样说:

"您知道,对于您在问题 D 上与我达成一致,我真的表示十分感激。但是现在我在想,问题 C 对我来说比问题 D 更重要。如果您能够同意我在问题 C 上的观点,那么我可以放弃原来在问题 D 上的主张。"

2. 激将法

激将法就是运用话语激起对方的自尊心和荣誉感,在这种情绪下采取一种不同寻常的行为,从而作出有利于你的决定。比如:

"我要求能决定问题的人与我谈判。"

"既然你有决定权,为什么不答复我方的要求? 是需要回去请示还是无力承担责任?"

当然,在使用激将法的时候,一定要注意语气的平和、态度的友善,不然会适得其反。

3. 激赏法

激赏法是指在谈判过程中,用语言极其明确地赞赏对方,使对方在情感上与你产生和谐,软化对方的谈判立场。当然这样的赞美应该是真诚的,应该与被赞美者的实际的业绩相联系。只有这样,才能取信于人,获得较好的效果。

4. 分析利害法

分析利害法是指在谈判过程中,对方如果在我们的合理要求之下不采取妥协的态度,我们可以取之于义、晓之以理、动之以情,使对方放弃固执己见的态度。比如,进口商品的质量问题已经成为目前人们普遍关注的问题,在这类商品质量纠纷谈判中,外方往往在赔偿数额上与我方提出的、所能够接受的最低数额相距甚远,这时候,我们可以就两国未来的合作利害关系进行分析:

"如果贵国再不作较大让步,我方将退货。希望贵方为双方的关系着想,为中国广阔的市场前景着想,充分发挥协调合作的精神。"

"告诉您:如果您能将要价再降 20%,这笔生意就是您的了。您一进我们的部门,就会知道,整个公司都盯着这笔生意,这次的数量非常大。"

5. 先发制人

先发制人就是在谈判的一开始就呈示出我方的优势,使对方面对事实不得作出退让。

1984 年,中国煤炭机械进出口总公司根据我国煤炭发展的需要,拟从美国 M 公司进口 L-1000 型电动轮装载机。在谈判中,我方采用了先发制人的策略,避开了我方代表对该设备的机械性能、生产效率以及使用的有关技术资料知之甚少的弱项,一开始就介绍我国煤炭工业的发展规划和实施步骤并因之而产生的对这类设备的巨大需求量和广阔的市场前景,满怀诚意地希望继续与美国公司合作,创造了轻松愉快的谈判氛围,使对方欣然接受了我方的方案。

6.给对方台阶下

很多时候,给对方留点面子,给对方一个台阶,问题也许就能够妥善解决了。

一位从新疆到广州出差的老年人,在街头摊上买了几件衣服。打开皮包付钱时,卖衣服的女青年见他包里有几百元美钞,便心生邪念,将其钱包扔进衣服堆里。老人发现钱包丢了,很着急,而此时摊前只有他们两人,老人相信这事与女青年有关,于是就向女青年询问,谁知女青年的态度非常强横。这时老人说道:"我也没说你拿了,是不是忙中出错,混到衣服堆里去了?请你帮我找找吧!我一下子照顾了你好几百元的生意,你怎么能这样对我呢?我看你年纪轻轻的,在这个热闹街道摆摊,一个月收入几百上千,信誉要紧哪!再说,人家从几千里外的新疆托我买东西,好不容易凑了百把块美钞,丢了让我怎么交代?要赔人民币还好说,我到哪儿去找美钞啊?你帮我好好找找吧!"这位女青年听了老人的话,心灵受到了谴责和震撼,最后从衣服堆里"找"到了钱包。

7.针锋相对

在面对原则问题和涉及国家主权与尊严的重大问题时,一定要针锋相对,不能使原则利益和国家利益受到丝毫的损伤。

1995年,中美关于知识产权问题谈判时,美方代表侮辱地说:"我们是在和小偷谈判。"我方代表——对外贸易经济合作部部长吴仪义正词严、针锋相对地说:"我们是在和强盗谈判。你看你们的博物馆里有多少从中国掠夺来的东西。"痛斥得美国人哑口无言,不得不佩服中国的女部长。

(七)面对滔滔不绝者

当你的对手是个优秀的演讲家,却不懂得谈判的双方交流特点,他一说起话来就滔滔不绝,他只关注自己一个人发表观点而不顾别人的反应,这时候,你不能不耐烦地打断他,这样显得你的修养不够,同时也会使谈判的气氛向不良的方向发展。这时候,你可以礼貌地打断对方的话语,这样说:

"您所阐述的问题我们都是饶有兴趣的,但是我们想确证一下是否我们已经完全正确地理解了您所说的每一个要点。我们稍微停一下,来讨论一下您刚才所说的内容,这样可能比最后集中起来一起探讨要好些。"

"对不起,请原谅我打断您一下。您刚才的那句话,如果我没有理解错的话,意思是否是说……"

(八)心平气和地表达你的不满

控制自己的情绪是必需的,但是在适当的时候心平气和地表达一下自己的不满也是有必要的。比如：

"我认真听取了您的每一句话,如果我没有曲解您的意思的话,那么我感到这是我第一次听到的这么不切合实际的主张。当然,不排除我对您的理解是错误的这种可能。我个人认为,如果我们真心希望解决摆在我们面前的各种问题,那么我们应该更加虚心地、更坦诚地看看我们每个人都能够拿出什么、得到什么。再者,最终富有成效的协议必须建立在齐心协力、共同工作的基础之上。一旦我们以失败告终,那么我们将怎样向我们的老板或者委托人解释呢?"

"从目前的发展事态来看,恐怕我们会以失败告终。"

"您带来的信息真的让我感到有点混乱。我想暂时离开5分钟,以便你们能够拿出一套一致的说法或意见,这样是否会好些?"

"坐在这样的刺眼阳光下,我真的感到很不舒服。"

(九)运用诙谐幽默

诙谐幽默就像是一种美妙的调味品,可以使谈判中的激烈化为轻松的一笑。

某商场的进货员到一个皮革制品厂去采购皮箱,他提出的单价为200元,而对方却开出了320元的价格,而且无论如何不肯作出让步。这时,进货员突然说:"噢! 请你卖给我一根皮带吧!"对方十分惊奇,问他为什么要一根皮带,他回答说:"以这个价格进货,老板肯定会杀了我,我还是自己上吊吧!"对方听了,不觉笑了起来,终于降低了价钱。

原联邦德国同美、英、法三国就安全条约草案及其补充条款进行谈判,谈判进行得非常艰苦。有一天,谈判持续了很长时间,年过七十的联邦德国总统阿登纳因过于疲劳而提前退席。在场的美国代表罗伯特·鲍伊也感到疲倦,于是他对联邦德国代表格雷韦说他宁可站起来回家去。格雷韦没有直言相拒,而是低声向他说了一句谚语:"允许宙斯做的,不一定允许牛做。"而拉丁文中的"牛"发音正巧和鲍伊的名字相同。在场的人听了这句话,都禁不住笑了起来。笑声驱走了疲倦,改善了谈判气氛。

【实践与训练】

1.选择一课(包括任何学科)的内容,根据教学目标的设置情况设计提问语言,要求能够激发起学生对话的热情和兴趣。

2.看教学录像,记录教师的提问语和评价语,并分析其优劣。

3.选择一课(包括任何学科)的内容,根据教学目标的设置情况确定学习主题,要求能够激发起学生对话的热情和兴趣。

4.你认为除了本书所列的"呈现主题的语言组织方式"之外,还有哪些方式? 请举例说明。

5.请谈一下你对运用评价语必须遵循平等性原则的理解。

6.请结合你对课堂教学的理解,谈一谈怎样运用幽默处理课堂中师生的冲突。

7.请选一句"附录"中的优秀评价语,从正、反两方面对它进行评价。

8.请谈一谈你对商讨式评价的认识。

9.你认为除了本书所列的"评价语的类型"之外,还有哪些类型?请举例说明。

10.结合你的推销业务,设计一段别出心裁的自我介绍词。

11.如果你的推销遭到了拒绝,你会对潜在顾客说些什么?请设计一段语言。

12.如果你面对的是一个农民旅游团,你如何作自我介绍?请写一段欢迎词。

13.请选择家乡的一个景点,设计一段解说词。

14.结合下面的欢迎词,谈谈自己的理解。

各位朋友,大家好! 大家出来玩的目的就有一个——什么啊? 开心! 大家知道米卢倡导的快乐足球,我们今天就要来一次快乐旅游! 这您该问了,我们出来旅游自然就是为了开心快乐,你说的这个快乐旅游应该怎么理解? 其实这不一样,快乐首先应该从自己做起,为什么这么说呢? 快乐主要是一个心态问题,说白了就是自己给自己充电——本来只有一点点开心的事情,咱们自己给它扩充为一百个开心的理由,打个比方啊——比如说我们的地陪说了一个小笑话,本来您只想微微一笑——不行! 您得哈哈大笑! 为什么,这一来是对您自己有好处,笑一笑,十年少,我们每次开怀大笑的时候会活动面部97块肌肉,能有效地减少皱纹的堆积,您自己年轻了,对您有好处吧! 二来对我们导游也有好处,您这么捧我们的场,这么支持我们的工作——这要比您给我们小费都让我们高兴,您说是不是? 我们再举个例子,好比说您想夸我两句,说我小伙挺精神的,您别随便一说就完了——您得这样——哇! 靓仔啊! 您只要这么一说——小刘我马上就跟打了兴奋剂似的,为您赴汤蹈火,在所不辞!

15.请选择家乡的一个景点,设计一段解说词。

16.在游玩过程中,旅游者在购物时与商贩产生了冲突,此时的你该怎样与他交谈?

17.陕西来的团队在用餐后向身为导游的你投诉饭菜不合口味,此时你该怎样与他们交谈,并怎样采取下一步的行动?

18.旅游的过程中,有一个团员不小心把脚扭伤了,因此耽误了不少时间,其他团员意见很大。作为导游,你怎样用语言和大家作解释?

19.怎样理解推销语言中的"真诚"要求?

20.你认为在推销过程中,"为什么"、"除此之外,还有其他什么原因吗?"、"您是怎样开创您的事业的?"这几句特别重要的话到底重要在哪里?

21.房市处于低迷时期,有一家三口走进了售房中心。作为售房部营业员的你,该怎样向他们推销你的房子。

22.请为一家技术先进、设备一流的缝纫机厂家设计一则推销广告语。

23.请为一家专门生产婴幼儿沐浴露的厂家,设计一个营销活动,并说明语言技巧在其中的运用。

24.分析一下书中所列的六种谈判思维策略,你认为哪一种谈判思维策略是最为重要的,说明理由。

25.你认为,在谈判过程中怎样做到表情达意、准确明晰?

26.请结合具体例子,说一说怎样在谈判中保持充分的自信。

27.请记录自己在采购物品过程中与卖主展开的谈判过程,分析自己的谈判语言的优劣。

28.设计一个谈判情境,计划一种自己的谈判设想和语言表现方式。

29.你将进入这样一场谈判:对方对你公司生产的产品的性能和质量有较高的评价,但认为价格偏高。请你设计一下在下午的谈判中你的开场白。

30."给对方台阶下"是不是意味着你的失败,请结合你所了解的一个例子对它作一个说明。

参考书目

[1]赖华强,杨国强:《教师口才训练教程》,暨南大学出版社 2000 年版。

[2]曹颂今:《写作与口才》,天津大学出版社 2000 年版。

[3]凌建英,陈翰武:《实用演讲教程》,天津社会科学院出版社 1999 年版。

[4]翟雅丽:《教师口语技巧》,暨南大学出版社 2001 年版。

[5]胡大奎,金绵英:《社交口语学练指导》,高等教育出版社 1994 年版。

[6]莫非:《实用口才学》,暨南大学出版社 2000 年版。

[7]周彬琳:《实用演讲与口才》,东北财经大学出版社 2000 年版。

[8]刘伯奎:《表述口语训练指导》,复旦大学出版社 2000 年版。

[9]刘伯奎,王燕:《口才与演讲——技能训练》,中国人民大学出版社 2002 年版。

[10]姜燕:《实用口才艺术》,山东教育出版社 2001 年版。

[11]欧阳友权:《口才学》,中南大学出版社 2002 年版。

[12]陈涵平:《天下第一嘴》,广东旅游出版社 2000 年版。

[13]李元授:《交际与口才》,华中科技大学出版社 2002 年版。

[14]宫辉:《论辩阶梯》,西苑出版社 2002 年版。

[15]王沪宁,俞吾金:《狮城舌战》,复旦大学出版社 1993 年版。

[16]吕钦文:《演讲论辩技巧》,东北师范大学出版社 1993 年版。

[17]S. 卢卡斯:《演讲的艺术》,海南出版社 2002 年版。

[18]王东发,张鑫:《求职竞聘口才》,湖南人民出版社 2002 年版。

[19]方言:《说话艺术》,中国致公出版社 2003 年版。

[20]金鸣:《职场竞争心理咨询手册》,华文出版社 2003 年版。

[21]戴晨志:《口才魅力高手》,上海人民出版社 2003 年版。

[22]《中学语文教学》,1998 年第 1 期。

[23]青山小学:《课堂教学评价语集萃》,http://www.qsxx.cn。

[24]张永:《推销人员手册》,中国人事出版社 2000 年版。

[25]金鸣:《成功谈判语言训练》,海潮出版社 2003 年版。

[26][美]史蒂夫·科恩著,陈哲译:《经理人谈判技巧》,海南出版社 2003 年版。

[27]邵守义:《演讲学》,东北师范大学出版社 2002 年版。

图书在版编目（CIP）数据

演讲与口才/徐左平主编.—2版.—杭州：浙江大学出
版社，2007.8（2014.4重印）
高职院校人文素质教育规划教材
ISBN 978-7-308-05449-2

Ⅰ.演… Ⅱ.徐… Ⅲ.①演讲学－高等学校:技术学校－
教材②口才学－高等学校:技术学校－教材 Ⅳ.H019

中国版本图书馆 CIP 数据核字（2007）第 130148 号

演讲与口才(第二版)

徐左平　主编

丛书策划	黄宝忠　王利华
责任编辑	朱　玲
封面设计	刘依群　陈　辉
出版发行	浙江大学出版社
	（杭州市天目山路 148 号　邮政编码 310007）
	（网址:http://www.zjupress.com）
排　　版	杭州中大图文设计有限公司
印　　刷	德清县第二印刷厂
开　　本	787mm×960mm　1/16
印　　张	13.75
字　　数	282 千
版 印 次	2007 年 8 月第 2 版　2014 年 4 月第 7 次印刷
书　　号	ISBN 978-7-308-05449-2
定　　价	20.00 元

浙江大学出版社发行部联系方式:0571－88925591;http://zjdxcbs.tmall.com